ANNETTE SABERSKY ist Ernährungswissenschaftlerin, Journalistin und Autorin. Seit mehr als 15 Jahren ist sie als selbstständige Journalistin unter anderem für das *Greenpeace-Magazin*, *Öko-Test* und *Bild am Sonntag* tätig. Seit 2013 veröffentlicht sie wöchentlich auf Bio-Food-Tester.de eigene Testergebnisse und prüft für Magazine die Qualität von Biolebensmitteln. Annette Sabersky lebt und arbeitet in Hamburg und hat zwei Kinder.

JÖRG ZITTLAU studierte Philosophie, Biologie und Sportmedizin. Er arbeitete in Lehre und Forschung, bis er 1992 zum Wissenschaftsjournalismus wechselte. Von ihm erschienen zahlreiche Bestseller zu Naturheilverfahren, Psychologie und Ernährung. Er lebt mit seiner Familie in Bremen.

ANNETTE SABERSKY
JÖRG ZITTLAU

MIT VORSICHT ZU GENIESSEN

Die neuen Lügen
der Lebensmittelindustrie

WILHELM HEYNE VERLAG
MÜNCHEN

Verlagsgruppe Random House FSC® N001967
Das für dieses Buch verwendete
FSC®-zertifizierte Papier *Holmen Book Cream*
liefert Holmen Paper, Hallstavik, Schweden.

Taschenbucherstausgabe 06/2015
Copyright © 2015 by Wilhelm Heyne Verlag, München,
in der Verlagsgruppe Random House GmbH
Umschlaggestaltung und Motiv:
Hauptmann & Kompanie Werbeagentur, Zürich
Redaktion: Sabine Jürgens
Satz: Schaber Datentechnik, Wels
Druck und Bindung: GGP Media GmbH, Pößneck
Printed in Germany 2015

ISBN: 978-3-453-60327-1

www.heyne.de

Inhaltsverzeichnis

KAPITEL 3

Die Wahrheit zu Bio- und Regiokost   133

KAPITEL 4

Die Wahrheiten zur Kinderernährung   181

Vorspeise

Wir verhehlen nicht, dass wir eine gewisse Sympathie für ihn hegen: für Michael Pollan, Professor für Journalistik an der University of California in Berkeley und einer der größten Nahrungsmittelkritiker in den USA. Er sagt so simple Dinge wie: »Essen Sie echte Lebensmittel statt weiterverarbeitete Nahrungsmittelprodukte. Nichts mit unaussprechlichen Zusatzstoffen oder mehr als fünf Zutaten.« Das klingt natürlich ein wenig rückschrittlich in Zeiten übervoller Regale im Supermarkt und Discounter, ganzer Batterien an Tütensuppen und Fixprodukten, Müslis, Fruchtjoghurts mit Knicksecke und Kunststoffschälchen mit geschnippeltem Salat oder, alternativ, mit Currywurst. Sie alle rufen: »Kauf mich, ich bin lecker, gesund und billig.«

Aber es ist ein handfester Tipp. Und er zeigt: Pollan ist kein rückwärtsgewandter Meckerer, er blickt nach vorn. Er informiert, deckt auf und plädiert dafür, sich nicht für dumm verkaufen zu lassen. Als *taz*-Redakteur Peter Unfried ihn in einem Interview mit einer Aussage der SPD konfrontierte, die da lautet: »Die Currywurst ist das ehrliche Essen für ehrliche Leute – wie früher«, da antwortet er erst einmal bedächtig und sagt: »Na ja.« Dann erläutert er: Die Wurst sehe zwar aus wie früher, aber sie sei eben nicht mehr wie früher. Sie komme von Tieren, die anders gehalten werden, die anders essen und die mit Antibiotika vollgestopft werden. Doch diese Dinge seien für die Konsumentinnen und Konsumenten nicht sichtbar. Die Currywurst sei ein ideales Beispiel für die Strategie der Industrie: »Man kann verstecken, was man wirklich macht. Keiner sieht es der Wurst an.« Und auch der Politik könnte man ergänzen.

Dass uns heute jede Menge Lebensmittel verkauft werden, die nach außen hin gesund, clean und lecker aussehen, nach innen aber pfui sind, dabei hilft auch die Werbung. Sie garniert die Wurst und all die anderen Lebensmittel mit tollen Versprechen, mit Natur pur, Gesundheit satt und wunderbarem Geschmack. Die Kinderwurst wird gesund durch einen Zusatz an Kalzium und Vitamin C – angeblich. Auf dem Joghurtbecher steht, er sei nur »mit natürlichen Aromen« versehen, das Frühstücksei und wahlweise auch das Brot seien herzgesund durch Omega-3-Fettsäuren.

Zugleich werden diese Produkte dreist in den Markt gedrückt. Nehmen wir die glutenfreien Lebensmittel. Der Markt boomt. Der Jahresumsatz 2013 liegt schon bei 60 Millionen Euro. Gekauft werden die Diätprodukte nicht etwa nur von Menschen, die unter Zöliakie leiden. Das ist etwa einer von 500 Bürgern. Sie vertragen das Gluten (den Kleber) aus einigen Getreidearten wie z. B. Weizen nicht und müssen es gänzlich meiden. Doch glutenfreie Lebensmittel wie Kuchen, Brot und Brötchen, Nudeln und Knabberkram landen heute weniger in ihrem Einkaufskorb als in dem von Menschen, die diffuse Verdauungsbeschwerden haben. Jene also, die nach dem Essen Bauchschmerzen bekommen und meinen, es liege am Weizentoast oder an den Nudeln. Dass nicht unbedingt das Toast oder die Nudeln schuld sind, wissen auch die Firmen, z. B. Nestlé. Das schweizerische Unternehmen schreibt in der *Lebensmittelzeitung (LZ)*: »Viele Konsumenten, die glutenfreie Produkte kaufen, haben keine Glutenunverträglichkeit, verzichten aber bewusst darauf, da sie sich damit besser fühlen.« Das passende Produkt bietet das Unternehmen auch gleich mit an: *GlutenFree Corn Flakes.* In der LZ werden sie als echte Innovation gefeiert (»Neu«, »Trendbewusst«). Dabei ist Mais – das Getreide, aus dem Flakes hergestellt werden – von Natur aus glutenfrei. Das war immer schon so und wird auch so bleiben.

Doch Verbraucher müssen dem nicht hilflos zusehen. Sie können etwas tun. Erst einmal: sich informieren. Und dabei hilft dieses Buch. Es entlarvt die aktuellen Lügen der Lebensmittelindustrie, seien es die von Nestlé, Mars und Unilever. Es beleuchtet aber auch das Treiben der Biobranche und ihrer Bio-Fix-Produkte, die oft besser, aber auch nicht immer das Gelbe vom Ei sind. Hinzu kommen sogenannte Regionalprodukte. Neben immer neuen Gesundprodukten machen Bio und Regional schon rund zehn Prozent der Lebensmittel im Regal aus. Auch hier lohnt der Blick hinter die Kulissen.

Und schließlich mischt sich dieses Buch auch in die aktuelle Diskussion unserer Nährstoffe ein. Denn die Fragen »Sind Kohlenhydrate ungesund?« und »Sollte man auf Eiweiß oder Fett setzen?« sind noch nicht beantwortet. Und auch die Frage, welche Ernährungsform tatsächlich die gesündeste ist, »vegan, vegetarisch oder wie gehabt?«, wird von uns ausgiebig diskutiert.

Wem das alles auf den Magen schlägt, der sollte sich die Schürze umbinden und loskochen. Dass Kochen Spaß macht und gut tut, ist nicht so neu. Doch es bietet auch eine einfache Lösung, um sich gegen die Macht der Lebensmittelindustrie zu stemmen. Es ist, wie es Michael Pollan sagt, »der schnellste Weg, Industriekonzerne rund um die Essenfrage wieder aus dem eigenen Haus zu bekommen, in das sie sich reingedrängt haben«.

Wir verhehlen bei allem nicht, dass wir eine gewisse Sympathie für ganz normale Grundnahrungsmittel hegen, also für Brot, Käse, Fisch und Joghurt, Hülsenfrüchte und Obst. Sie haben Menschen seit Jahrtausenden begleitet und schon allein deshalb einen gewissen Anspruch auf ihre Existenz in unserem Speiseplan.

Das bedeutet aber nicht, dass wir mit festem Ergebnis an die Recherchen gegangen sind. Dazu ist das Angebot viel zu bunt und groß – und auch neue Produkte haben ihre Berechtigung. Das objektive Herangehen hat den schönen Vorteil, dass man auf Überraschendes stößt. So wird immer wieder behauptet, das heutige Obst und Gemüse sei vitaminarm, und darum sei es nötig, Säfte und Wurst mit Vitaminen anzureichern. Tatsache ist aber, dass unser Grünzeug noch nie so vor Vitaminen und Mineralstoffen strotzte wie heute. Das liegt daran, dass sie durch Düngemittel mit Mineralien und Vitaminen versorgt werden, die auch jeder Mensch braucht. Zudem wurden die Transportzeiten durch verbesserte Logistik verkürzt.

Damit wollen wir weder dem leicht löslichen, umweltschädlichen Mineraliendünger noch dem Lebensmitteltourismus das Wort reden. Das Beispiel zeigt aber, dass es gut ist, sich dem Essen und Trinken unvoreingenommen zu nähern. Wir sehen also weder im Frühstücksei noch in der Bratwurst das Gute oder Böse an und für sich, sondern Lebensmittel, die sich im Laufe ihrer langen Geschichte den Anspruch verdient haben, dass man fair mit ihnen umgeht und die tatsächlichen Vor-

und Nachteile zu ermitteln versucht. Wir haben also nichts gegen die Currywurst aus Biofleisch vom Demeter- oder Biolandhof mit Biocurry, wohl aber gegen die Industriewurst aus Schlachtabfällen, die mit Ketchup und Curry zugekleistert wird.

Dazu gehört aber auch, mit den Erkenntnissen zu leben – und sie im Alltag umzusetzen. Darum haben wir vielen Kapiteln konkrete Ratschläge nachgestellt, die helfen sollen, die Spreu vom Weizen zu trennen.

Einen weiteren Rat Pollans wollen wir Ihnen nicht vorenthalten. Er sagt: »Essen Sie nichts, was Ihre Großmutter nicht als Essen erkannt hätte.« Was hätte die alte Dame wohl gesagt, wenn sie in den Plastikbecher mit der Fünf-Minuten-Terrine hineingeschaut und dort nichts außer ein paar Krümel gefunden hätte?

In diesem Sinne wünschen wir Ihnen viel Spaß beim Lesen und guten Appetit!

Annette Sabersky und Jörg Zittlau
Hamburg und Bremen, Februar 2015

KAPITEL 1

Die Wahrheiten zu grünen Lebensmitteln

Die Produkte in den Regalen der Supermärkte werden grün und grüner. Ob Tütensuppe oder Saft, Brot oder Frühstücksflakes, viele Lebensmittel sind heute »mit wichtigen Vitaminen und Mineralien« und »ohne Gluten« oder auch »ohne Laktose«. Natur pur könnte man meinen. Doch von Natur bleibt oft nicht mal eine Spur. Der Inhalt ist weder grün noch gesund. Die Industrieprodukte werden zwar aufgepeppt, doch was tatsächlich in die Tüte kommt, können Verbraucher nicht nachvollziehen. Denn die Industrie versteht es, sie durch vollmundige Formulierungen oder Weglassen von Informationen im Ungewissen zu lassen.

1. Greenwashing:
So färbt die Lebensmittelindustrie minderwertiges Essen grün

Was isst der Mensch morgen und wie kauft er ein? Diese Frage interessiert die Lebensmittelmacher brennend. Denn nur so können sie maßgeschneiderte Produkte kreieren und präsentieren, die die Kasse klingeln lassen. Mithilfe von Studien versuchen sie herauszufinden, wie die Kunden ticken, was sie sich wünschen und wollen. Dabei geht es gar nicht so sehr um Geschmacksvorlieben, ob gerade süß, salzig oder sauer gegessen wird, ob asiatisch, mediterran oder deutsche Küche angesagt ist. Es geht eher um Stimmungen und Gefühle beim Essen. Denn die hat jeder. Und sie wiederum wirken sich direkt auf das Essverhalten aus.

Wie also fühlt sich Ernährung heute für Menschen an? Das herauszufinden war Auftrag der Marktforscher des Kölner Rheingold Instituts. Gemeinsam mit dem Fachblatt *Lebensmittelzeitung (LZ)* führte es eine Studie durch, die den Bedürfnissen und Gefühlen der Menschen beim Essen auf den Grund geht. Dazu muss man wissen, dass die *LZ die* Zeitung für den Lebensmittelhandel ist. Sie ist fast so dick wie die *Zeit*, erscheint wöchentlich und ist ein »must have« für alle, die in der Lebensmittelbranche arbeiten. Was in der *LZ* steht, ist von Wichtigkeit.

Mithilfe von Interviews wurde ermittelt, welche Sorgen und Ängste Verbraucher haben, welche Bedürfnisse und was sie sich fürs Essen wünschen. Fazit: Die Menschen sind verunsichert. Es kriselt im Makrokosmos, man fühle sich hilflos in der großen, immer globaler werdenden Welt, auch der des Essens. Lebensmittelskandale, Spekulationen mit Rohstoffen und Nahrungsüberfluss bedrohen das eigene Essverhalten. Ein Ei ist nicht einfach ein Ei von einem Huhn, sondern ein Produkt, das in Massen unter unwürdigen Bedingungen für das Tier erzeugt wird.

Hinzu kommt der Wunsch nach Transparenz. Man möchte gern wissen, wo das Essen herkommt. Wie es hergestellt, geerntet und transportiert wird. Das Steak liefert nicht der Bauer von nebenan an den Discounter, sondern es ist aus einer Agrarfabrik im nächsten Bundesland – oder auch aus Argentinien.

Doch mit derart vielen Vorbehalten lassen sich keine Geschäfte machen. Die Teilnehmer der Studie wurden darum gefragt, was ihnen helfen und Sicherheit geben könnte. Sie hatten eine einfache Antwort: die Natur. Sie sei ein zentrales Element. Natur symbolisiere die Sehnsucht nach einer friedlichen und unversehrten Welt, sie biete Beruhigung.

So ist zu erklären, dass die Lebensmittelbranche auf Natur pur setzt. Dass sie Kühe, saftige Wiesen und Bauernhöfe auf Verpackungen druckt, dass sie Nummern vergibt, mit deren Hilfe die Herkunft des Lebensmittels rückverfolgt werden kann, und Life-Video-Schaltungen auf Felder zur Ernte ins Internet stellt. Sie will Vertrauen und Sicherheit schaffen. So rückt sie die Kunden näher ran an die Natur und damit ans Essen und an die Nahrung. Auf diese Weise soll die Sehnsucht der Verbraucher nach Natur in einer globalisierten Welt gestillt werden.

Doch damit erscheinen die Produkte nur in einem anderen Licht. Ob Nestlé, Mars oder Kraft Foods, keiner der Global Player bietet wirklich natürliche Lebensmittel an; Milch, Fleisch und Wurst also, die von der Pike auf nachhaltig erzeugt werden, aus biologischen Rohstoffen sind und auch ohne unnötige Zusätze auskommen. Der grüne Relaunch beginnt bei der Verpackung. Knackige Früchte, buntes Gemüse oder ein saftiges Stück Fleisch sind darauf zu sehen, selbst wenn der Inhalt derselbe bleibt. Das Portal www.Lebensmittelklarheit.de macht solche von Verbrauchern mitgeteilten Industrielügen öffentlich und geht ihnen nach. So wurde vor einiger Zeit eine Verpackung kritisiert, die ein saftiges Stück Entenfleisch zeigt, appetitlich in Scheiben geschnitten und mit knuspriger Kruste. Versprochen wurden Nudeln à la *Thai Chef Ente*. In die Packung aber kamen lediglich Mehl, Öl, Zucker, Geschmacksverstärker und Aroma, von Entenfleisch keine Spur. Nur mit der Lupe war zu erkennen, dass es sich bei dem Bild um einen »Serviervorschlag« handelt. Der Hinweis muss immer dann auf der Verpackung stehen, wenn das Foto wenig mit dem Inhalt zu tun hat. »Hier drängt sich der Verdacht auf, dass einige Firmen die Angabe ›Serviervorschlag‹ als Freibrief für Mogeleien nutzen: So werden frische, qualitativ hochwertige Zutaten auf der Verpackung gezeigt, die mit dem Produkt nie in Berührung kamen«, so *Lebensmittelklarheit*.

Eine andere beliebte Methode des Greenwashings ist das »Umfruchten« mit Apfelsaft.

Weil Obst und Gemüse Naturprodukte sind, werden sie gerne genutzt, um eine hohe Produktqualität vorzutäuschen. So kritisierte *Lebensmittelklarheit* Fruchtgummis, auf deren Verpackung saftig-fruchtige Cranberrys zu sehen sind sowie der Hinweis

»mit natürlichem Fruchtsaft«. Drin waren dann aber gar keine Fruchtgummis aus dem Vitamin-C-reichen Cranberrysaft, sondern die süßen Gummis enthielten vor allem Apfelsaft aus Konzentrat. In der Fachsprache heißt dies Umfruchten. Geworben wird also mit einer als gesund geltenden eher teuren Fruchtsorte, drin ist aber schnöder Apfelsaft. In diesem Fall kamen noch Aroma und der rote Farbstoff Karmin dazu. Die Firma wurde abgemahnt und versprach, die Packung zu ändern.

Während hier »umgefruchtet« wurde, verzichten andere Firmen ganz auf Früchte – und verwenden stattdessen Aromen. So locken insbesondere Früchtetees gerne mit saftigem Obst und dem Hinweis »nur natürliche Zutaten«. Früchte finden sich im Teebeutel meist aber nur in sehr geringer Menge. Stattdessen wird der Tee mit »natürlichen Aromen« auf Frucht getrimmt. Das ist von Gesetzes wegen auch erlaubt. Die »Leitsätze für Tee und Tee-Erzeugnisse« fordern auf der Packung nur einen Hinweis auf die Geschmacksrichtung der Sorte. Die bildliche Darstellung muss nicht mit der tatsächlichen Zusammensetzung übereinstimmen.

Damit nicht genug. Die Angabe »Natürliches Aroma« bedeutet nicht, dass der Tee tatsächlich den Geschmack von Mirabellen und Birnen oder gar Fruchtstücke enthält. Die europäische Aromenverordnung erlaubt, dass aus natürlichen Rohstoffen aller Art gewonnene Geschmacksstoffe als »natürlicher Aromastoff« bezeichnet werden. Dabei ist es unerheblich, ob der Geschmack aus einem Kohlblatt oder Baumstamm gewonnen wird, Hauptsache es ist die Natur im Spiel. Maßgabe ist also allein die natürliche Herkunft des Rohstoffs. Selbst wenn das Ananasaroma im Labor von Schimmelpilzen aus Kohlresten gewonnen wird, ist dies »natürlich«. Erst wenn auf dem Etikett »natürliches Ananasaroma« steht, hat man die Sicherheit, dass der Ananasanteil mindestens 95 Prozent beträgt.

Das Gefühl von Natürlichkeit soll den Kunden auch durch den Verzicht auf Zusatzstoffe gegeben werden. Denn die haben einen schlechten Ruf. Rund 70 Prozent der Verbraucher wollen keine Zusatzstoffe im Essen, ergab eine Umfrage von TNS Infratest. Darum werden Lebensmittel vor allem damit beworben, was nicht drin ist – und wirken damit grüner.

Man nennt es Clean Labeling und das bedeutet: sauber etikettieren. Sauber werden Zutatenlisten, indem man Zusatzstoffe aus den Rezepturen eliminiert und durch gesünder und natürlich klingende Substanzen ersetzt. Also: Zusatzstoffe raus, Ersatzstoffe rein. Die Ersatzstoffe haben den Vorteil, dass sie nicht als Zusatzstoffe und damit auch ohne E-Nummer deklariert werden können. Sie wirken dann wie ganz normale Zutaten. Auf dem Etikett steht dann z. B. »Rosmarinextrakt« oder »Eiweißkonzentrat«. Mittlerweile soll es weltweit mehr als 20 000 Lebensmittel geben, die mit einem Clean Label versehen sind, so der Verbraucherzentrale Bundesverband (VZBV).

Doch besser als das Original sind die Ersatzstoffe nicht unbedingt. So wird der umstrittene Geschmacksverstärker Glutamat (E 620) heute zwar kaum noch eingesetzt. Er enthält Glutaminsäure, die den Appetit anregen und zum Vielessen verführen kann. Ob Maggi, Knorr oder Iglo, ob Tütensuppe, Ravioli in der Dose oder TK-Gemüsepfanne, häufig findet sich auf den Packungen der Hinweis: »ohne geschmacksverstärkende

Zusatzstoffe«. Stattdessen kommen aber Hefeextrakt oder auch andere, den Geschmack verstärkende Zutaten in die Tüte, etwa Tomaten- oder Eiweißkonzentrat. Eine Studie des Bundesverbandes der Verbraucherzentralen ergab: 92 Prozent der Produkte, die laut Etikett »ohne Geschmacksverstärker« sind, enthalten Hefeextrakt & Co. Wie Glutamat enthalten sie reichlich appetitanregende Glutaminsäure.

Eiweißstoffe sollen auch Emulgatoren und Stabilisatoren ersetzen. Und sorgen somit für ein Clean Label. Emulgatoren verbinden wasser- und fetthaltige Zutaten zu einer Emulsion, Stabilisatoren verleihen dem Pudding Stabilität und sorgen dafür, dass sich Zutaten mit der Zeit nicht entmischen. Doch obwohl »Eiweiß« schön natürlich klingt, irgendwie nach Milch oder Frühstücksei, handelt es sich um einen stark verarbeiteten Zusatz: Aus Magermilch wird die Eiweißfraktion Casein mithilfe von Salzsäure oder Schwefelsäure ausgefällt. Dann kommt Natronlauge dazu, um das geronnene Casein zu lösen. Schließlich entfernt man noch das Kalzium aus dem Eiweiß – und erhält so den Emulgator. In Mayonnaise sorgt er für einen cremigen Mix, in Wurst verhindert er unschöne Fettfilme. In der Zutatenliste steht lediglich: »Milcheiweiß«.

Auch Antioxidationsmittel, künstliche Aromen, Farb- und Konservierungsstoffe verschwinden von den Etiketten vieler Produkte. Sie werden mit dem Hinweis »Ohne Konservierungsstoffe« oder »Ohne künstliche Aromastoffe« beworben. »Vielen Kunden vermitteln die Botschaften ein gutes Gefühl. Sie brauchen nicht mehr das Zutatenverzeichnis abzusuchen nach Stoffen, die sie wie Konservierungsstoffe ablehnen«, so die Stiftung Warentest.

Dabei sind diese Aussagen Selbstverständlichkeiten. So ist der Hinweis »Ohne Konservierungsstoffe lt. Gesetz« ein beliebter Schwindel. Er findet sich oft auf Lebensmitteln, die von Gesetzes wegen gar keine Konservierungsstoffe enthalten dürfen. Oder der Einsatz ist nicht üblich. Tiefkühlkost wird allein durch Kälte haltbar gemacht, Tütensuppen enthalten nur trockene Zutaten, die nicht anfällig sind für Verderb, und Knabbersachen wie z. B. Chips werden gebacken und somit haltbar.

Insbesondere Kinderprodukte werden gerne mit dem Hinweis »Ohne Farbstoffe« versehen. Doch ein Blick aufs Etikett zeigt, dass darin sehr oft rot färbende Rote Bete oder grünes Spinatpulver zu finden ist. Zwar sind die Ersatzstoffe harmlos, die Deklaration ist aber so nicht korrekt und führt in die Irre. Korrekt müsste der Hinweis »Mit färbendem Rote-Bete-Saft« lauten.

Und immer mehr Lebensmittel sind »ohne künstliche Aromen«. Die Verbraucherzentralen nahmen rund 150 Fertigprodukte ins Visier, die mit »Ohne«-Auslobungen warben, also »clean« waren. Bei jedem dritten Produkt fanden die Verbraucherschützer einen Hinweis auf den Aromen-Verzicht, insbesondere auf »künstliche Aromen«. Vor allem Erfrischungsgetränke, Pizza, Süßes und Knabbersachen waren »ohne Aromastoffe«. Die Werbung ist irreführend, denn künstliche Aromen werden heute so gut wie nicht mehr eingesetzt. Die Verwendung von künstlichen Aromastoffen ist nur für einige wenige Lebensmittelgruppen überhaupt gestattet. Und die Angabe »natürliches Aroma« macht sich in der Zutatenliste einfach besser. Dennoch wirbt das Unternehmen *Mars* in einer Broschüre zum Thema Gesundheit und Ernährung damit, dass bei allen

Schokoladenriegeln auf künstliche Farb- und Konservierungsstoffe sowie Aromen verzichtet werde. Also in *Mars, Snickers,
Milky way* und *Balisto*.

Ein weiterer Trick, Lebensmittel gesünder erscheinen zu lassen,
sind die Nährwerte. Also der Gehalt an Fett, Eiweiß und Kalorien. »Mit Hochdruck« werde bei den Firmen daran gearbeitet, den Gehalt an Zucker, Fett und ungünstigen, gesättigten
Fettsäuren sowie die Kalorienmenge zu vermindern, berichtet
die *Lebensmittelzeitung*. Das scheint nötig. Denn die Deutschen
sind zu dick. 67 Prozent der Männer und 53 Prozent der Frauen
haben Übergewicht, so die Deutsche Gesellschaft für Ernährung.
Jeder Vierte ist sogar stark übergewichtig, also adipös.

Nestlé habe in den vergangenen Jahren den Salzgehalt vieler
Fertigmischungen gesenkt, um zehn bis 15 Prozent, schreibt das
Unternehmen in einer Pressemitteilung. Das ist zwar ein Schritt
in die richtige Richtung, denn viele Lebensmittel sind wirklich viel zu salzig. Mit einer Portion Tütensuppe oder Pizza wird
oft schon die Hälfte der von Ernährungsgesellschaften akzeptierten Salzmenge von sechs Gramm täglich gegessen. Doch
darüber wird gern vergessen, dass Tütensuppen, Fertig-Fix für
Lasagne oder die fertige Saucenmischung für das Pasta-Gratin
nach wie vor hoch verarbeitete und vitaminarme Produkte sind,
deren Rohstoffe aus aller Welt kommen. Gesundes Essen sieht
anders aus.

Und noch ein beliebter Trick:

Auf Fertigprodukten findet sich zunehmend ein kleiner far-
big unterlegter Kasten mit einer Nährwertinfo – die sogenannte
GDA-Kennzeichnung (Guideline Daily Amount). Grundlage
für die Angaben sind die Richtwerte für die tägliche Zufuhr an

Eiweiß, Fett und Kohlenhydraten, Zucker, gesättigten Fetten, Ballaststoffen, Natrium, Salz und Kalorien. Bezogen auf eine Portion wird also ausgewiesen, wie viele Kalorien oder Zucker mit der jeweiligen Portion gegessen werden – bezogen auf den Tagesbedarf. So liefert eine 30-Gramm-Portion Flakes laut Deklaration nur drei Prozent des Zuckerbedarfs, weniger als ein Prozent Fett und nur sechs Prozent der Tageskalorien. Klingt doch gut, oder? Die Angaben sind reine Augenwischerei. Denn die zugrunde gelegten Portionsgrößen sind viel zu klein. Wer wird schon von 30 Gramm Flakes satt? Milch, Obst und Joghurt sind auch noch nicht mit eingerechnet.

Mit Rat zur Tat

Gehen Sie mit offenen Augen einkaufen. Sind Lebensmittel »ohne …«, prüfen Sie in der Zutatenliste, was stattdessen drin ist. Nicht zu empfehlen sind Ersatzstoffe wie Hefeextrakt, natürliche Aromen oder Eiweißkonzentrate.

Beachten Sie bei der Nährwertinfo immer die angegebene Portionsgröße.

Auf der Website www.Lebensmittelklarheit.de finden sich viele Beispiele für derartige Täuschungsmanöver. Sie helfen dabei, Etiketten zu verstehen.

Es gibt konventionelle Firmen, die tatsächlich Lebensmittel »ohne Zusatzstoffe« anbieten, etwa *Frosta*-Tiefkühlkost. Das ist keine Schleichwerbung, sondern ein schönes Beispiel, dass auch Industrieküchen so kochen können, wie man es zu Hause machen würde.

2. Ganz groß in Mode:
»gluten- und Laktosefrei«

Ab sofort lässt es sich »glutenfrei« urlauben. Unter www.GlutenfreeRoats.com finden sich mehr als 40 000 Adressen für Hotels, Restaurants, Supermärkte und Reformhäuser, in denen es glutenfreies Essen gibt. Weltweit. Ob Pizza in Rom oder Flammkuchen im Elsass, Mandelhörnchen in Flensburg oder Aufbackbrötchen in Münster, für jeden Appetit gibt es die passende Adresse. Einfach Postleitzahl eingeben und die Suche beginnen.

Das Angebot hat die Firma Dr. Schär initiiert. Der Marktführer für glutenfreie Lebensmittel will darüber natürlich die eigenen Produkte lancieren. Er kann damit aber auch Menschen mit der Krankheit Zöliakie ein bisschen das Leben erleichtern. Ihr Dünndarm kann das Gluten aus Getreide nicht verarbeiten. Sie müssen ein Leben lang auf Produkte verzichten, die den Eiweißstoff Gluten und die Unterfraktion Gliadin enthalten. Weizen, Roggen und Gerste, aber auch in den Ur-Getreiden Dinkel, Einkorn und Emmer ist Gluten enthalten. Schon kleinste Mengen sind für die Betroffenen gefährlich. Ihre Darmschleimhaut entzündet sich und sie bekommen starke Bauchschmerzen, Blähungen und Durchfall. Zugleich bilden sich die Zotten im Darm, über die Nährstoffe und Vitamine aufgenommen werden, zurück. Vitamine und Nährstoffe können also nicht richtig ausgenutzt werden. Die Folge: schwere

Mangelerscheinungen. Nach Angaben der Deutschen Zöliakie Gesellschaft ist hierzulande einer von 270 bis 500 Menschen betroffen.

Doch die Internetseite wird nicht nur von Zöliakie-Patienten genutzt. Immer mehr Menschen verzichten auf Gluten. »Glutenfrei ist das neue Porentief-Rein«, beobachtet die Inhaberin eines Naturkostfachgeschäfts. In Zeiten, in denen die Zutatenlisten immer länger werden und Etikettenschwindel alltäglich ist, sehnen sich Verbraucher nach »Reinheit und Transparenz«. Doch tatsächlich werden hier Gesunde mit Diätkost von den Firmen abgezockt.

Dazu passt ein Trend aus den USA, der das Thema puscht: Der Verzicht auf Gluten und Weizen führe zu Gesundheit, Fitness und innerer Reinheit, wird behauptet. Eine gluten- und weizenfreie Ernährung mache schlank. Ob Lady Gaga, Miley Cyrus oder Gwyneth Paltrow, viele Promis schwören auf glutenfreies Essen, weil es (angeblich!) schlank und fit hält.

Doch davon kann nicht die Rede sein. »Es gibt keinerlei Evidenz dafür, dass eine glutenfreie Diät beim Abnehmen hilft oder Übergewicht vorbeugt, so wie es manche Diät-Coaches oder Prominente in den Medien verkünden«, stellt der Gastroenterologe Wolfgang Holtmeier aus Porz am Rhein klar. Auch der Verzicht auf Weizen, also auf Toastbrot, Brötchen und Nudeln, eine Ernährung, wie sie in dem Bestseller *Weizenwampe* propagiert wird, führt nicht zur Traumfigur oder mehr Gesundheit. »Obwohl er (Weizen) sowohl an Übergewicht als auch an Herz-Kreislauf-Erkrankungen schuld sein soll, hat sich die Herzinfarktrate in den letzten 20 Jahren bei uns fast halbiert«, so Holtmeier. Der Verzehr von Getreideprodukten ist zugleich kontinuierlich gestiegen, so Holtmeier im Fachmagazin *UGB-Forum*.

Dennoch boomt das Glutenfrei-Geschäft. Betrug der Umsatz von glutenfreiem Brot, Kuchen, Gebäck und Müsli, von Backmischungen, Nudeln, Fertiggerichten und Tiefkühlkost ohne Gluten laut der *Lebensmittelzeitung* hierzulande vor wenigen Jahren noch 39 Millionen Euro jährlich, so lag er 2013 schon bei 60 Millionen Euro. Tendenz: weiter steigend. Cerealien-Anbieter Nestlé weiß auch warum: »Viele Konsumenten, die glutenfreie Produkte kaufen, haben keine Glutenunverträglichkeit, verzichten aber darauf, da sie sich damit besser fühlen«, schreibt der Nahrungsmittelgigant in einer Anzeige in der *Lebensmittelzeitung*.

Glutenfreie Produkte erfreuen sich eines rasanten Absatzes, weil laut Angaben in einschlägigen Ratgebern oder auch auf Web-Seiten von Heilpraktikern, Ernährungsberatern und naturheilkundlichen Ärzten etwa jeder Zwanzigste unter einer Glutenunverträglichkeit leidet. Wissenschaftliche Belege für diese Zahlen sind jedoch Mangelware. Eigentlich ist sogar noch nicht einmal klar, ob es Glutenunverträglichkeit überhaupt gibt. Denn bisher lässt sie sich nur indirekt feststellen. Dazu schließt der Arzt Zöliakie und eine Weizenallergie durch Tests aus, und wenn es dem Patienten dann trotzdem besser geht, wenn er auf Gluten in seiner Ernährung verzichtet, schließt man von diesem Befund auf eine Glutensensitivität. Ein Beweis ist das jedoch nicht. »Denn allein die Tatsache, dass die Ernährung umgestellt wird, kann schon dazu führen, dass man sich besser fühlt«, erklärt Stephanie Baas von der Deutschen Zöliakiegesellschaft (DZG).

Glutenfreie Produkte werden also nicht mehr nur von Menschen mit Zöliakie gegessen, sondern auch von denjenigen, die meinen, an einer Weizen- oder Glutensensitivität leiden. Die

Darmschleimhaut der Betroffenen ist gesund, sie können Nährstoffe also bestens resorbieren. Dennoch bekommen sie nach dem Verzehr von Hartweizennudeln oder Toastbrot Bauchschmerzen, Blähungen und Durchfall, aber auch Kopfschmerzen und Muskelbeschwerden.

Eine Studie unter der Leitung von Detlef Schuppan von der Harvard Medical School in Boston ergab Hinweise darauf, dass Gluten wohl gar nicht der Hauptschuldige für die Probleme der angeblichen glutensensitiven Menschen ist. Das internationale Forscherteam verglich die Reaktion des Immunsystems auf alte und exotische Getreidesorten mit der Reaktion auf moderne Hochleistungsgetreide, und dabei entdeckte man, dass statt Gluten sogenannte Amylase-Trypsin-Inhibitoren (ATI) die typischen Reaktionskaskaden einer Glutenunverträglichkeit verursachen können. Diese Stoffe treten oft gemeinsam mit Gluten im Getreide auf, weshalb sich ihre Wirkungen bisher schlecht auseinanderhalten ließen. »ATI wirken im Körper wie krankmachende Keime. Sie aktivieren das Immunsystem und initiieren im Körper heftige Entzündungen«, erklärt Schuppan. Die ATI könnten neben Darmproblemen auch andere Erkrankungen verursachen, beispielsweise Diabetes oder multiple Sklerose.

Wenn aber die ATI das Immunsystem überaktivieren, hätte man auch eine Erklärung, warum die angebliche Glutenunverträglichkeit in den vergangenen Jahren immer häufiger geworden ist. Denn diese Stoffe sind ein Produkt der modernen Landwirtschaft, die in den letzten Jahren eine Weizenvariante herangezüchtet hat, die sich dem Insektenfraß widersetzen kann. Wesentliches Merkmal dieses Hochleistungsweizens ist, dass er viel mehr – nachgewiesenermaßen insektizide – ATI enthält als die klassischen Getreidesorten. Es spricht also vieles dafür, dass es sich bei der grassierenden Glutenunverträglichkeit in Wahrheit um eine ATI-Unverträglichkeit handelt, die wiederum das Produkt einer Agrarindustrie ist, die in ihrem Bemühen um steigende Erträge ein Lebensmittel geschaffen hat, auf das unsere Immunabwehr nicht eingestellt ist. Das Brot an sich ist also gar nicht das Problem, sondern der Rohstoff, aus dem es mittlerweile oft hergestellt wird.

Der Verzicht auf glutenfreie Lebensmittel ist also bei einer Glutensensitivität, anders als bei Zöliakie, meist nicht nötig. »Wenn man medizinisch eine Zöliakie ausgeschlossen hat, und die Patienten positiv auf eine Diät ansprechen, dann müssen sie diese auf Dauer (aber) meist nicht ganz so streng einhalten«, sagt Wolfgang Holtmeier. Das bedeute, sie brauchen nicht immer und überall auf jeden »Krümel« zu achten, wie Zöliakiepatienten dies tun müssen. Die Schwelle, bis zu der Getreide vertragen wird, müsse individuell ausgetestet werden. Möglicherweise vertragen die Betroffenen also kein Ciabatta und auch keine Nudeln, aber geringe Zusätze an Weizenmehl in Lebensmitteln.

Wer glutenfreie Lebensmittel kaufen muss oder will, sollte sich nicht übers Ohr hauen lassen. So fand die »Stiftung Warentest« in einem Marktcheck auf einer Flasche Rapsöl und auch auf einem Frischkäse den Hinweis »Glutenfrei« – obwohl beide Lebensmittel naturgemäß kein Getreide enthalten. Glutenfreien Schinkenspeck und Tiefkühlerbsen fand die Verbraucherzentrale Hamburg. Beide haben von Natur aus kein Gluten in sich.

»Porentief rein« sind glutenfreie Lebensmittel meist auch nicht. Sie enthalten oft mehr Zusatzstoffe als die vergleichbaren »normalen« Produkte. Gluten, auch Kleber genannt, hält Mehl und Wasser in Brot und Backwaren zusammen. Fehlt er, müssen Dickungsmittel her. So enthalten glutenfreie Brot-backmischungen neben Reis- und Maismehl meist auch noch die Verdickungsmittel Johannisbrotkernmehl und Xanthan. Sie schaden zwar nicht, »porentief rein« sieht aber anders aus.

Von Rechts wegen dürfen Produkte, die mit dem Hinweis »glutenfrei« werben, nicht mehr als 20 Milligramm Gluten je Kilo enthalten. Ab Juli 2016 können Lebensmittel zudem den Hinweis tragen »sehr geringer Glutengehalt«, wenn das End-produkt maximal 100 Milligramm je Kilo aufweist. Auch wenn Hafer oftmals besser vertragen wird, so muss der Anbieter, der mit »glutenfrei« oder »geringer Glutengehalt« wirbt, sicherstel-len, dass der Hafer nicht mit glutenhaltigem Weizen, Roggen, Gerste oder auch Kreuzungen aus diesen Getreidesorten kon-taminiert wurde. Der Hafer selbst darf nur 20 Milligramm Glu-ten je Kilo enthalten.

Mit Rat zur Tat

Stellt sich nach dem Verzehr von Milch und Weizen Bauch-grummeln und Durchfall ein, sollte ein Arzt aufgesucht wer-den. Er kann die Unverträglichkeit überprüfen.

Wer unter Zöliakie leidet, muss in jedem Fall auf gluten-haltige Getreide und daraus hergestellte Produkte verzich-ten. Eine Ernährungsberaterin kann helfen, einen Speise-plan zusammenzustellen.

Wer »nur« empfindlich auf Weizen reagiert, muss auf das Getreide meist nicht komplett verzichten. Kleine Mengen an Weizen werden oft gut vertragen. Nur geballte Ladungen wie sie in Pizza und Nudeln stecken, sollten nicht verzehrt werden. Probieren Sie aus, ob andere Getreide verträglich sind. Es ist auch einen Versuch wert, ob Biogetreide vertragen wird. Für die Herstellung von Biobrot und Co. werden meist keine Hochleistungssorten verwendet.

Wer nachweislich unter einer Weizenallergie leidet, muss Weizen meiden bzw. prüfen, was bekommt.

Checken Sie die Angaben zum Glutengehalt auf der Packung: Glutenfrei: nicht mehr als 20 mg pro Kilo. Sehr geringer Glutengehalt: max. 100 mg pro Kilo.

Prüfen Sie, ob Produkte mit »Glutenfrei«-Werbung üblicherweise überhaupt Gluten enthalten. Glutenfrei sind in der Regel Fleisch, Fisch und Wurst, Gemüse und Obst.

Glutenfreie Lebensmittel enthalten oftmals Zusatzstoffe wie Dickungs- und Bindemittel, damit sie eine bestimmte Form und Konsistenz erhalten, etwa Brot und Brötchen. Die Zutatenliste gibt Auskunft.

Der höhere Preis ist dann gerechtfertigt, wenn es sich um ein echtes glutenfreies Produkt handelt. Die Kontrollen, die dies sicherstellen, kosten Geld, und es ist aufwendig, ein glutenfreies Brot oder Baguette zu entwickeln.

Umsatz bescheren Handel und Herstellern auch Lebensmittel »ohne Laktose«. Sie sind für alle gedacht, die keine Laktose, also Milchzucker, verdauen können. Laktose ist vor allem in Milch enthalten, aber in geringer Menge auch in Joghurt, Quark und Käse. Rund 15 Prozent der Bevölkerung sind laut des Verbandes für unabhängige Gesundheitsberatung von der sogenannten Laktoseintoleranz betroffen. Das Enzym, das den Milchzucker, die Laktase, aufspaltet, arbeitet bei ihnen nur eingeschränkt oder gar nicht. Nach dem Verzehr von Milch bekommen sie Bauchschmerzen, Durchfall, Kopfschmerzen und Kreislaufbeschwerden. Bei Laktasemangel ist Milch, ob von der Kuh oder der Ziege, meist tabu. Jedoch wird Käse, der wie Parmesan, Gruyère und Allgäuer Emmentaler lange reift, oft gut vertragen, weil bei deren langwieriger Herstellung die Laktose mit der Zeit abgebaut wird. Ob man Quark und Joghurt verträgt, muss ausprobiert werden. Sie enthalten zwar auch Laktose, die darin enthaltenen Milchsäurebakterien bauen sie aber ab. Das gilt insbesondere für probiotische Joghurts mit Laktobazillus (LB) delbrueckii, LB bulgaricus und LB streptococcus. Jedoch wird der Typ des LB nicht immer deklariert.

Für Menschen mit Laktoseintoleranz bietet die Industrie Lebensmittel an, die »ohne Laktose« oder auch »laktosefrei« sind. Die Herstellung ist nicht so aufwendig wie bei einem glutenfreien Produkt. Der Milch wird einfach das Enzym Laktase zugesetzt, das Milchzucker in die Bausteine Glukose und Galaktose aufspaltet. Fertig. Trotzdem sind sie meist viel teurer als das Original.

Das Geschäft mit »ohne Laktose« boomt. »Laktosefreie Milchprodukte (ohne Käse) haben im vergangenen Jahr schon ein Volumen erreicht, dem das Etikett ›wertschöpfende Nischenprodukte‹ nicht mehr gerecht wird«, erklärt Enrico Krien vom Marktforschungsinstitut Nielsen in der *Lebensmittelzeitung*. Ein Renner sei laktosefreie H-Milch, die allein zwischen 2013 und 2014 ein zweistelliges Umsatzwachstum verbuchte. 120 Millionen Liter wurden getrunken, der Umsatz betrug 117 Millionen Euro. Das ist ein Plus von 25 Prozent zum Vorjahr. Schon 7,2 Prozent der gesamten verkauften H-Milch sind heute laktosefrei.

Der Konsumforscher weiß, woran das liegt: »Nicht nur die von Laktoseunverträglichkeit betroffenen Konsumenten, sondern auch viele ›Normalverbraucher‹ greifen zu den teureren Ersatzprodukten.«

Doch nötig ist das nicht. Die meisten Menschen vertragen Milchzucker prima. Dennoch führen sie allgemeine Beschwerden nach dem Essen auf die Milch zurück, weiß Andreas Wagner, Chefarzt des St.-Marien-Krankenhaus Ratingen. Sie greifen zu L-Minus-Milch – oder streichen Milch gleich ganz vom Speiseplan.

Ein weiterer Grund ist das allgemeine Unbehagen gegenüber Kuhmilch. Ob Allergien, Turbokühe oder Genfutter für Kühe, um den Ruf der Milch ist es nicht gut bestellt. So wird versucht, dem Unbehagen mit dem Trinken von L-Minus-Milch zu begegnen. Das ist irrational. Denn L-Minus-Milch ist weder weniger allergen noch von glücklichen Kühen, und die Tiere bekommen auch oft Genfutter. Aber die Sondermilch vermittelt zumindest das gute Gefühl, anders als herkömmliche Milch zu sein.

Für Menschen, die keine Laktose vertragen, ist L-Minus-Milch eine gute Möglichkeit, Milch zu konsumieren. Jedoch sollte vom Arzt vorher die Diagnose »Laktoseintoleranz« gestellt werden. Er macht einen Atemtest, eine einfache Blutabnahme reicht nicht. Sich selbst die Diagnose Laktoseintoleranz zu stellen, sei eine Art »Modeerscheinung«, meint Professor Hahn im *Öko-Test-Magazin*: »Leichter als der Weg in die Arztpraxis ist eben manchmal der Weg in den Supermarkt.« Er rät, auch bei positiver Diagnose auszuprobieren, wo die eigene Verträglichkeitsgrenze liegt. Oft werden kleine Mengen an Laktose, wie sie in Naturjoghurt, Butter oder Hartkäse enthalten sind, gut vertragen.

Beim Einkauf lohnt es sich, aus mehreren Gründen die Augen offen zu halten. Denn wie bei den glutenfreien Produkten wird auch bei Lebensmitteln mit »laktosefrei« Schindluder getrieben. Zum einen verwenden die Hersteller mehrere Begriffe, da es keine verbindlichen Vorgaben gibt. Die Lebensmittelchemische Gesellschaft hat folgende Definitionen aufgestellt. »Laktosefrei«: Das Produkt muss weniger als 0,01 g/100 g Laktose enthalten. Ist es »streng laktosearm«: unter 0,1 g/100 g, ist es »laktosearm«: unter 1 g/100 g.

Zum anderen wird der Begriff gerne überstrapaziert: Die Verbraucherzentrale Hamburg prüfte vor einiger Zeit 24 als »laktosefrei« gekennzeichnete Lebensmittel. Dabei stieß sie auf jede Menge Unsinn. So waren Produkte, die wie Butter und Naturjoghurt von Natur aus kaum Laktose enthalten, mit dem Label »laktosefrei« gekennzeichnet. Aber auch auf einem Mehrkornbrot von *Dr. Schär* und einem Knäckebrot von *Wasa* fand die Verbraucherzentrale den Hinweis. Dabei enthalten Brot und Knäckebrot üblicherweise keinen Milchzucker. Selbst Schinkenspeck von »Gutfleisch« und der Mühlen-Schinken von »Rügenwalder Mühle« trugen das Label, obwohl Fleisch und Wurst meist keinen Milchzucker enthalten. Kommt er tatsächlich in die Wurst, dann handelt es sich um sehr geringe Mengen, die wiederum meist vertragen werden. Eine Auslobung vorn auf der Packung sei nicht gerechtfertigt. Von den Verbraucherschützern wurde die »Werbung mit Selbstverständlichkeiten« kritisiert. Zumal Produkte mit dem Hinweis »laktosefrei« immer etwas teurer sind als das vergleichbare normale Produkt, ergab der Markttest der Verbraucherzentrale Hamburg. Dasselbe gilt auch für Lebensmittel mit der Werbung »glutenfrei«. Im Schnitt lag der Preisaufschlag für »laktosefrei« oder »glutenfrei« bei plus 140 Prozent. Wurst mit der Werbung »laktosefrei« kostete im Schnitt 95 Prozent mehr, Käse im Mittel 122 Prozent mehr und das laktosefreie Mehrkorn- und Knäckebrot 217 Prozent mehr. Auf das *Minus L Schwarzbrot* vom Marktführer Omira wurden gleich 383 Prozent aufgeschlagen – im Vergleich zu einem normalen Vollkornbrot aus der Tüte.

Es gibt Ärzte, die zu Recht betonen, es sei geradezu kontraproduktiv, Laktose ganz vom Speisezettel zu streichen. Wird laktosefrei gegessen, stellt der Körper mit der Zeit die Bildung des Enzyms Laktase ein. Das bedeutet: Auch kleine Mengen an Milchzucker können vom Körper nicht verwertet werden und lassen den Bauch grummeln. Es geht also nicht darum, ganz auf Laktose zu verzichten, sondern individuell zu prüfen, was bekommt.

Eine gute Nachricht gibt es aber doch. Bei einem »Öko-Test laktosefreie Spezialprodukte« kamen Milch, Joghurt, Quark, Butter und Schokoladeneis auf den Prüfstand. Alle Lebensmittel waren mit einem Gehalt von weniger als 0,1 Prozent tatsächlich frei von Laktose.

Mit Rat zur Tat

Verzichten Sie nur auf Milchprodukte, wenn ein Laktasemangel vom Arzt (Internist, Allergologe oder Gastroenterologe) festgestellt wurde.

Auch bei Laktoseintoleranz ist eine Ernährungsberatung hilfreich.

Testen Sie bei einer diagnostizierten Laktoseintoleranz die individuelle Verträglichkeit. Bei Laktasemangel ist Milch, ob von der Kuh oder der Ziege, meist tabu. Parmesan, Gruyère und Allgäuer Emmentaler werden jedoch oft gut vertragen.

Prüfen Sie, ob ein Produkt die Aufschrift »laktosefrei« verdient. Wurst, Brot, Eier, Mineralwasser, Gemüse und Obst, Nüsse und Samen, Pflanzenöl und die meisten Getränke sind von Natur aus laktosefrei. Die oft sehr teure L-minus-Butter kann man sich getrost sparen. Butter enthält naturgemäß nur etwa 0,6 Gramm Laktose je 100 g – und wird nur dünn aufgetragen.

Höhere Preise bei Laktosefrei-Produkten sind hingegen Geldschneiderei. Sie sind unkompliziert herzustellen.

3. Funktionelle Lebensmittel: Was haben Fischöl im Brot und Cholesterinsenker in der Margarine zu suchen?

Zwölf bis 18 Gramm Vitamin C soll der Nobelpreisträger Linus Pauling täglich eingenommen haben. Das ist weit mehr als das Hundertfache der Menge dessen, was die weltweiten Ernährungsinstitutionen als Dosierung für das Vitamin empfehlen. Auf seinen Vitamin-Trip war der amerikanische Chemiker gekommen, weil er immer wieder von Erkältungen heimgesucht wurde und in dem immunstärkenden Stoff eine Waffe dagegen gefunden zu haben glaubte. Und tatsächlich: Nach Beginn der Kur litt er nur noch selten an Atemwegserkrankungen, und das euphorisierte ihn dermaßen, dass er fortan zu einer treibenden Kraft in der Vitaminforschung wurde. Diese brachte ihn zu der Erkenntnis, dass Vitamine, und hier vor allem wieder sein geliebtes Vitamin C, auch insgesamt zur Lebensverlängerung beitragen. Und er untermauerte diese These dann auch noch mit einem geradezu leibhaftigen Beweis: Linus Pauling wurde 93 Jahre alt.

Es sind Geschichten und Legenden wie diese, die wesentlich dazu beitragen, dass der Markt für Functional Food, zu Deutsch funktionelle Lebensmittel, zu den großen Perspektiven der Lebensmittelindustrie avanciert ist. Allein in Deutschland gibt man neun Milliarden Euro jährlich für Nahrungsmittel mit angeblichem gesundheitlichem Zusatznutzen aus. Probiotische Joghurts werden mit den wettergegerbten Methusalems des Kaukasus beworben, Fischöl in Brot und Fruchtsaft mit den herzgesunden und stets fröhlichen Eskimos aus Grönland und Olivenölmargarine mit dem zerfurchten Gesicht eines über hundertjährigen Großvaters aus Kreta.

Zu den Legenden und Geschichten gehören aber auch die angeblich wasserdichten wissenschaftlichen Datenlagen, die man über die zugesetzten Stoffe hören kann. So sollen die Phytosterine in der Margarine vor hohen Cholesterinwerten und Infarkten schützen, die Ballaststoffe im Fruchtsaft vor Darmkrebs und Verstopfung, der Granatapfelextrakt in der Schokolade vor Prostatakrebs, das jodierte Kochsalz vor Kropf und Verblödung, der Cranberrysirup im Kuchen vor Blaseninfektionen und die mit Soja aufgepeppten Milchersatzprodukte vor Wechseljahresbeschwerden und Osteoporose. Alles sei durch diverse Studien belegt, so heißt es. Doch tatsächlich zählt das ebenso zu den geschönten Legenden wie die Geschichte von Linus Pauling, der übrigens seine Nobelpreise *nicht* für seine Vitaminforschung bekam und sein gesegnetes Alter erreichte, *obwohl* er sich mit Vitamindosierungen volldröhnte. Sie werden mittlerweile als absolut schädlich eingeschätzt.

So, wie auch andere Anreicherungen kritisch gesehen werden, zum einen, weil sie mehr schaden als nützen, zum anderen, weil sie falsche Erwartungen wecken. Denn wer sich mit Megadosen Vitaminen vollpumpt oder Mineralstoffe schluckt, wendet sich ab von einer wirklich gesundheitsfördernden Lebensweise.

Zum Beispiel: Fischöl in Brot und Eiern

Seit einigen Jahren gibt es mit Omega-3-Fettsäuren angereichertes Brot, damit versetzte Eier und Margarine, neuerdings auch Wurst und Getränke. Ins Brot und in andere Lebensmittel gelangen die Fettsäuren durch einen Zusatz an Fischöl, das aus

Kaltwasserfischen gewonnen wird. Vegane Lebensmittel enthalten stattdessen einen Zusatz an Mikroalgen, denn hier sind Zutaten vom Tier ja unerwünscht. Damit es nicht nach Fisch riecht oder schmeckt, wird das von Schadstoffen gereinigte Öl meist verkapselt ins Lebensmittel gebracht. So bleibt das Öl auch frisch, wird also nicht ranzig.

Solche Nahrungszusätze werden gern damit beworben, dass die »Eskimos«, also die Inuit, bei bester Gesundheit wären, weil sie täglich große Mengen mehrfach ungesättigter Fisch-Fettsäuren verzehren. Tatsache ist: Die Inuit hatten, als sie sich noch traditionell von Wal und Fisch ernährten, gerade mal eine Lebenserwartung von 32 (Männer) bis 38 Jahren (Frauen), so Rolf Lindemann von der Deutschen Gesellschaft für Polarforschung. Heute, im Zeitalter von Fertig-Pizza, Schnaps und Dosen-Cola, die auch dort Einzug hielten, dürfen sie immerhin mit einer Lebenserwartung von fast 70 Jahren rechnen. Doch das liegt weder am Fisch, der nur noch selten auf den Tisch kommt, noch an der Fertigpizza, die umso öfter auf dem Speiseplan steht. Die Inuit leben heute länger, weil die Wohnverhältnisse und auch die ärztliche Versorgung sich verbessert haben, Vorteile, über die man sich mittlerweile auch am Polarkreis freut.

Die wissenschaftliche Datenlage spricht ebenfalls nicht für Fischöl im Brot und anderen damit angereicherten Lebensmitteln. Ein Forscherteam unter Lee Hooper von der Universität East Anglia in England analysierte die Daten von 600 000 Menschen im Hinblick auf Krankheiten, Sterblichkeit und Fischöl-konsum, und sie fanden keinen schlagkräftigen Beweis dafür, »dass Omega-3-Fettsäuren das Sterblichkeitsrisiko sowie das Risiko für Herz-Kreislauf-Erkrankungen und Krebs reduzieren könnten«. Dafür starben in einer Studie mit 3000 Angina-Pektoris-Patienten die Fischölfreunde häufiger als die Fischölverächter an Herzversagen, und dieser Trend war umso ausgeprägter, wenn entsprechende Präparate oder Nahrungszusätze statt komplettem Fisch verzehrt wurden.

Zum Beispiel: Probiotische Joghurts

Die Geschichte der probiotischen Joghurts beginnt ebenfalls mit einer Legende. Ihren Anfang nahm sie zu Beginn des 20. Jahrhunderts, als der russische Bakteriologe Elie Metchnikoff die enorme Fitness bulgarischer Schafhirten mit dem regelmäßigen Verzehr von Joghurt und Kefir erklärte. Die fermentierten Milchspeisen würden, so seine These, mit ihren Lactobacillus-Stämmen die Darmflora und damit insgesamt den körperlichen Zustand des Menschen stabilisieren. Metchnikoff war als Wissenschaftler eine Koryphäe und bekam 1908 für seine Arbeiten zum Immunsystem den Nobelpreis. Doch er konnte niemals ausschließen, dass die Hirten einfach durch ihren stressfreien Lebensstil vor Gesundheit strotzten. Immerhin konnten andere Forscher später belegen, dass ein funktionierendes Darmmilieu für den Menschen unverzichtbar ist. Und dass sich diese Darmflora auch über die Zufuhr von Lactobacillen günstig beeinflussen lässt, gilt ebenfalls als sicher.

Doch dazu braucht man nicht unbedingt die teuren probiotischen Drinks, die von der Lebensmittelindustrie mit immer ausgetüftelteren Bakterienkulturen auf den Markt geworfen werden. Hier wisse man, warnt Professor Stephan Bischoff vom Institut für Ernährungsmedizin der Universität Hohenheim, noch viel zu wenig darüber, »welche Bakterienkulturen eigentlich für welchen Menschen am besten sind«. Außerdem könne auch der deutlich preiswertere Naturjoghurt positive Effekte auf die Darmflora haben. Und das nicht nur, weil er wie die teuren »Probioten« diversen Milchsäurebakterien eine Heimat bietet. »Die Joghurt-Matrix sorgt auch für einen zuverlässigen Schutz der Kulturen, sodass sie zumindest teilweise die Passage durch Magen und Magensäure überstehen können«, erklärt Bischoff.

Und dennoch steckt hierzulande in jedem fünften Joghurtbecher ein »Probiote«, bei den Trinkjoghurts sind sogar mehr als die Hälfte angereichert. Gesundheitsversprechen wie »Stärkt die Abwehr« oder »Für eine gesunde Verdauung« sind allerdings von den Bechern verschwunden. Im Zuge der sogenannten Health-Claim-Verordnung mussten die Hersteller schlüssige Belege beibringen, dass Probiotika nützen. Die Datenlage war trotz zahlreicher Studien aber zu dünn, die Versprechen mussten runter vom Becher.

Auch Muttermilchersatzprodukte für Säuglinge werden mit Probiotika supplementiert. Und das, obwohl auch hier endgültige Beweise ausstehen, dass der Zusatz nützt. Ein Riesengeschäft, das möglicherweise nicht nur den Geldbeutel der Kunden über Gebühr belastet, sondern auch schadet. Denn für immunschwache Menschen können die Bakterienkulturen aus dem Labor zu viel des Guten sein. Die Universität Helsinki konnte für Finnland schwere Infektionen und Todesfälle im Zusammenhang mit dem Probiotika-Verzehr dokumentiert.

Zum Beispiel: Cholesterinsenkende Margarine

Margarine mit Pflanzensterinen wird von Unilever damit beworben, dass sie zu den wenigen Lebensmitteln gehört, »deren Wirkversprechen (Health Claim) nach intensiver Prüfung der Europäischen Kommission freigegeben wurde«. Und man beruft sich dabei natürlich auch auf entsprechende wissenschaftliche Daten. So wirbt der Branchenführer damit, dass »über 40 Studien« die cholesterinsenkende Wirkung von *Becel* bewiesen hätten und »Risiken oder Nebenwirkungen nicht bekannt sind«. Doch ein näherer Blick offenbart auch diese Aussagen als Legende.

So konnten zwar Nahrungsmittel mit pflanzlichen Sterinen in Studien beachtliche Erfolge bei der Cholesterinsenkung erzielen. Doch das ist nur die eine Seite der Margarine. Denn mehr denn je ist umstritten, ob die Senkung des Blutcholesterins wirklich so dramatisch vor Infarkten schützt, wie weithin behauptet wird. Außerdem können hohe Dosierungen an pflanzlichen Sterinen durchaus auch »nachteilige Wirkungen erzielen«, warnt Kardiologe Oliver Weingärtner von der Universität des Saarlandes. Denn im Unterschied zum Cholesterin kann der menschliche Organismus mit dem Pflanzenfett eigentlich nicht viel anfangen. Das heißt, er muss es entsorgen – und wenn das nicht gelingt, kann es zu Problemen kommen. Es wird abgelagert. Und das ist nun genau das, was man an sich verhindern möchte.

Sterine beteiligen sich beispielsweise gerne an Verkalkungen der Aortenklappe. Der Herzmuskel muss dadurch härter arbeiten, um das Blut in den Körper zu pumpen. Am Ende stehen oft Herzschwäche und Atemnot.

Weingärtner und sein Forscherteam konnten im Laborversuch zudem nachweisen, dass sich pflanzliche Sterine, sofern der Fettabtransport im Körper nicht einwandfrei arbeitet, im Blut anreichern und dann die Funktionen der Blutgefäßwände stören. Die Adern verlieren an Flexibilität, was schließlich zu Bluthochdruck, Infarkten und anderen schweren Herz-Kreislauf-Erkrankungen führen kann.

Wie hoch das Risiko für solche gesundheitsschädlichen Entwicklungen tatsächlich ist, lässt sich zwar nicht zuverlässig sagen. Es steht und fällt offenbar mit der Anwesenheit eines bestimmten Fetttransporter-Gens, ist also abhängig vom Erbgut, ermittelten Wissenschaftler der Universitätsklinik Leipzig. Aber bei Patienten mit erhöhten Cholesterinspiegeln liegt schon die Vermutung nahe, dass sie ein genetisch bedingtes Fettabtransport-Defizit haben.

Zum Beispiel: Vitaminisierte Lebensmittel

Ein ähnliches Problem hat man auch bei einer anderen beliebten Stoffgruppe des Functional Foods: den Vitaminen. Hier argumentieren die Hersteller gerne mit der Legende vom Mangel, wonach heutige Lebensmittel, vor allem aber Obst und Gemüse weniger Biostoffe als früher enthielten, weswegen eine entsprechende Substitution unverzichtbar für uns sei. Wissenschaftliche Belege für diese These sind jedoch Mangelware. Ganz zu schweigen davon, dass die Lebensmittelindustrie ihren Produkten oft Vitamine zusetzt, um sie haltbarer und optisch ansprechender zu machen. Wie etwa Vitamin B_2 (Riboflavin), das für kräftige Gelbtöne in Pudding, Desserts, Cremespeisen, Käse und Speiseeis sorgt. Beta-Carotin taucht Margarine, Shrimps, Lachs, Kartoffelchips, Limonade, Käse und Fruchtsäfte in ein verführerisches Gelb-Orange. Vitamin C und E werden hingegen vor allem als konservierende Antioxidationsmittel eingesetzt. Manchmal bekommen die Schlachttiere sogar noch vor dem Bolzenschuss eine Vitamin-Injektion, damit ihr Fleisch später appetitlich aussieht. Auf diese Weise kommen auf 100 Gramm Salami bisweilen 20 Milligramm Vitamin C – dagegen haben Äpfel kaum eine Chance mehr. Die meisten Sorten enthalten weniger Vitamin C.

Es droht daher bei den Vitaminen eher eine Überdosierung als ein Mangel. So enthält eine Currywurst mit Pommes und Ketchup bereits 30 Milligramm Vitamin C, mit einem weiteren Glas Limonade (30 Milligramm) und einem Pusztasalat vom

Discounter (40 Milligramm) ist man dann schon beim Doppelten von dem, was die WHO als tägliche Vitamin-C-Zufuhr empfiehlt. Durch Functional Food wie etwa ACE-Obstsäfte und vitaminisierte Joghurts können schließlich die Überdosierungen dramatische Dimensionen annehmen. Laut einer Studie des Forschungsinstituts für Kinderernährung in Dortmund verzehren Kinder mittlerweile 20 bis 50 Prozent mehr an Vitaminen als empfohlen, in einigen Kinderfruchtsäften fand man sogar 600 Prozent der als sicher eingestuften Vitaminmengen. Eine Entwicklung, die, wie Studienleiterin Mathilde Kersting warnt, »sehr kritisch zu sehen ist«. Denn sie erzeuge bei den Verbrauchern eine »Scheinsicherheit, alles Menschenmögliche für die gesunde Ernährung ihrer Kinder getan zu haben«.

Wenn zudem Vitamine und Mineralien in Supplementen oder als Lebensmittelzusatz zum Einsatz kommen, ist offen, ob sie dabei nicht weniger oder andere Wirkungen erzielen, als wenn man sie in ihrer natürlichen Umgebung, also in Form von Fleisch, Gemüse oder Milchprodukten verzehrt. Das Ganze ist eben mehr als die Summe einzelner Teile.

So ergänzen beispielsweise pflanzliche Flavonoide die Wirkung von Vitamin C, weswegen Zitronen und Kiwis mehr zur Versorgung mit dem Vitamin beitragen als vergleichsweise Limonade, der man entsprechende Mengen synthetischer Ascorbinsäure zugesetzt hat. Und die Polyphenole aus pflanzlicher Nahrung sorgen laut Studien der Christian-Albrechts-Universität in Kiel dafür, dass in unserem Körper mehr Vitamin E kursiert und weniger davon durch Oxidation zerstört wird. Besonders wirksam ist in dieser Hinsicht neben den Catechinen aus grünem Tee das Quercetin, wie man es in Grünkohl, Rotwein und gelben Zwiebeln findet. Den besten Vitamin-E-Einspareffekt erzielt man aber mit den Polyphenolen aus Sesamsamen. Das knusprige Sesambrötchen oder auch das bei Veganern beliebte Tahin, Sesammus, kann daher eine echte Alternative zu den New-Age-Margarinen mit ihren Vitamin-E-Zusätzen sein.

Demgegenüber birgt es immer unkalkulierbare Risiken, wenn man einem Lebensmittel potenziell medizinisch wirksame Substanzen untermischt. So ist es praktisch unmöglich, sich durch den Verzehr von Möhren mit Beta-Carotin überzudosieren, weil man dazu das Wurzelgemüse gleich kiloweise verputzen müsste. Mit einem Multivitaminsaft ist das jedoch kein Problem: Je nach Marke reicht hier ein Glas pro Tag, um in problematische Dosierungen des Vitamins vorzudringen. Ganz zu schweigen davon, dass sich funktionelle Nahrungszusätze mit anderen Lebensmittelzusätzen zu einem gefährlichen Chemie-Cocktail vereinigen können.

So wird Limonaden, Sportler-Drinks und Fertigsalaten neben Vitamin C auch das Konservierungsmittel Benzoesäure zugesetzt. Doch wenn das Vitamin, das ja ebenfalls zu den Säuren gehört, an den Konservierungsstoff geht, kann daraus Benzol entstehen. Diese Substanz wird normalerweise dem Benzin zugemixt, damit es im Motor nicht so klopft – im Körper aber ist sie einfach nur giftig, krebserregend und keimzellenzerstörend. Kurz: pures Gift. Das Bundesamt für Risikobewertung beruhigt zwar, dass »nicht sicher zu beurteilen« sei, wie viel Benzol sich etwa in einer Limonade sammeln könnte. Gleichzeitig gibt man aber auch zu, dass es zu den krebserregenden Stoffen gehöre, »für die kein toxikologischer Schwellenwert genannt werden kann«.

Und dies bedeutet: Es geht nicht darum, möglichst wenig Benzol in der Limo zu haben, sondern *gar keins*. Sportler und

Fans von Fertigsalaten sollten also bei der Auswahl ihrer Lebensmittel einen genaueren Blick auf die Zutatenlisten auf der Verpackung werfen – sie sollten also ohne Benzoesäure sein. Denn es könnte sonst sein, dass darin nicht nur im übertragenen Sinne ein Sprit für ihre Muskeln steckt.

Mit Rat zur Tat

Wer sich gesund ernährt, benötigt keine angereicherten Lebensmittel. Kommen regelmäßig Nüsse, Pflanzenöle und ab und zu Fisch auf den Teller, ist der Körper ausreichend mit gesunden Fettsäuren versorgt. Naturjoghurt, Sauerkraut und andere Sauermilchprodukte liefern probiotische Bakterien, der regelmäßige Verzehr von Gemüse und Obst stellt die Versorgung mit Vitamin C und Ballaststoffen sicher.

Zusätze an Fischöl in Brot, Wurst und Getränken sorgen dafür, dass sich der Gesamtfettgehalt erhöht. Brot, ein an sich fettarmes Lebensmittel, enthält ein bis zwei Gramm Fett je 100 Gramm. Im *Omega-Brot* sind in derselben Brotmenge knapp fünf Gramm Fett enthalten.

Omega-Eier enthalten genauso viel Cholesterin wie herkömmliche. Wer sich zugunsten der Omega-Fettsäuren öfters mal zwei oder drei der Spezial-Eier gönnt, schießt in Sachen Cholesterin schnell über das Ziel hinaus.

Vorsicht vor ACE-Säften und anderen mit Vitaminen angereicherten Lebensmitteln. Insbesondere angereicherte Säfte enthalten oftmals mehr isoliertes Beta-Carotin als das Bundesinstitut für Risikobewertung (BfR) für sicher hält.

Geraten wird, täglich nicht mehr als zwei Milligramm isoliertes Beta-Carotin, eine Vorstufe des Vitamin A, aufzunehmen.

Frühstückscerealien enthalten häufig einen Zusatz an diversen Vitaminen, Mineralstoffen und Spurenelementen (siehe Kapitel 4.3. und 4.4). Von Eisenzusätzen im Essen rät das BfR jedoch klar ab. Die dauerhafte erhöhte Zufuhr an Eisen kann die Infektanfälligkeit erhöhen und die Zinkaufnahme behindern. Bioprodukte dürfen nicht damit versetzt werden und sind somit die bessere Wahl.

4. Vegane Lebensmittel: Wenn Soja und Tofu nach Fleisch schmecken sollen

Es ist schon etwas her, da löste ein Beitrag von »Frontal 21« große Empörung aus. Das Magazin hatte 2009 herausgefunden, dass der Käse auf Pizza, Brötchen und verpackten Fertigmenüs oftmals gar kein echter Käse ist, sondern ein Imitat, auch Analogkäse genannt. Eine Mischung aus Wasser, Pflanzenöl, Stärke, Sojaeiweiß, Salz, Bindemittel, Aromen und Farbstoffen diene als billiger Käseersatz, so »Frontal«. Teilweise handelte es sich auch um Mischungen aus Imitat und echtem Käse. Gekennzeichnet war der Schummelkäse aber nicht, oder zumindest nicht klar und deutlich. Nur wer das Kleingedruckte auf der Verpackung las, konnte sehen, dass die Milch fehlte, aus dem der Käse ist.

Bald nach der Ausstrahlung des Beitrags wurde von der damaligen Verbraucherministerin Ilse Aigner nach einer neuen Kennzeichnung gerufen. Sie forderte: Handelt es sich um Analog»käse«, so muss dies klar aus der Bezeichnung auf der Verpackung hervorgehen. Die Anbieter müssten deutlich darauf hinweisen, dass das Produkt »aus Pflanzenfett« oder bei Mixprodukten »aus pflanzlichem Öl und Magermilch« hergestellt ist. Verbraucherschützer befürchteten zwar, dass Konsumenten auch dann Imitaten auf den Leim gehen – die Produkte sehen aus wie Käse und riechen auch ein wenig so –, aber immerhin gab es nun eine Regelung. Seit Ende 2014 ist sie gültig.

Damit ist der Schummelkäse zwar besser erkennbar. Vom Tisch ist er aber nicht. Er wird immer noch für billige Käse- und Pizzabrötchen verwendet. Im Zuge des Vegantrends hält er sogar durch die Hintertür verstärkt wieder Einzug. In Bio-Supermärkten, kleineren Bioläden und in Drogeriemärkten mit Veggie-Angebot wird der Falschkäse als leckerer Käseersatz angeboten – und somit salonfähig. Zwar werben die Hersteller nicht damit, dass es sich um echten »Käse« handelt. Das dürfen sie auch nicht. Jedoch knüpfen die Produkte in Aufmachung und Werbeslogans (»Lecker wie Käse«) klar an das Original an. Dabei handelt es sich um schnöde Gemische aus Wasser, Kokosfett, Stärke, Salz, Aroma- und Farbstoffen.

Veganer »Käse« ist nur eins von vielen fragwürdigen Produkten, die der Trend zum veganen Essen mit sich bringt. Sie sollen Menschen, die ganz auf Lebensmittel vom Tier verzichten, den Umstieg erleichtern. Und das werden immer mehr. Schon 900 000 Menschen leben vegan, ergab eine Umfrage des Kölner Marktforschungsinstituts YouGov von 2014. Das sind etwa 1,1 Prozent der Bevölkerung. Sie essen keine Produkte vom Tier, also auch keinen Käse, tragen keine Lederschuhe und benutzen auch keine Kosmetik, die Honig, Gelee Royal, Farb- und Zusatzstoffe vom Tier enthält.

Ohne Frage ist es gut, weniger Fleisch zu essen und den Konsum von Milch und Käse runterzuschrauben. Das ist aus ökologischen Gründen sinnvoll, da die Erzeugung von tierischen Produkten die Umwelt mehr belastet als die von pflanzlichen, z. B. in Bezug auf den CO_2-Ausstoß. Aber auch unter gesundheitlichen Gesichtspunkten ist es ratsam, von Fleischwaren zu lassen. Gesättigte Fette und Cholesterin aus Wurstwaren fördern Herz-Kreislauf-Erkrankungen, das Kalzium aus Milch und Milchprodukten vermindert die Aufnahme von Eisen in den Körper.

Allen Unkenrufen zum Trotz ist es sehr gut möglich, vegan zu essen. Vorausgesetzt, man lässt Käse-Imitate und sonstige Ersatzprodukte weg, denn sie sind hoch verarbeitet und voller Zusatzstoffe. Zwar wird immer wieder behauptet, vegan lebende Menschen erhalten zu wenig hochwertiges Eiweiß, zu wenig Kalzium und Eisen. Doch wenn die vegane Ernährung gut gemacht ist, also auch Vitamin-B_{12}-Präparate akzeptiert werden, lässt es sich damit gesund leben und alt werden. Selbst Kinder können vegan essen, sofern Eltern einige wichtige Dinge beachten (siehe Kapitel 4.2).

Es kommt jedoch auch auf die Qualität der veganen Lebensmittel an. Wie in der herkömmlichen Ernährung sollten vor allem frische Produkte gegessen werden, keine Fertigprodukte und Konserven. Gemüse, Obst, Müsli, Brot, Nüsse, Hülsenfrüchte, Samen und hochwertige pflanzliche Öle sind die Grundnahrungsmittel der veganen Küche. Also Lebensmittel, die möglichst wenig verarbeitet sind und ohne Zusatzstoffe auskommen.

Dennoch füllen sich die Regale mit immer mehr Veggie-Produkten fragwürdiger Qualität.

Dazu zählt der vegane Käse, der im Übrigen viel teurer ist als herkömmlicher Käse. Vegane »Käse«scheiben oder Veggie-Streu»käse« kosten ein Drittel bis doppelt so viel wie die Originale. Aber auch Weizensteak, Sojahack und Veggie-Brathuhn haben wenig mit natürlicher Ernährung gemein. Sie sind hoch verarbeitet und strotzen oft vor Zusatzstoffen, Vitamine bleiben bei der Verarbeitung auf der Strecke und der Gaumen gewöhnt sich an den Geschmack von Fertigessen, nicht an den von natürlichen Lebensmitteln.

Wir haben die wichtigsten veganen Produkte unter die Lupe genommen und sagen, was davon zu halten ist.

Zum Beispiel: Texturiertes Sojaeiweiß

Die Grundlage ist entfettetes Sojamehl. In einem Extruder, einer Art Heißluftgebläse mit Düse, entsteht unter hohem Druck eine faserige Masse. Sie wird auch TVP (Textured Vegetable Protein) genannt, weil sie eine dem Fleisch ähnliche Konsistenz hat. Sie ist geschmacksneutral und wird, je nach gewünschtem Geschmack, mit Aromastoffen oder Hefeextrakt und Gewürzen angereichert. Sojasteak, »Fleisch«streifen und Sojaschnitzel bestehen oft aus TVP. Wegen der starken Verarbeitung ist davon Abstand zu nehmen.

Zum Beispiel: »Curdlan«

Der Stoff, aus dem Veggie-Shrimps und vegane Calamari sind, heiß »Curdlan«. Es ist ein reines Laborprodukt, das aus speziell gezüchteten Bakterien durch Fermentation gewonnen wird. Es entsteht ein Pulver, ein Polysaccharid oder Vielfachzucker, der sich prima mit Wasser dicklegen lässt. Versehen mit z. B. Salz, Gewürzen, einer Prise Zucker und Fischaroma, Algen oder Seetang werden vegane Calamari und Shrimps daraus. Reine Laborprodukte haben nichts mit gesundem Essen gemein.

Zum Beispiel: Seitan

Ob veganes Brathuhn, Bulette oder Grillsteak, dahinter steckt oft Seitan. Die Masse besteht aus Weizengluten, jenem Stoff also, den heute viele Menschen meiden, weil er ihnen nicht bekommt (siehe Kapitel 1.2). Seitan darf darum bei einer Glutenunverträglichkeit (Zöliakie) nicht gegessen werden.

Im Zuge der Herstellung wird das Weizengluten vermischt mit Wasser und Gewürzen in einer Marinade aus z. B. Gemüsebrühe oder Sojasauce gedämpft und gegart. Es entsteht eine schnittfeste Masse, die von der Konsistenz her an Fleisch erinnert. Seitan gibt es wahlweise als fertiges »Weizenfleisch«, Wurstaufschnitt, Bratstück oder Würstchen, und es wird auch in Pulverform und Granulat zum Selbstherstellen von Wurst und Hack angeboten. Gegen traditionell hergestellten Seitan ist nichts einzuwenden. Produkte mit Aromen und Hefeextrakt lehnen wir jedoch ab.

Zum Beispiel: Tofu

Die natürlichste Variante der veganen Fleischalternativen ist Tofu. Er entsteht, wenn Sojamilch dickgelegt wird, das Eiweiß also gerinnt. Das geschieht mithilfe von Calciumsulfat (E 516), Magnesiumchlorid (E 511) oder Nigari (Magnesiumsalz). Der quarkähnliche Bruch wird gepresst, bis ein Block entsteht, der Tofu. Er wird pur oder geräuchert gegessen. Es gibt ihn auch gewürzt mit Kräutern, Curry oder Knoblauch. An Hirtenkäse erinnert Tofu, wenn zur Sojamilch Milchsäurebakterien gegeben werden. Tofu kann die vegane Küche bereichern.

Zum Beispiel: Sojagehacktes

Grundlage ist Sojamilch, die wiederum aus Wasser und Sojabohnen gewonnen wird. Dazu kommen: Sojaeiweiß, Eiweißpulver, Tomatenmark für die Farbe, Zwiebeln, Zwiebelsaftkonzentrat und Salz für den Geschmack, etwas Rapsöl sowie Sojafasern für fleischähnlichen Gout. Das »Sojagehackte« ist zwar weniger fettreich als Hack aus Schweine- und Rindfleisch.

Herkömmliches gemischtes Hack besteht aber eben nur aus Fleisch, das Imitat aus rund zehn verschiedenen Zutaten. Davon halten wir nichts.

Von nix kommt nix

Ob Tofu oder Seitan, »Curdlan« oder TVP, den Fleischersatzprodukten ist gemein, dass sie erst einmal neutral schmecken, also nach nichts. Darum wird die geschmacksneutrale Masse gewürzt oder mit Aromen versetzt, die den Geschmack von Fleisch oder Wurstwaren imitieren. Neben Salz und Pfeffer sind das z. B. Majoran, Senf, Muskat und Koriander. Beliebt ist auch Glutaminsäure. Seit der Geschmacksverstärker Mononatriumglutamat (E 621) in Verruf geraten ist, wird glutaminreicher Hefeextrakt verwendet. In einem »Öko-Test vegane Lebensmittel« enthielt ein Gutteil der getesteten 25 Veggie-Produkte den umstrittenen Hefeextrakt. Er kann vermutlich wie auch Glutamat den Appetit anregen und somit zum Vielessen verführen. Eine den Geschmack verstärkende Wirkung haben aber auch Tomatenextrakt und Eiweißkonzentrat.

Und das ist das Paradoxe: Der Vegantrend bringt zahlreiche Zusatzstoffe in den Kühlschrank, die Gesundköstler an sich ablehnen. Pudding aus Sojamilch enthält oft das umstrittene Dickungsmittel Carragen (E 407). Die Süßspeise würde sonst vom Löffel fließen. Laut Öko-Test verursachte Carragen im Tierversuch Entzündungen im Darm und führte mitunter zu Veränderungen im Immunsystem. Veganer Wurst wird oft der Farbstoff Eisenoxid (E 172) zugesetzt. Zu viel Eisen kann die Immunabwehr stören. In Produkten, die sich gesund geben, hat es nichts zu suchen. Vegane Produkte werden zuletzt auch mit nicht näher beschriebenen Geschmacksstoffen aromatisiert, sie enthalten Dickungs- und Bindemittel, damit sie in Form bleiben, und werden mit Vitaminen und Mineralstoffen angereichert.

Vegane Produkte gibt es auch mit Biologo. Sie enthalten meist weniger Zusatzstoffe und auch keine heiklen Aromastoffe. Jedoch ist auch Bio-Vegan nicht frei von Zusatzstoffen und fragwürdigen Zutaten, wie Untersuchungen zeigen:

Zum Beispiel: Veggie-Bratstück

Bei »Bio-Food-Tester« kamen die veganen *Wheaty Grillsteaks rot-grün* von der Firma Topas auf den Prüfstand. Schon optisch erinnern sie sehr an die in jeder Fleischtheke vor allem zur Grillzeit erhältlichen rot (Würze mit Paprika) und grün (Kräuter) marinierten Fleischstücke. Nur, dass hier Seitan die Grundlage ist. Das Weizeneiweiß (Gluten) wird mit Sojasauce, Gewürzen, Kräutern und Verdickungsmittel gekocht und mit Haferfasern versetzt, sodass eine fleischartige Konsistenz entsteht.

Welche Gewürze dem Bratstück Aroma verleihen, war für die »Bio-Food-Tester« nicht ersichtlich. Sie werden nicht en détail deklariert. Sicher ist aber, dass der umstrittene Hefeextrakt dem Grillstück seinen Geschmack gibt. Hefeextrakt enthält wie E 521 Glutaminsäure und regt somit möglicherweise zum Vielessen an. Nicht einverstanden waren die Tester auch mit dem hohen Salzgehalt. Je Packung, also zwei »Steaks«, sind es gut drei Gramm. Das entspricht schon mehr als der Hälfte der Tagesempfehlung der Deutschen Gesellschaft für Kochsalz. Insbesondere Kinder können zwar würzig, sollten aber nicht zu salzig essen. Das gilt auch für Menschen mit Bluthochdruck, die salzsensitiv sind.

Zudem schlägt sich der hohe Salzgehalt geschmacklich nieder. Der Biss in das Vegan-Steak hinterlässt einen recht salzigen Eindruck. Insgesamt wurde der Geschmack aber mit gut bezeichnet. Die *Wheaty Grillsteaks rot-grün* erhielten von »Bio-Food-Tester« die ungünstige Bewertung »Rot«. Grund dafür waren der Einsatz von Hefeextrakt und der hohe Salzgehalt.

Zum Beispiel: Veganes Fertiggericht

Bieten Discounter und Supermärkte vegane Produkte an, docken sie gerne an den Geschmack und an die Konsistenz herkömmlicher Lebensmittel an. So auch die *Toskana-Bällchen* von Aldi Nord. Die Kugeln aus Weizeneiweiß und Tofu erinnern an Hackklößchen in Tomatensauce. Dafür sorgen mehr als zwanzig (!) verschiedene Zutaten. Die krümelige Konsistenz ist fleischartig, sie erinnert an Hack.

Mit den inneren Werten war »Bio-Food-Tester« nicht einverstanden. Das Gericht enthält mit gut drei Gramm Salz je Portion (200 g) schon die Hälfte der Tagesempfehlung. Auch überraschend: Es sind zweieinhalb Teelöffel Zucker drin. Das geht weit hinaus über die Prise Zucker, die Köche gerne an eine Tomatensauce geben, um ihr die Säure zu nehmen.

Aromen und Hefeextrakt sind in den *Toskana-Bällchen* nicht enthalten. Die Rezeptur zeigt jedoch viel Tomatenmark, das auch geschmacksbildende Glutaminsäure liefert. Außerdem finden sich dort Hefe (nicht Hefeextrakt) und nicht näher definierte Gewürze. Überzeugt hat uns der Geschmack nicht. Pur, ohne Sauce, schmecken die Bällchen fad. Mit Sauce geht es einigermaßen. Sie ist leicht scharf, tomatig, würzig und recht salzig. Genuss, auch veganer, sieht aber anders aus. In der Ampel von »Bio-Food-Tester« erhielten die *Toskana-Bällchen* die Bewertung »Rot«, sind also nicht zu empfehlen.

Negativ zu Buche schlugen der hohe Salzgehalt und der Zusatz an Zucker.

Da stellt sich die Frage: Wäre es nicht gesünder, hin und wieder ein gutes Stück Fleisch in die Pfanne zu hauen oder sich ein großes Stück Käse zu genehmigen? Die stark verarbeiteten veganen Produkte scheinen jedenfalls keine gute Alternative zu sein.

Soja enthält hochwertiges Eiweiß, es entspricht qualitativ dem von Rindfleisch, und Sojaprodukte enthalten mehrfach ungesättigte Fette, die gut fürs Herz sind. Das »Pflanzenfleisch« ist frei von Cholesterin, es wirkt sogar leicht senkend auf den Cholesterinspiegel, aber dennoch ist insbesondere Soja, die Basis vieler veganer Produkte, umstritten.

Das Bundesinstitut für Risikobewertung (BfR) warnt vor dem Verzehr von Soja. Etwa 0,4 Prozent der Bevölkerung reagieren allergisch. Sie vertragen kein Sojaeiweiß oder haben eine Kreuzallergie zu Kuhmilch und Birkenpollen. Das bedeutet: Manche Eiweißstoffe im Soja ähneln den Allergenen in Kuhmilch und Birken und werden somit vom Immunsystem bekämpft.

Umstritten sind auch die in Soja enthaltenen hormonähnlichen Stoffe, die Isoflavone. Sie schützen zwar vor Herz-Kreislauf-Erkrankungen und sind darum auch z. B. in Diätmargarine für Menschen mit hohem Cholesterin enthalten. Nachteilig ist aber, dass sie dem weiblichen Hormon Östrogen ähneln. Sie können also eine leicht hormonelle Wirkung entfalten. In hoher Dosierung beeinträchtigen sie die Funktion der Schilddrüse und verändern das Brustgewebe und die Gebärmutterschleimhaut von Frauen, möglicherweise fördern sie Brustkrebs. Das Bundesinstitut für Risikobewertung rät darum von

Präparaten mit isolierten Isoflavonen ab, die z. B. gegen Wechseljahresbeschwerden empfohlen werden. Jedoch wurden diese Wirkungen ausschließlich im Tierversuch ermittelt.

Zudem wurden sie mit Nahrungsergänzungsmitteln hervorgerufen, deren Gehalt an Isoflavonen viel höher konzentriert ist als der in natürlichem Soja aus Lebensmitteln. Es wurden viel größere Mengen aufgenommen als durch Lebensmittel.

Sojaprodukte hingegen seien dann unbedenklich, wenn sie in »normalen Mengen« verzehrt werden. Dann können sie sogar nützen. So erkranken Asiatinnen, die regelmäßig Sojaprodukte essen, seltener an Brustkrebs und kennen auch keine Wechseljahrsbeschwerden, so der Vegetarierbund.

Mit Rat zur Tat

Wer vegan essen möchte, benötigt keine hoch verarbeiteten Fertigprodukte. Abzuraten ist von Veganprodukten, die sehr viele Zutaten, mehrere Zusatzstoffe in sich haben und stark verarbeitet sind. Von Kunstprodukten wie den veganen »Curdlanshrimps« sollte man Abstand nehmen.

Lesen Sie die Zutatenliste auf der Verpackung. Daraus geht hervor, ob und welche Zusatzstoffe das Produkt enthält, ob es ein »Käse«imitat ist und wie viele Zutaten es insgesamt beinhaltet.

Fertige Veganprodukte sind aber auch praktisch, wenn es mal schnell gehen muss. Wer sie nutzen möchte, kann es so handhaben wie das Fleischessen: Zweimal pro Woche ist genug.

Diese Regel passt auch in die Kinderernährung. Die Kleinen stehen oft auf Tofuwürstchen und Hackschnetzel in Tomatensauce. Ab und zu kann man sie ihnen anbieten.

Gemüse und Obst, Hülsenfrüchte, Nüsse und Samen und Saaten (Sesam, Sonnenblumenkerne, Kürbiskerne) sowie Tofu sind gute Basics für Veganer.

Unerlässlich sind Vitamin-B_{12}-Präparate. Das Vitamin ist nur in Lebensmitteln vom Tier enthalten, muss also ergänzt werden. Für die Jodversorgung sollte regelmäßig ein kleines Stück von der Norialge ans Essen kommen, sie ist jodreich. Kalzium liefern Mineralwasser, angereicherte Sojaprodukte und Brokkoli.

Es gibt viele Rezeptbücher, die gute Anregungen zum Kochen mit veganen Grundnahrungsmitteln bieten. Billiger ist das Kochen mit naturbelassenen Zutaten auch. Der eingelegte Tofu ist etwa ein Drittel teurer als der naturbelassene. Die selbst gemachten »Hack«klößchen aus Grünkernschrot mit Tomatensauce kosten nur etwa halb so viel wie das vergleichbare Fertigprodukt.

5. Die neuen Superbrote: Low Carb – aber auch weniger Kalorien?

»Nichts ist für den Kunden langweiliger, als wenn sich nichts tut. Er will kein großes Sortiment, jedoch Abwechslung. Pfiffige Aktionen beleben das Geschäft. Bringen Sie sich ›in aller Munde‹, jedoch ohne Preisabschläge.« Der das rät ist der Zentralverband des Deutschen Bäckerhandwerks. Bäckereien-Sterben und ein sinkender Brotverbrauch haben den Branchenverband dazu veranlasst, »11 goldene Regeln für nachhaltigen Erfolg im Bäckerhandwerk« herauszugeben. Genau 46,5 Kilo Brot kaufte jeder Haushalt 2013 ein, so die Marktforscher GfK. Im Jahr davor waren es noch zwei Kilo mehr, also fast 50 Kilo.

Der Absatz ist also rückläufig. Darum versuchen insbesondere die handwerklichen Backbetriebe durch »Neuerscheinungen« den Verkauf anzukurbeln, ganz wie es der Branchenverband rät. Neben dem Standardsortiment – Mischbrot, Toast und Körnerbrot, Weizen- oder Roggenbrot – gibt es darum die »sonstigen Sorten«. Dazu gehören Jogging- und Joghurtbrot, Weltmeisterbrot und Brot mit Kräutern, außerdem Sojabrot, glutenfreies Brot und Brot mit Fischöl (siehe Kapitel 1.3). Die Neuheiten zielen oft darauf ab, Fitness auf den Teller zu bringen. Knackige Körner und Samen, die ungesättigte Fettsäuren liefern, ein Zusatz an Joghurt für mehr Kalzium oder auch Fischöl sollen dem Brot ein dynamisches Image verleihen.

Denn Brot steht auch in dem Ruf, dick zu machen. Das liege an den Kohlenhydraten, woraus unser täglich Brot etwa zur Hälfte besteht, sagen die Verfechter der Low-Carb-Ernährung. Sie empfehlen, Kohlenhydrate weitgehend zu meiden und stattdessen mehr Eiweiß und Fett zu essen. Dem Körper werden Kohlenhydrate vorenthalten, die Fettdepots angeknabbert, und die Pfunde purzeln. Zumindest in der Theorie.

Die Krux ist nur, dass die Deutschen ihr Brot lieben. Diäten, die auf Low Carb setzen, haben den Nachteil, dass neben der Nudel-, Kartoffel- und Reismenge auch die Brotmenge stark beschnitten wird. Stattdessen kommt ein Mehr an Gemüse und Obst auf den Speiseplan. Dazu viel Eiweiß, meist aus Wurst, Fleisch und Milchprodukten, außerdem Fett aus Ölen, Butter und Margarine.

Doch das ist weit entfernt von dem, was der Mensch kennt, mag und gewohnt ist. Schon der Steinzeitmensch buk sich sein Brot (siehe Seite 114 f.). Und wir erinnern uns: 46,5 Kilo Brot kauft jeder Haushalt im Jahr. Selbst wenn der Absatz rückläufig ist. Darauf verzichten möchte Mann und auch Frau nicht so gern.

Darum versuchen die Bäckereien seit einiger Zeit das Geschäft mit Brotsorten anzukurbeln, die kaum Kohlenhydrate enthalten. Da wäre das *Original Eiweiß Abendbrot*, das nach dem Rezept des »Schlank-im-Schlaf«-Begründers Detlef Pape gebacken wird. Der Arzt empfiehlt, abends keine Kohlenhydrate zu essen, um die Pfunde über Nacht schmelzen zu lassen. So soll quasi im Schlaf abgenommen werden. Daneben gibt es das *24-Stunden-Brot* aus dem Hause Kampffmeyer, dem Marktführer in Sachen Brotbackmischungen, außerdem Low-Carb-Tütenbrote und die eigenen Kreationen aus den Backstuben der Handwerksbetriebe. Nicht zu vergessen schließlich die Eiweißbrot-Backmischungen, die für zu Hause angeboten werden.

Gemein ist den Broten, dass sie nicht aus Getreide, Wasser, Salz und einem Triebmittel geknetet werden. Statt Mehl kommen Erbsenmehl, mit Eiweiß angereicherte Molke, Soja- oder Lupinenschrot in den Backtrog. Dazu »Körner« wie Leinsamen, Sesam und Sonnenblumenkerne. Außerdem Getreidefasern und Kleie für einen brotähnlichen Biss. Schon ist die Rede vom »Steak im Brot«, weil der Gehalt an Eiweiß im Low-Carb-Brot teils bis zu 25 Prozent beträgt, also hoch ist. Das entspricht dem Eiweißgehalt eines Steaks. Kohlenhydrate machen in den Low-Carb-Varianten hingegen nur zwischen 4,5 und sieben Prozent aus. Der Fettgehalt dagegen ist hoch: rund zehn Prozent! Das ergab ein Test der Verbraucherzentrale Bayern, die zehn Eiweißbrote unter die Lupe nahm. So wird die Rezeptur für das herkömmliche Brot auf den Kopf gestellt: Statt vieler Kohlenhydrate enthält es nun viel Eiweiß und massig Fett.

Brotsorte/100 g	Energie	Eiweiß	Fett	Kohlenhydrate
Bauernbrot*	225 kcal	7,5 g	1,0 g	45,9 g
Eiweißbrot**	264 kcal	22,0 g	13,1 g	7,5 g

Quelle:
* FDDB
** Eiweißbrot Firma Mestemacher 2014

Keine gute Wahl, wie es scheint. Das Brot für den Abend sei sehr kalorienreich, urteilte die Verbraucherzentrale Bayern. So sei der Fettanteil der Eiweißbrote drei- bis zehnmal so hoch wie der von herkömmlichem Brot. Das kommt von den vielen öl-reichen Saaten wie Sesam und Sonnenblumenkernen. Zwar ist dieses Fett gesund, da es ungesättigte Fettsäuren liefert. Aber damit erhöht sich auch der Energiegehalt um rund 50 Kalorien je 100 Gramm Brot. Und das kann nicht das Ziel eines Diätbrotes sein.

Dass dieses Brot beim Abnehmen hilft, darf bezweifelt werden. Zwar kommt eine Studie der Christian-Albrechts-Universität Kiel zu dem Ergebnis, dass der sogenannte Glykämische Index (Glyx) des getesteten Eiweißbrots signifikant niedriger sei als der eines normalen Weißbrotes. Der Glyx gibt Auskunft über die Wirkung von kohlenhydrathaltigen Lebensmitteln auf den Blutzuckerspiegel. Je niedriger der Wert, desto günstiger, weil dann nur wenig Insulin ausgeschüttet wird, Heißhunger ausbleibt und der Fettabbau gefördert wird. Allerdings nahm an dem Test gerade mal eine Gruppe von acht Probanden teil. Das sind zu wenig Teilnehmer, um zu einer repräsentativen Aussage zu kommen. Auch das Essverhalten wurde nicht überprüft. Machte das Brot tatsächlich satt, kam es doch zu Heißhunger oder traten Essgelüste auf?

Ob der Verzehr schlank macht, war auch nicht Gegenstand der Studie. Doch das ist unwahrscheinlich. Das Oberlandesgericht Schleswig urteilte schon 2012: »Das (Eiweiß-)Brot als solches hat keine schlank machende Wirkung.« Eine Bäckerei in Schleswig-Holstein hatte in seinen 200 Filialen in einem Flyer damit geworben, dass das hauseigene Feierabendbrot »Schlank im Schlaf« mache. In der dazugehörigen Broschüre befand sich auch ein Hinweis auf das Buch von Detlef Pape und dessen Abnehmkonzept. Jedoch, so das Oberlandesgericht, gehe aus der Werbung nicht hervor, dass zum Abnehmen eine Ernährung nach dem vorgestellten Abnehmkonzept nicht genügt, sondern auch ein die Energieaufnahme übersteigender Energieverbrauch notwendig sei. Dies erfolge naheliegender Weise am besten durch körperliche Tätigkeit. Grundsätzlich sei »das Abnehmkonzept wissenschaftlich umstritten, worauf ebenfalls unmissverständlich hätte hingewiesen werden müssen«.

Schmecken tut's auch nicht. Die Verbraucherzentrale Bayern kam nach dem Probieren der zehn Eiweißbrote zu dem Schluss: »Man hatte oft ein etwas klebriges und pappiges Mundgefühl und die häufig schwammige Konsistenz ist deutlich anders als bei herkömmlichem Brot.« Das verwundert nicht. Fehlt dem Brot doch die Krume, die beim normalen Brotbacken entsteht. Zu einem ähnlichen Ergebnis kam »Bio-Food-Tester«. Auf den Prüfstand kam eine Brotbackmischung für ein glutenfreies Bio-Eiweißbrot der Firma Erdschwalbe. Das gebackene Brot sei sehr fest, fast klebrig und die Scheiben dadurch klein und mickrig. »Man wird also zwei, drei Scheiben essen, um das Gefühl zu erlangen, etwas gegessen zu haben. Wer das Brot zum Abnehmen nutzen will, isst also schnell mal zu viel.« Immerhin wird dieses Brot nicht zum Abnehmen beworben.

Kritisch gesehen wird auch, dass Eiweißbrote oft Zutaten enthalten, die besonders häufig zu Unverträglichkeiten führen. Viele Low-Carb-Laibe werden mit Soja- oder Lupinemehl gebacken und erhalten oft einen Zusatz an Gluten. Soja und Lupinen haben den Vorteil, dass sie arm an Kohlenhydraten sind. Soja ist jedoch ein häufiges Allergen. Auch Lupinen und Produkte daraus führen oftmals zu allergischen Reaktionen. Nach dem Verzehr schon kleiner Mengen, wie sie Lebensmitteln zugesetzt werden, traten schwere allergische Reaktionen wie Atemprobleme, Krämpfe, Hautausschläge und sogar lebensbedrohliche anaphylaktische Schocks auf, berichtet das Bundesinstitut für Risikobewertung in Berlin. Wie viele Menschen betroffen sind, sei zwar unklar. Sicher ist jedoch, dass es bei Menschen, die auf Erdnüsse allergisch reagieren, oftmals zu Kreuzallergien kommt. Seit 2006 muss darum der Zusatz an Lupinen und -erzeugnissen in der Zutatenliste auf der Verpackung gekennzeichnet werden.

Teurer als herkömmliches Brot sind die Feierabend-Alternativen auch, ergab der Test der Verbraucherzentrale Bayern. Rund sechs Euro kostet ein Kilo Eiweißbrot. Ein gutes Roggensauerteig-Brot ist schon für 3,60 Euro zu haben, ein Mehrkornbrot für noch weniger.

Wer ein herkömmliches Sauerteigbrot isst, braucht übrigens gar kein Low-Carb-Brot mit niedrigem Glyx. Der glykämische Index des Sauerteigbrotes ist viel niedriger als der eines Brotes, das mit Hefe, Backpulver oder Backferment gebacken wird. Kommen noch etwas Butter und Käse auf die Scheibe, verbessert sich die Glyx-Bilanz weiter. Der Abbau der Kohlenhydrate läuft verzögert, es gibt keinen Heißhunger und unkontrolliertes Essen bleibt aus. Bei der Glyx-Frage kommt es also nicht nur auf das Brot an, sondern auch, wie es verzehrt wird. Tests zeigen: Der Glyx eines Weißbrotes liegt bei 100. Streicht man Butter drauf, beträgt er nur noch 49, verbessert sich also.

Es zeigt sich also wieder einmal: Der Mensch lebt nicht vom Brot allein. Und das ist gut so.

Mit Rat zur Tat

Wer herkömmliches Brot gegen ein Eiweiß- oder Abendbrot tauscht, wird nicht automatisch schlank. Im Endeffekt kommt es immer auf die Kalorienbilanz des Tages an, auf den Ballaststoffgehalt und auf die genetischen Voraussetzungen. Schlechte Futterverwerter haben es leichter, das Gewicht zu halten, als gute Futterverwerter.

Dass das Abnehmen mit dem Schlank-im-Schlaf-Konzept gelingt, bezweifeln wir. Personen, die danach essen, nehmen zwar tatsächlich ab. Das liegt aber an dem moderaten Kaloriengehalt der Kost.

Auf verpacktes Brot ist die Zutatenliste aufgedruckt. Ungünstig sind lange Rezepturen, die viele Zutaten und Zusatzstoffe enthalten. Da dem Teig für ein Eiweißbrot der Kleber fehlt, müssen Zusatzstoffe zugegeben werden, die herkömmliches Brot nicht enthält, etwa Bindemittel.

Häufig ist die Liste der Zusätze darum länger als bei einem herkömmlichen Brot, das nur aus Mehl, Wasser, Salz und Sauerteig besteht.

KAPITEL 2

Die Wahrheiten zu traditionellen Lebensmitteln

Wer durch den Supermarkt und Discounter geht, wird mit einer bunten und undurchsichtigen Vielfalt an Lebensmitteln eingedeckt. Von der eingeschweißten Currywurst über den Smoothie bis zum Kombipack aus Knusperstick und Nougatcreme. Nichtsdestoweniger spielen die traditionellen Nahrungsmittel weiterhin eine große Rolle. In den Haushalten gibt es immer noch die Stulle zum Frühstück, das Steak auf dem Grill und den simplen Apfel im Obstkorb. Ihr Dasein ist jedoch komplizierter geworden.

1. Im Trommelfeuer der Meinungen

Auch die traditionellen Lebensmittel müssen zahlreiche Diskussionen über sich ergehen lassen, und das nicht nur, weil sie mittlerweile oft in Massenproduktion hergestellt werden (was ja verständlich ist, weil damit diverse Umwelt- und Ethikprobleme einhergehen). Sondern auch, weil man ihnen zum großen Teil unterstellt, entweder generell schlecht oder aber generell gut für unsere Gesundheit zu sein.

Wie bereits gesagt haftet dem Brot neuerdings das Stigma an, ein Dickmacher mit hohem Unverträglichkeitspotenzial zu sein. Der Kaffee wird sogar als Droge gebrandmarkt, und über das Fleisch wird seit jeher gestritten, weil seine Anhänger es als unersetzliche Eiweiß- und Eisenquelle betrachten, während seine Gegner in ihm eine hochbrisante Fett- und Mikrobenquelle mit enormem Risikopotenzial sehen. Nüsse sind in einem ähnlichen Zwiespalt, weil man einerseits ihren hohen Nährwertgehalt bewundert, sich aber andererseits auch vor ihrem angeblich hohen Allergiepotenzial fürchtet. Demgegenüber hat Gemüse ein relativ gutes Image, wobei jedoch Rohköstler nicht müde werden, dabei auf den Verzicht des Kochens zu drängen.

Als unbedarfter Konsument steht man diesen Diskussionen staunend und verunsichert gegenüber. Denn man fragt sich, warum ein Nahrungsmittel, das schon viele Jahrtausende im Gebrauch des Menschen ist, plötzlich zum Streitobjekt wird.

Klar, wenn ängstlich quiekende Schweine hundertfach zum Bolzenschuss gekarrt und tonnenweise Pestizide über die Acker-flächen gespritzt werden, muss man das zur Kenntnis nehmen und Stellung dazu beziehen, ob man das wirklich noch weiter mittragen will. Doch warum soll Brot an sich plötzlich unge-sund und dafür das rohe Gemüse geradezu der Stein der Weis-heit zum ewigen Leben sein?

Es ist nicht einfach, sich im Wust der Behauptungen, die weithin über unsere traditionellen Lebensmittel aufgestellt wer-den, zurechtzufinden. Nicht zuletzt auch deshalb, weil diese Behauptungen von Kreisen aufgestellt oder zumindest lanciert werden, die ihre eigenen Interessen vertreten. So kann man manchmal am Montag in der Zeitung lesen, dass Milch uns mit wichtigen Nährstoffen versorgt, um dann am Mittwoch aus der gleichen Zeitung zu erfahren, dass Milch auf den Speise-plan eines Kalbs, aber nicht eines Menschen gehört, dessen Verdauungstrakt mit dem Kuhprodukt völlig überfordert ist. Im einen Fall wird die Story eben von der Milchwirtschaft lan-ciert, im anderen Fall von den Herstellern von Sojamilch. Und der verunsicherte Kunde fragt sich, was er eigentlich noch glau-ben kann.

Er könnte sich natürlich auch fragen, ob er uns Autoren glau-ben kann, die sich als Ernährungswissenschaftlerin und Wis-senschaftsjournalist durch die Daten und Fakten zu den tra-ditionellen Lebensmitteln gearbeitet haben. Denn Fleiß und Akribie garantieren keine Wahrheit. Aber immerhin erhöhen sie die Wahrscheinlichkeit, dass man sich ihr nähert.

Außerdem geben wir zu, dass wir uns den traditionellen Le-bensmitteln mit einem prinzipiellen Respekt genähert haben, weil sie den Menschen schon so lange durchs Leben bringen und sie allein deshalb schon einen gewissen Anspruch auf ihre

Existenz in unserem Speiseplan haben. Aber das ist auch die einzige Prämisse, die wir unseren Recherchen vorangestellt haben. Und sie erscheint uns auch notwendig, weil sie das breit gefächerte und objektive Interesse an den traditionellen Nahrungsmitteln lebendig hält. Oder plakativ ausgedrückt: Wir sehen weder in der Frühstückssemmel noch in der Bratwurst oder im Pott Kaffee das Gute oder Böse an sich, sondern ein Lebensmittel, das sich im Laufe seiner langen Geschichte den Anspruch verdient hat, dass man fair mit ihm umgeht und seine tatsächlichen Vor- und Nachteile zu ermitteln versucht. Denn was nutzt es, wenn ich einem Menschen seine geliebte Scheibe Brot madig mache? Aber es sollte wenigstens eine gute Scheibe Brot sein.

2. Entbehrlich:
Wie viel Fleisch tut uns gut?

Der weltweite Appetit auf Fleisch ist groß. Laut Fleischatlas des BUND aus dem Jahre 2013 verzehrt allein der Bundesbürger davon knapp 60 Kilogramm pro Kopf und Jahr, in den USA sind es noch einmal 30 Kilogramm mehr. Das Aufkommen der weltweiten Veganer-Bewegung sorgt zwar für eine gewisse Gegenbewegung, und auch Fleischskandale wie BSE und »Gammel-Döner« zeigen Wirkung, doch bisweilen zeichnet sich kein wirklicher Trend zu einer Abschwächung der Fleischeslust ab. Was schon die Frage aufwirft, warum der Mensch einfach nicht davon lassen kann. Ist es aus Gewohnheit oder weil die Marketing-Strategien der Lebensmittelindustrie ihn zum Fleischesser manipulieren? Oder kann er biologisch einfach nicht anders, weil sein Körper seit jeher auf die typischen Inhaltsstoffe des Fleisches angewiesen ist?

Dass der Mensch von seinen Ursprüngen her auf Fleisch eingestellt ist, kann kaum noch bezweifelt werden. Laseruntersuchungen an fossilen Backenzähnen des Australpithecus, des Ältesten aller Hominiden (der »echten Menschen«), bescheinigen unseren Vorfahren einen breiten Speiseplan aus Blättern, Früchten, Samen, Wurzeln, Knollen – und Fleisch. Wobei sie sich allerdings wohl vom Obstesser dorthin entwickelten, wie Tobias Lechler vermutet, der an der Universität Hannover zur »Ernährung als Einflussfaktor auf die Evolution des Menschen«

promoviert hat. Denn die Früchte lieferten schnell verfügbare Kohlenhydrate, und für ihre Verdauung reichte ein kurzer Verdauungstrakt mit nur einer Magenkammer. Im Unterschied zur Kuh, die ohne ihre zahlreichen Mägen und die Fähigkeit zum Wiederkäuen als Vegetarier wohl ausgestorben wäre. Bei unseren frühen Vorfahren verzichtete die Evolution jedoch auf diese Option: Der Verdauungsweg wurde gekürzt und die Fähigkeit zum optimalen Verwerten von hartfaserigem Gemüse ging verloren – was die meisten von uns bestätigen können, wenn sie nach dem Verzehr von Zwiebeln oder Kohl mit Blähungen zu kämpfen haben.

Dafür eignete sich der kurze Obstesser-Verdauungstrakt zum Verzehr von Fleisch, weil es sich wegen seiner Verderbnisanfälligkeit auch nicht zu lange in irgendwelchen Magenkammern aufhalten darf. In Trockenzeiten mit geringem Früchteangebot eröffnete sich damit dem Frühmenschen eine echte Ernährungsalternative. Zudem wurde eine Eiweißquelle aufgetan, aus der sich sein Hirnwachstum speisen konnte. »Die Integration von tierischen Nahrungsquellen in den humanen Speiseplan war sehr wahrscheinlich ein Ausgangspunkt für die Weiterentwicklung der kognitiven Leistungsfähigkeit«, erklärt Lechler. Ohne die tierischen Eiweiße hätte sich der Mensch wohl nicht zum Homo sapiens und seinen einzigartigen Verstandeskräften entwickeln können.

Doch dies bedeutet nicht zwangsläufig, dass man heute in der Wohlstandsgesellschaft, mit ihrem üppigen Lebensmittelangebot, immer noch auf Fleisch angewiesen ist. Zwar kann unser Verdauungstrakt tierische Eiweiße besonders leicht verwerten, weil deren Aminosäurenstrukturen den unsrigen ähneln. Doch durch eine Kombination von Eiern, Molkereiprodukten und pflanzlichen Lebensmitteln – wie etwa Kartoffeln und Quark oder Ei und Soja – lässt sich durchaus ein Eiweiß-profil entwickeln, das in seiner Wertigkeit nicht nur dem Fleisch ähnlich, sondern ihm sogar überlegen ist.

Auch der hartnäckige, von der Lebensmittelindustrie verbreitete Mythos, wonach Fleisch auch deswegen ein »Power-Food« für uns ist, weil es als Quelle von Eisen und B-Vitaminen nicht zu toppen ist, lässt sich nicht aufrechterhalten. So enthalten 100 Gramm Schweineschnitzel etwa 1,7 Milligramm Eisen und 1 Mikrogramm Vitamin B_{12}, was deutlich weniger ist als etwa beim Frühstücksei (2,1 mg bzw. 1,4 μg). Darüber hinaus hat gerade der aktuelle Trend zum fettreduzierten Light-Food dazu geführt, dass Fleisch nur noch bedingt zur Mineralienversorgung taugt. So tragen vor allem Schweine durch Züchtung und spezielle Fütterung immer weniger Fett auf den Rippen, und das hat nicht nur ihre Kalorien-, sondern auch ihre Mineralienwerte nach unten gedrückt. Laut Erhebungen des Leibniz-Instituts für Nutztierbiologie, Dummerstorf, enthält Schweinefleisch nicht einmal mehr 40 Prozent der Eisenwerte, die in den üblichen Nährwerttabellen angegeben sind. Bei Selen und Zink sind es nur noch etwa 60 Prozent.

Andererseits gilt es zu bedenken, dass hierzulande in den letzten Jahren mit der Demineralisierung des Fleisches keineswegs ein grassierender Eisenmangel mit Blutarmut einherging. Und auch das Immunsystem der Menschen brach nicht zusammen, weil ihnen plötzlich Selen und Zink fehlte. Mögliche Erklärungen dafür: Die pflanzlichen Lebensmittel sowie Eier und Milch liefern genug Mineralien, sodass der Verlust im Fleisch nicht ins Gewicht fällt, oder aber wir brauchen doch nicht so viele Mineralstoffe, wie weithin vermutet wird. Unabhängig davon bleibt aber in jedem Fall festzuhalten: Als Nährstoffquelle ist Fleisch durchaus entbehrlich.

Gefährlich aber ist es nicht. Zwar werden viele Mediziner und Ernährungswissenschaftler nicht müde, vor den Folgen des hohen Fleischkonsums zu warnen, weil er den menschlichen Körper mit tierischen Fetten überschwemme, die schließlich zu Diabetes und Herz-Kreislauf-Erkrankungen führen würden. Die wissenschaftliche Datenlage kann diese These jedoch nur bestätigen, wenn man auch die Verarbeitung des Fleisches berücksichtigt.

Ein Forscherteam der Harvard School of Public Health in Boston analysierte die Forschungsarbeiten zu den Zusammenhängen von Diabetes, Herzerkrankungen und Fleischverzehr. Eine Sisyphusaufgabe, denn es galt, insgesamt 1600 Publikationen zu sichten. Aus diesen blieben schließlich 20 Arbeiten übrig, in denen die Verarbeitung des Fleischs berücksichtigt wurde. Auch sie lieferten immerhin noch Daten von über 1,2 Millionen Menschen, weswegen man ihnen eine repräsentative Gültigkeit zusprechen muss.

Im Ergebnis zeigte sich: Schon der tägliche Verzehr von 50 Gramm verarbeitetem Fleisch reicht aus, um das Diabetes-Risiko um 19 und das Risiko für eine Herzerkrankung um 42 Prozent ansteigen zu lassen. Wer jedoch die gleiche Menge an unverarbeitetem Fleisch isst, muss sich keine Sorgen machen: Er ist nicht mehr gefährdet als der Bevölkerungsdurchschnitt.

Zum verarbeiteten Fleisch zählen alle Produkte, die durch Räuchern, Salzen, nitrithaltiges Pökelsalz oder andere Chemikalien behandelt wurden, um sie haltbar zu machen sowie geschmacklich und farblich zu manipulieren. Dazu gehören beispielsweise Schinken, Salami, Wurst und Hot Dogs. Es reicht also schon das tägliche Frühstücksbrötchen mit zwei Scheiben Salami zu belegen, um Herz und Stoffwechsel ernsthaft zu gefährden. Wer sich hingegen täglich ein kleines, frisches Steak in die Pfanne haut, muss nichts befürchten.

Studienleiterin Renata Micha betont, dass andere Risikofaktoren für Herz und Stoffwechsel in ihren Ergebnissen berücksichtigt wurden oder aber einfach keine Rolle spielten: »Die Konsumenten von verarbeitetem und frischem Fleisch haben einen ähnlichen Lebensstil.« Man finde unter ihnen beispielsweise ähnlich viele Raucher. Es sind also tatsächlich der Schinken und die Salami, und nicht die Lebensgewohnheiten der Salami- und Schinkenesser, die für Herz- und Stoffwechselerkrankungen prädestinieren.

Bleibt die Frage, warum verarbeitete Fleischprodukte so schädlich sind. Ihr Anteil an Cholesterin und ungesättigten Fetten spiele jedenfalls keine Rolle, erklärt Micha, denn darin unterschieden sie sich nicht von unverarbeiteten Produkten. »Dafür enthalten sie 50 Prozent mehr Nitritsalze sowie viermal so viel Kochsalz«, so die Epidemiologin. Kochsalz gilt als Risikofaktor für Bluthochdruck, und für die konservierenden Stickstoffverbindungen wurden im Labor Hinweise darauf gefunden, dass sie zulasten der Glukose-Toleranz gehen. Die Körperzellen nehmen dann zu wenig Zucker auf – und das treibt den Blutzuckerwert nach oben und führt schließlich zu Diabetes.

Micha betont, dass man die Daten nicht im Hinblick auf das Risiko von anderen schweren Erkrankungen untersucht hätte wie etwa Krebs und Parkinson. Aber hier muss man wohl ähnliche Zusammenhänge vermuten. So ist schon länger bekannt, dass die Pökelsalze im Fleisch und auch im Körper seines Konsumenten zu Nitrosaminen umgewandelt werden, die als Krebsrisiko gelten. Und Neuropathologin Suzanne de la Monte vom amerikanischen Rhode Island Hospital entdeckte, dass die Zahl der durch Alzheimer und Parkinson ausgelösten Todesfälle in den letzten Jahrzehnten genauso angestiegen ist wie der Verzehr nitrithaltiger Speisen. »Der Verkauf von Fast Food und verarbeiteten Fleischprodukten stieg in den USA zwischen 1970 und 2005 in den USA um das Achtfache«, so de la Monte. Die Zahl der Parkinson- und Alzheimer-Toten sei ähnlich drastisch nach oben gegangen.

In konservierungstechnisch unverarbeiteter Form birgt Fleisch jedoch kein besonderes Risiko. Auch dann nicht, wenn es gegrillt wird. In Deutschland erheben sich zwar zu jeder Grillsaison geradezu reflexhaft mahnende Stimmen, doch auch dabei werden in erster Linie hartnäckige Vorurteile als wirkliche Fakten verbreitet.

So warnen Mediziner und Ernährungswissenschaftler davor, dass beim Grillen von Fleisch gesundheitsschädliche Stoffe gebildet werden. Wie etwa 1,2-Benzpyren, Acrylamid und Heterozyklische Aromatische Amine (HAA), die als potenzielle Krebsauslöser gelten. Das Deutsche Krebsforschungszentrum rät sogar zum »Schmoren und anderen Zubereitungsarten, die mit weniger Hitze auskommen«. Denn man habe, so die Krebsexperten weiter, in einer Studie bei fleißigen Grillgutkonsumenten eine hohe Rate von Adenomen gefunden – und die gelten als Vorstufe zum Darmkrebs.

Doch der Weg vom Adenom zum Darmkrebs ist weit, und der Weg vom Grillspaß zum gesundheitlichen Fiasko ist es erst recht. Denn auch wenn unbestritten ist, dass beim hochgradigen Grillen über glühender Kohle diverse Kanzerogene entstehen, entscheidet über deren tatsächliche Wirkung, inwieweit sie im menschlichen Körper zur Entfaltung kommen. Das freilich geschieht nur in einem mäßigen Umfang – und man kann es durch entsprechende Tricks beim Zubereiten auch verhindern.

So entdeckten Wissenschaftler der kanadischen Food Research Division, dass ausgerechnet die geschwärzten Stellen an Steak und Bratwurst das Krebsrisiko verringern. Denn sie sehen nicht nur aus wie Kohle, sie wirken auch als Aktivkohle, und in dieser Funktion können sie vor allem 1,2-Benzpyren an sich docken, sodass es unresorbiert den Verdauungstrakt durchwandert. Es wird schließlich ausgeschieden, ohne einen sonderlichen oxidativen Schaden angerichtet zu haben.

Das Team um Studienleiter Bau Stavric entdeckte darüber hinaus, dass neben der »Fleischkohle« auch pflanzliche Substanzen zum Entschärfen von 1,2-Benzpyren beitragen, wie etwa das vor allem in Kapern und Liebstöckel vorkommende Quercetin. Für Kräuter und Gewürze auf dem Grillgut plädiert auch Lebensmittelchemiker Scott Smith von der Kansas State University. Er hat näher untersucht, mit welcher Marinade sich am besten oxidative und damit potenziell krebserzeugende Prozesse verhindern lassen. Als besonders wirkungsvoll erwies sich eine Rosmarin-Thymian-Marinade, sie reduzierte den Wert der problematischen HAA um 87 Prozent. Ähnliche Erfolge erzielte ein Mix aus Oregano, Thymian und Knoblauch, aber auch Senf, Salbei und Basilikum besitzen ein enormes antioxidatives Potenzial.

Eine Alternative zur Kräutermarinade wäre das Bestreichen mit Bier. Ein Forscherteam unter Isabel Ferreira von der Universität Porto grillte mehrere Fleischstücke auf einem Holzkohlegrill, nachdem man sie mit Pils, alkoholfreiem Pils oder Schwarzbier bestrichen hatte. Es zeigte sich, dass die Schwarzbiervariante nur halb so viele Kanzerogene entwickelte wie das unbehandelte Fleisch. Schwarzbier verdankt seine dunkle Farbe vor allem seinen Polyphenolen – und die erklären als ausgewiesene Antioxidantien wohl auch seinen ausgeprägten Schutzeffekt.

Gründe genug also, die gesundheitlichen Risiken beim Verzehr von Grillfleisch nicht zu hoch zu hängen. Außerdem bietet es medizinisch sogar Vorzüge. So entdeckten Forscher des Food Microbiology Research Units im englischen Exeter in gegrillten Würstchen keine einzige Salmonelle mehr, und der amerikanische Mikrobiologe John Luchansky fand heraus, dass Grillen in starkem Maße gefährlichen Escherichia-coli-Stämmen zusetzt – und das ist ja ein Argument, das man seit der EHEC-Krise vor drei Jahren zu schätzen gelernt hat.

Zudem enthält Fleisch vom Grill weniger Fette als seine Pendants aus der Pfanne. Die naheliegende Erklärung: Das Grillgut schmort weder in fremdem noch in eigenem Saft, sondern sein Fett tropft hinab in die Glut. Was zwar wiederum das Aufziehen schädlicher Dämpfe zur Folge haben kann – doch die kann man ja, siehe oben, durch eine Marinade entschärfen.

Fazit: Es besteht kein Grund, die jährlichen Grillrituale abzusagen und angstvoll einen Bogen ums Fleisch zu machen. Es ist zwar als Nährstoffquelle entbehrlich, doch damit nicht automatisch gefährlich. Vielmehr wird Fleisch erst dann gesundheitlich zu einem Risiko, wenn es den Speiseplan dominiert und dadurch andere Nahrungsmittel wie Vollkorn, Obst und Gemüse verdrängt – und wenn es in lebensmitteltechnisch verarbeiteter Form auf den Teller kommt. Mit letzterer Einschränkung freilich steht es, wie wir noch sehen werden, unter den traditionellen Lebensmitteln nicht alleine da.

3. Back to the roots:
Warum Fisch so gesund ist

Vegetarier essen nicht nur anders, sie leben auch anders. Sie rauchen weniger, gehen öfter an die frische Luft, pflegen eher einen unriskanten Lebensstil, fahren beispielsweise seltener schnelle Autos. Das ist gut so, denn es verlängert nicht nur ihr Leben. Aber für Forscher, die eine detaillierte Aussage über die gesundheitlichen Formen von Vegetarismus haben wollen, ist das ein großes Problem. Denn wenn man in einer Studie feststellt, dass Vegetarier weniger Herzinfarkte und Krebs bekommen, könnte das ja auch daran liegen, dass sie sich nicht nur in ihrer Ernährung, sondern auch in anderen Verhaltensweisen vom Bevölkerungsdurchschnitt unterscheiden.

Eine mögliche Lösung dieses Problems wäre, dass man eine Bevölkerungsgruppe untersucht, deren Mitglieder sich einerseits streng einem einheitlichen Lebensstil verpflichtet haben, andererseits aber unterschiedliche Speisepläne zulassen. Genau diesen Weg wählten Michael Orlich und sein Forscherteam von der kalifornischen Linda University.

Ihre Probandengruppe bestand aus über 73 000 Siebenten-Tags-Adventisten, die als religiöse Gemeinschaft einen homogenen Lebensstil pflegen: kein Schweine- und Pferdefleisch, weder Alkohol noch Tabak, aber ansonsten nicht zu asketisch. Viele Adventisten sind Vegetarier, aber eben nicht alle. »Etwa 15 Prozent von ihnen essen auch Fleisch«, erklärt Orlich, und das macht sie zu einer idealen Gruppe, um die Gesundheitsdaten von Vegetariern und Omnivoren (»Allesfresser«) miteinander zu vergleichen.

Die Studie erfasste die Daten aus sechs Jahren, und in diesem Zeitraum starben deutlich weniger Vegetarier als Fleischesser. Bemerkenswerterweise zeigten sich jedoch auch deutliche Erkenntnisse in Bezug auf die einzelnen Varianten des Vegetarismus. Und da wären wir beim Fisch. In der Adventisten-Studie schnitten nämlich nicht etwa die strengen Veganer, sondern die Pesco-Vegetarier am besten ab. Diese Gruppe, auch Pescetarier genannt, verzehrt neben vegetarischen Produkten auch Fisch. Ihre Sterbequote war um 19 Prozent niedriger als bei den Fleischessern, und unter den Männern sogar um 27 Prozent niedriger. Wer also seinen Speisezettel auf Obst, Gemüse und Fisch fokussiert, lebt am längsten.

Es muss also etwas dran sein am Fisch, dass er uns zu einem noch längeren Leben verhilft, als wenn wir nur auf vegetarische Kost setzen würden. Und da fallen vielen Konsumenten mittlerweile vor allem die Omega-3-Fettsäuren ein. Sie dämpfen das Entzündungsgeschehen im Körper, stabilisieren Herzrhythmus, Immunsystem und Blutzuckerspiegel, schützen vor einer hohen Arteriosklerose und Allergien. Außerdem besteht das Gehirn des Menschen zu rund 60 Prozent aus Kephalinen und Lecithinen, deren Bio-Synthese auf Omega-3-Fettsäuren basiert. Das alles klingt schlüssig und überzeugend.

Weswegen Lebensmittel- und Pharmakonzerne all diese Argumente dankbar aufgenommen und in entsprechende Produkte umgesetzt haben. Präparate mit Fischöl bekommt man mittlerweile nicht nur in Apotheken, sondern auch in Drogerien und beim Discounter, und Omega-3-Brot gehört zum Standardsortiment jeder gut sortierten Bäckerei (siehe Kapitel 1.3). An der Universität Hohenheim wurde das Omega-3-Ei entwickelt, für dessen Produktion sich die Hühner zwar nicht durch Grätentiere, dafür aber durch Algen fressen müssen. In der konventionellen Hühnerzucht ist man da weniger vegan eingestellt, da wird das Federvieh schon lange mit Fischmehl gefüttert, für das jährlich Millionen Tonnen kleiner Grätentiere mit engmaschigen Netzen als Beifang aus dem Meer geschöpft werden, wo sie eigentlich für die Nahrungskette benötigt würden. In jedem Fall aber hat man beim Köpfen des Frühstückseis eine gute Chance, damit auch etwas Fisch auf dem Tisch zu haben.

Die Erfolgsperspektiven all dieser Bemühungen ums Omega-3-Upgrading sind freilich mäßig, wie wir schon in Kapitel 1 gesehen haben. In einigen Studien stellte sich Fischöl sogar als schädlich heraus, und das Hohenheimsche Spezial-Ei, ursprünglich zur Senkung des Cholesterinspiegels angedacht, zeigte sich in einer unabhängigen Untersuchung als besonders ergiebige Cholesterinquelle. Es ist eben immer problematisch, wenn man sich auf bestimmte Inhaltsstoffe eines Nahrungsmittels fokussiert, sie in großen Mengen verabreicht, und damit die Grenze vom Lebens- zum Arzneimittel überschritten wird.

Am gesundheitsfördernden Effekt von Fisch kann es jedoch kaum noch Zweifel geben. Dies bestätigt nicht nur die Erhebung an den Adventisten. So sterben, wie Clemens von Schachy von der Ludwigs-Maximilians-Universität in München ausgerechnet hat, in Deutschland über achtzehnmal so viele Menschen am plötzlichen Herztod wie in Japan, wo praktisch täglich Fisch auf den Tisch kommt und weitaus weniger Fleisch gegessen wird. In der oft zitierten, von Wissenschaftlern der englischen Cardiff University durchgeführten DART-Studie aus dem Jahre 1989, in der die Gesundheitsdaten von 2033 Männern mit überstandenem Herzinfarkt erfasst wurden, reduzierte sich die Mortalität aller Probanden um 29 Prozent, wenn man ihnen den Rat gegeben hatte, zweimal in der Woche fetten Fisch zu essen.

In einer von Wissenschaftlern der University of Pittsburgh durchgeführten, zehn Jahre währenden Beobachtungsstudie an 260 Probanden zeigte sich, dass jene Studienteilnehmer, die einmal pro Woche Fisch aßen, ein größeres Hirnvolumen hatten – und zwar in den Regionen, die mit Gedächtnis und Wahrnehmung verbunden sind. In den Gedächtnisarealen betrug der Unterschied rund vier und in den Bereichen für die Wahrnehmung sogar 14 Prozent. Nach Angaben der Wissenschaftler war es dabei egal, wie viel Omega-3-Fettsäure in dem Fisch war. In einer anderen Erhebung, durchgeführt vom Veterans Affairs Medical Center in Seattle an knapp 4000 infarktgefährdeten, aber ansonsten gesunden Menschen im Alter von durchschnittlich 72 Jahren senkte der regelmäßige Grätentierverzehr das Infarktrisiko um 44 Prozent. Allerdings nur dann, wenn der Fisch gekocht und einfach gebraten war. Für Fischburger und frittierten Fisch fand man hingegen keine präventiven Effekte. Was wieder einmal zeigt: Je weniger ein Nahrungsmittel verarbeitet und verfremdet wird, desto besser.

Vermutlich gibt es mehrere Gründe für den präventiven Effekt von Fisch. Sicherlich spielen seine ungesättigten Fettsäuren eine Rolle, aber sie scheint, wie man ja auch an der Studie mit dem Hirnvolumen sehen kann, kleiner zu sein, als oft behauptet wird. Man muss deswegen auch ins Kalkül ziehen, dass Fisch eine ergiebige Quelle für Eisen und hochwertige Proteine darstellt und seine Konsumenten dadurch weniger Fleisch und die damit verbundenen Fette essen müssen, um sich mit diesen Stoffen zu versorgen. Die Stärke des Fischverzehrs liegt also nicht nur in dem, was man zu sich nimmt, sondern auch in dem, was man dadurch weglassen kann.

Zudem entspricht der Fisch unserer ursprünglichen Ernährungsweise. Denn einige Forscher (wie z. B. der Berliner Evolutionsbiologe Carsten Niemitz) vertreten die Ansicht, dass sich der zweifüßige Gang des Menschen daraus entwickelt hätte, dass er durch Flüsse, Seen und Küstenwasser waten musste, um sich aus deren Fisch- und Muschelbestand – allesamt ergiebige Eiweißquellen – bedienen zu können. Dies würde bedeuten, dass der Fischverzehr schon sehr früh in der Entwicklungsgeschichte des Menschen installiert war und dadurch so etwas wie seine »ursprüngliche Ernährungsweise« darstellt, die seinen biologischen Bedürfnissen besonders entgegenkommt.

Allerdings ist die Epoche, in der wir für den Fischfang mit dem Speer durch die Gewässer wateten, schon lange vorbei, und damit sind wir bei den Argumenten, weswegen man den Pescetarismus nicht ohne Weiteres *allen* Menschen empfehlen kann. Denn wenn sich heute jedermann auf dem Globus für ihn entscheiden würde, wäre es mit dem ohnehin bedrohten Fischbestand schon bald vorbei. Schon jetzt sind laut Greenpeace 60 Prozent der für den kommerziellen Fischfang interessanten Arten bedroht. Dazu zählen: atlantischer Lachs, Kabeljau, Rotbarsch, Ostsee-Dorsch, Scholle und tropische Shrimps. Die Thunfischbestände im Mittelmeer gingen seit 1995 um 85 Prozent zurück: Wurden früher noch fast 15 000 Tonnen der Tiere pro Jahr an Land gebracht, ist es heute nicht einmal mehr ein Sechstel davon. Wenn nun plötzlich alle auf den Trichter kämen, den Pescetarismus zu ihrer selig machenden Kostform zu erklären, dürfte dies schon in wenigen Jahren für viele Fischarten das Aus bedeuten – und der immense Fischappetit ließe sich endgültig nur noch durch Massentierhaltung und entsprechenden Einsatz von Medikamenten befriedigen.

Besser also, man belässt es bei ein bis zwei Fischmahlzeiten pro Woche und greift hier zu Fisch mit dem MSC-Label aus nachhaltigem Fischfang oder zu Lachs mit Biozertifikat. Das reicht zwar möglicherweise nicht ganz für die Deckung des Eiweiß- und Omega-3-Bedarfs, nicht zuletzt auch deshalb, weil hierzulande eher Kabeljau und Seelachs (Köhlerfisch) statt wirklich fettreiche Fische wie Makrele und Sardine auf den Tisch kommen. Doch wie unsere Vorfahren, die ja seinerzeit nicht nur als Fischer, sondern auch als Sammler durch die Lande zogen, steht uns ja heute auch noch eine andere Quelle für hochwertige Eiweiße und ungesättigte Fettsäuren zur Verfügung: die Nüsse.

4. Nüsse: oft unterschätzt und diffamiert

Ähnlich wie Obst und Fisch gehören Nüsse zu den ursprünglichsten Nahrungsmitteln des Menschen. Auch sie standen schon auf steinzeitlichen Speiseplänen. Die frühesten Spuren des menschlichen Nussverzehrs finden sich auf den Hebriden-Inseln vor der Nordwestküste Schottlands. Ihr Alter wird von Wissenschaftlern der spanischen Universität Rovira i Virgili auf knapp 9000 Jahre datiert, und es handelt sich dabei um Tausende von gerösteten Haselnussschalen. Ob die Früchte von den Menschen dort selbst angebaut und geröstet wurden, ist unklar, möglich ist auch, dass sie über den Handel auf die feucht-kalten Inseln gekommen sind. Doch Tatsache bleibt, dass der Homo sapiens schon in der Mittelsteinzeit die Nüsse nicht nur einfach sammelte, sondern auch zubereitete – in einer Epoche also, in der der berühmte Ötzi durch die Alpen kletterte.

Einige Hunderte Kilometer südwestlich, an Frankreichs und Spaniens Mittelmeerküste, knabberte man derweil an Pinienkernen, während man sich in Persien und Ägypten bereits mit der Kultivierung von Mandel- und Walnussbäumen beschäftigte. In der griechischen und römischen Antike verfeinerte man dann die Kunst des Nussanbaus, mit dessen Erträgen man allerdings nicht nur die Küche, sondern auch die Medizin erweitern wollte. »Die Walnuss etwa galt als magen- und verdauungsstärkend«, erklärt Ernährungswissenschaftler Jordi

Salas-Salvado von der Universität Rovira i Virgili im spanischen Reus. Der antike Apotheker und Arzt Herakleides, ein Vorbereiter der modernen empirischen Medizin, empfahl den Verzehr von Walnüssen zum Beginn einer Mahlzeit, »zur Anregung von Appetit und Verdauung«.

Sein Arztkollege Dioskurides setzte demgegenüber auf Haselnüsse zur Behandlung von Erkältungen und Haarausfall, und auch Hippokrates hatte eine Nuss in seinem Arzneimittel-Repertoire: die Mandel. Er hielt sie für einen Hitzespender, die – entsprechend der damaligen Lehre, wonach man Krankheiten mit ihrem Gegenteil behandeln sollte – zur Therapie von Schnupfen, Husten und anderen typischen Erkrankungen der kalten Jahreszeit geeignet sei. Und zur Therapie von seelischen Kältezuständen. Denn Hippokrates verwendete die Mandel auch zur Behandlung von Lethargie und Antriebsschwäche, die er als eine Art Gefrierbrand der Seele verstand.

Solche Theorien wirken natürlich aus heutiger Sicht überholt und unwissenschaftlich. Doch einige der antiken »Nuss-Therapien« sind aktueller, als man glaubt. So verwendeten Assyrer und Griechen die Pistazie als Potenzmittel – und türkischen Wissenschaftlern am Atatürk Teaching and Research Hospital gelang es jetzt tatsächlich, die erektilen Funktionen von Männern zu verbessern, indem sie ihnen täglich 100 Gramm Pistazien kredenzten. Studienleiter Mustafa Aldemir vermutet, dass die Pistaziendiät diesen Effekt über ihren positiven Einfluss auf die Blutfettwerte und Spannung der Blutgefäße erzielt.

Nichtsdestoweniger ist das Image der Nuss eher schlecht. Keine Rede davon, dass sie zu den Lebensmitteln zählt, die den Homo sapiens schon lange durch seine Geschichte begleiten. Keine Rede davon, dass sie als Lieferant von Proteinen und

B-Vitaminen ähnlich gehaltvoll ist wie Fleisch und im Unterschied zu Salami und Koteletts keine tierischen Fette liefert. Nüsse kommen zwar gelegentlich als Beigabe zu Schokolade und Müslimischungen auf den Tisch, doch ansonsten fristen sie in der Nahrungsmittellandschaft eher ein Dasein am Rande. Man sieht in ihnen sogar kalorienreiche Dickmacher – und hochbrisante Allergene. Immer wieder werden wir gewarnt, dass uns die allergische Reaktion auf eine Erdnuss in einen lebensbedrohlichen Schockzustand versetzen kann. Was schon verwunderlich ist in Anbetracht der Tatsache, dass die Nuss den Menschen schon seit so langer Zeit begleitet und eigentlich von seinem Immunsystem längst akzeptiert sein müsste. Und tatsächlich zeigt ein näherer Blick auf die Datenlage, dass die Nuss selbst gar nicht das Kardinalproblem bei entsprechenden Allergien ist. Und ein Dickmacher ist sie schon gar nicht.

So ist das tatsächliche Risiko für eine Nussallergie laut aktuellen Erhebungen mit ein bis zwei Prozent weitaus geringer, als weithin vermutet wird. Zudem tritt sie meistens als Kreuzallergie auf. Das heißt: Der betreffende Mensch ist eigentlich auf etwas anderes allergisch wie etwa auf eine bestimmte Pollenart, doch weil die Nuss eine ähnliche Oberflächenstruktur wie dieses Allergen hat, wird auch sie zum Zielobjekt der Immunabwehr, und zwar vor allem dann, wenn gerade der entsprechende Pollen umherfliegt. So häufen sich beispielsweise die Haselnussallergien, wenn die Birke ihren feinen Blütenstaub durch die Lande schickt.

Auch Sojabohne und Erdnuss, die ja botanisch ebenfalls zu den Hülsenfrüchten zählen, besitzen ähnliche Oberflächenstrukturen. Dies legt die Vermutung nahe, dass Erdnussallergien – sie sind unter Nussallergien besonders häufig – ihren eigentlichen Ursprung in der Sojaschwemme haben, die in den letzten Jahren den Lebensmittelmarkt erfasst hat. Und genau das konnten englische Wissenschaftler mit konkreten Daten untermauern. Demnach entwickeln Kinder ein fast um das Dreifache erhöhtes Risiko für eine Erdnussallergie, wenn sie als Säugling mit Soja-Milch ernährt worden sind. Umgekehrt sinkt ihr Risiko, wenn sie bereits frühzeitig – im Alter von acht bis 14 Monaten – an Erdnussproteine gewöhnt werden. Dies erklärt auch, warum in der »Soja-Hochburg« USA die Erdnussallergie besonders häufig auftritt, während in Ländern mit hohem Erdnusskonsum, wie etwa in Indien, Indonesien und Israel, nur relativ wenige Menschen damit Probleme haben. Es wäre nicht das erste Mal, dass die zentrale Rolle in einem Allergieszenario nicht von ihrem eigentlichen Objekt, sondern von anderen, weitaus problematischeren Stoffen besetzt wird. »Wir müssen bei der Prävention von Erdnussallergien unbedingt die Soja-Produkte im Auge haben«, resümiert Studienleiter Gideon Lack vom St. Mary's Hospital in London. Was beispielsweise gerade Eltern berücksichtigen sollten, bevor sie ihren Kindern Soja-Lebensmittel kredenzen, um sie vor – allergisch weitaus unproblematischeren – Milchprodukten zu schützen.

Eine Studie am Statens Serum Institut in Kopenhagen bestätigt, dass Frauen zur Vorbeugung vor Allergien und Asthma sogar bewusst Nüsse in den Schwangerschaftsspeiseplan einbauen sollten. Das dänisch-amerikanische Forscherteam unter Ekaterina Maslova analysierte die Ernährungsgewohnheiten von knapp 62 000 dänischen Müttern und die Gesundheitsakten ihrer Kinder, die zwischen den Jahren 1996 und 2002 geboren wurden. Es zeigte sich, dass Kinder von Frauen, die während der Schwangerschaft mindestens eine Portion Erdnüsse pro Woche gegessen hatten, im Alter von 18 Monaten eine um 21 Prozent geringere Asthma-Quote aufwiesen als jene Altersgenossen, deren Mutter auf Erdnüsse verzichtet hatte. Im Alter von sieben Jahren war ihre Quote sogar um 34 Prozent niedriger.

Wenn ihre Mutter Baumnüsse wie Wal- oder Haselnüsse gegessen hatte, litten die Kinder ebenfalls seltener an Asthma, und auch Heuschnupfen trat bei ihnen um 20 Prozent seltener auf. Studienleiterin Maslova sieht diese Daten als deutlichen Beleg dafür, dass werdende Mütter nicht auf Nüsse verzichten müssen, um ihre Kinder vor Asthma und anderen mit Allergien verknüpften Erkrankungen zu schützen. Selbst dann nicht, wenn in der Familie ein Fall von Nahrungsmittelallergie bekannt ist. Maslova vermutet, dass die hohen Vitamin-E-Werte sowie die sekundären Pflanzeninhaltsstoffe und mehrfach ungesättigten Fette der Nüsse einen stabilisierenden Einfluss auf das Immunsystem des Babys hätten.

Nüsse: klein, aber oho

Nuss-Sorte	Eiweiße (g/100 g)	Thiamin (mg/100 g)	Riboflavin (mg/100 g)	Niacin (mg/100 g)	Folsäure (µg/100 g)	Pyridoxin (mg/100 g)	Vitamin E (mg/100 g)
Mandel	18,7	0,19	1,40	3,9	29	0,14	26,2
Haselnuss	12,0	0,39	0,17	2,2	113	0,56	15,0
Pecan	9,3	0,42	0,18	1,3	25	0,21	3,1
Pistazie	19,7	0,58	0,29	1,5	81	1,70	2,3
Walnuss	14,4	0,33	0,18	1,4	70	0,54	0,7

Quellen: US-Department of Agriculture, National Nutrient Database for Standard Reference Release, 2008

Nüsse stellen also kein brisantes Allergieproblem dar. Und auch mit dem zweiten Vorurteil, sie seien ein Dickmacher, gilt es aufzuräumen: Denn zur Vermeidung und Reduktion von Übergewicht sollte man Nüsse keineswegs meiden. Zwar entsprechen sie mit ihrem hohen Fettanteil nicht unbedingt dem, was man sich gemeinhin unter einer diättauglichen Mahlzeit vorstellt. Doch Studien zeigen, dass sie weniger Kalorien liefern, als man ihnen gemeinhin zutraut. Und weil sie satt machen und dafür sorgen, dass es ihrem Konsumenten – im wahrsten Sinne – »warm ums Herz wird«, könnte man sie sogar im Rahmen einer Kalorienreduktion einsetzen.

Als amerikanische Wissenschaftler im Jahr 2008 die vorliegenden Daten zum Zusammenhang von Nussverzehr und Körpergewicht auswerteten, kam Richard Mattes von der Purdue University im amerikanischen West Lafayette zu dem Schluss: »Trotz ihres hohen Kaloriengehalts tragen Nüsse in der Regel nicht zur Zunahme von Körpergewicht bei – einige Studien lassen sogar den Schluss zu, dass Nuss-Konsumenten weniger Körpergewicht haben als diejenigen, die keine oder nur sehr wenig Nüsse im Speiseplan haben.«

Zu einer ähnlichen Einschätzung kommt ein internationales Forscherteam um Hans Biesalski von der Universität Hohenheim. Demnach sei der Verdacht, wonach Nüsse dick machen könnten, eher »ein weit verbreitetes Missverständnis«. Dafür sprächen schon geografische Hinweise: »In den Mittelmeerregionen ist der Nussverzehr etwa doppelt so hoch wie in den USA, die dennoch weit mehr Übergewichtige aufweisen.« Was natürlich auch daran liegen könnte, dass man jenseits des nördlichen Atlantiks nicht nur weniger Nüsse, sondern auch mehr Fast Food verzehrt. Doch andere Studien, so die Forscher weiter, würden die »inverse Korrelation«, also den gegensätzlichen Zusammenhang zwischen Nussverzehr und Übergewicht, bestätigen. So fand man eine Untersuchung an 8865 erwachsenen Männern und Frauen, wonach regelmäßige Nussesser (mehr als zwei Portionen pro Woche) ein um 40 Prozent geringeres Risiko für einen Gewichtszuwachs hatten als die Gelegenheitsnussesser. Über einen Beobachtungszeitraum von 28 Monaten legten sie 350 Gramm weniger Körpermasse zu. In einer anderen von Biesalski erwähnten Studie verloren Patienten mit Metabolischem Syndrom (Fettleibigkeit, erhöhte Blutfettwerte, Bluthochdruck) durchschnittlich 2,2 Kilogramm Körpergewicht, nachdem ihr Speiseplan zwölf Wochen lang »kernige« Unterstützung erfahren hatte. Man hatte ihnen täglich einen 30-Gramm-Mix aus Walnüssen, Mandeln und Haselnüssen kredenzt. Wurden einzelne Nusssorten wie Mandeln, Erdnüsse und Pistazien im Hinblick auf die Entwicklung des Körpergewichts untersucht, zeigten sich zwar keine »Abspeckeffekte«, doch die Probanden legten in der Regel auch nicht zu.

Bleibt die Frage, auf welchen physiologischen Pfaden es zu diesen Effekten kommt. Mattes sieht eine mögliche Antwort im hohen Sättigungsgrad der Nüsse: »Die Studienteilnehmer berichten in Interviews immer wieder davon, dass sie weniger Hunger hätten.« Dieser Appetitzügler-Effekt ließe sich durch die mehrfach ungesättigten Fette der Nüsse und ihren Einfluss auf die Hirnaktivitäten erklären. Eine weitere Antwort liegt aber wohl auch darin, dass die ungesättigten Fettsäuren der Nüsse weniger Kalorien liefern, als man ihnen vom Brennwert eigentlich zutrauen könnte.

Ein Forscherteam des United State Department of Agriculture verabreichte 16 gesunden Probanden über drei Wochen eine Pistazienration von 42 und 84 Gramm pro Tag. Ihr Stuhlgang wurde während und nach dieser Zeit auf die Energieausscheidung (also den Gehalt an energiereichen Verbindungen wie Fett und Zucker) untersucht, denn die Höhe der entsprechenden Werte gibt Aufschluss darüber, wie viele Kalorien praktisch ungenutzt an den Darmwänden vorbeigeschleust werden. Zudem wurden die Blutcholesterinwerte der Probanden erhoben.

Es zeigte sich, dass die Pistazien dem Körper fünf Prozent weniger Energie lieferten, als es ihnen vom Fettgehalt her eigentlich möglich wäre. »Laut Atwater-Tabelle enthalten sie 23,7 kJ auf 100 Gramm, gemäß unseren Erhebungen sind es jedoch nur 22,6 kJ«, betont Studienleiter David Baer. Der totale Cholesterinwert im Blut der Probanden blieb unverändert, doch ihr LDL-Cholesterinwert sank um etwa sechs Prozent. Was Baer zu dem Fazit veranlasst, »dass Pistazien sowohl in der Gewichtsreduktion als auch im Schutz vor Herz-Kreislauf-Erkrankungen eine wichtige Rolle spielen können«.

Zudem sorgen Nüsse für einen Anstieg der Körpertemperatur. Ein Forscherteam der Universität Rovira i Virgili unter Jordi Salas verabreichte 29 gesunden Männern drei Mahlzeiten, die einerseits den gleichen Kaloriengehalt und die gleiche Zusammensetzung an Makronährstoffen (50 Prozent Fett, 10 Prozent Eiweiß, 40 Prozent Kohlenhydrate) hatten, andererseits aber ihre Fette überwiegend aus unterschiedlichen Quellen bezogen, nämlich entweder aus Walnüssen, aus Olivenöl oder aber aus Milchprodukten. Danach erhob man per indirekter Kalorimetrie, also durch eine Messung des Sauerstoffverbrauchs, die Körperwärme der Versuchsteilnehmer. Sie entwickelten unter Olivenöl 23 Prozent und als Walnuss-Esser sogar 28 Prozent mehr Körperwärme als nach dem Verzehr der Milchprodukte. Walnüsse erhöhen also die Körpertemperatur – und insofern dafür ja Energie aufgewendet werden muss, regen sie auch den Kalorienverbrauch an.

Mögliche Ursache für den Temperaturanstieg könnte sein, dass ungesättigte Fette das sympathische Nervensystem stärker aktivieren als ihre gesättigten Pendants, mit der Folge, dass der Körper mehr auf Aktivität (wie etwa eine Erhöhung der Muskelspannung) »umgeschaltet« wird – und dabei entsteht, wie bei einem Motor auf Hochtouren, auch reichlich Wärme. Ein weiterer Erklärungsansatz: Ungesättigte Fette aktivieren den sogenannten »Peroxisom-proliferator-aktivierten Rezeptor-Alpha«. Es handelt sich dabei um eine chemische Wahrnehmungszelle, die nicht nur in der Leber, sondern auch im braunen Fettgewebe und in der Muskulatur zu finden ist. Wird sie aktiviert, kommt es zu einer stärkeren Thermogenese.

In jedem Fall machen Nüsse tatsächlich »warm ums Herz«. Nicht umsonst wurden sie schon in der Steinzeit als Nahrungsmittel für kalte Zeiten eingesetzt. Und wie es aussieht, musste niemand der steinzeitlichen Nusskonsumenten befürchten, sich wegen seiner Vorliebe mit Übergewicht herumplagen zu müssen.

5. Zwischen Vitamin- und Zuckerbombe: Warum Obst gut für uns ist – und Fruchtsäfte eher nicht

Wie wir schon näher betrachtet haben, kam der frühe Homo sapiens wohl als ausgeprägter Obstesser zum Fleisch. Denn die frutarische Ernährungsweise hatte viele Vorteile. Erstens, weil Früchte überall an den Bäumen hingen und nur gepflückt werden mussten. Und zweitens, weil sie schnell verfügbare Kohlenhydrate und auch Vitamine lieferten, ohne dass man dazu einen hochkomplexen und energieaufwendigen Verdauungstrakt bräuchte. Das Problem war zwar, dass Obst nicht durchgehend an den Bäumen hing und es immer wieder Zeiten gab, in denen man darauf verzichten musste. Doch der Mensch verfügte ja noch über andere Nahrungsmittel, und außerdem entwickelte er schon zwei Jahrtausende vor Christus Techniken, um den Früchten Wasser zu entziehen und sie dadurch als Dörrobst länger haltbar zu machen. In jedem Fall kann man davon ausgehen, dass Obst dem Menschen vieles liefert, das er für sein Leben braucht, und dass es für seine Verdauung keine Probleme darstellen sollte.

Ein Blick auf die Nährwerttabellen offenbart, dass frisches Obst vor allem zur Versorgung mit einem Vitamin beiträgt, das der Mensch aufgrund eines genetischen Defekts nicht mehr selbst herstellen kann: Vitamin C. So versorgen ihn 100 Gramm Erdbeeren mit über 50 Milligramm des Vitamins, und bei schwarzen Johannisbeeren können es sogar mehr als das Dreifache sein. Es gibt kaum eine Frucht, die nicht mindestens im zweistelligen Milligramm-Bereich mit Vitamin C ausgestattet ist.

Vitamin-C-Gehalt von Obst
(der Tagesbedarf an Vitamin C liegt bei 75 bis 100 mg)

Obstsorte	Vitamin C in mg/100 g Obst
Hagebutte	1250
Johannisbeere, schwarz	177
Kiwi	121
Papaya	82
Zitrone	53
Erdbeere	52
Orange	50
Heidelbeere	22
Apfel	16

Quelle: Heseker, Beate und Helmut, »Nährstoffe in Lebensmitteln«, Sulzbach, 2013

Zudem enthält Obst diverse sekundäre Pflanzeninhaltsstoffe wie etwa Polyphenole und Pektine. Wie kraftvoll deren gesundheitliche Effekte sein können, belegt eine Studie der Florida State University, die 2011 auf der Tagung »Experimental Biology 2011« in Washington DC vorgestellt wurde. Demnach senken 75 Gramm getrocknete Apfelscheiben täglich binnen eines halben Jahres den LDL-Cholesterinwert um 23 Prozent. Das sind durchaus Effekte, die mit medikamentösen Cholesterinsenkern mithalten können. Hauptverantwortlich dafür sind die zu den Ballaststoffen zählenden Pektine des Apfels. Sie binden Gallensäuren an sich, sodass die Leber neue Gallensäuren – sie werden für die Fettverdauung benötigt – bilden muss, indem es sich aus dem Cholesterinpool des Körpers bedient.

Man muss jedoch beim cholesterinsenkenden Effekt von Äpfeln bedenken, dass nur deren getrocknete Variante – aufgrund der höheren Trockenmasse – einen hinreichend hohen Pektinwert erreicht, nicht aber das frische Obst, das dann allerdings wieder beim Vitaminwert punktet.

Kirschen enthalten hingegen entzündungshemmende Salicylate. Laut einer Untersuchung der Michigan State University wirken bereits 20 Kirschen so stark wie ein bis zwei Tabletten ASS (Acetylsalicylsäure). Die amerikanischen Wissenschaftler waren auf die Idee zu ihrer Studie gekommen, weil Menschen aus ihrer Umgebung berichtet hatten, dass nach einer kräftigen Kirschmahlzeit ihre Gicht- und Arthritisschmerzen deutlich zurückgegangen wären.

Nichtsdestoweniger hält sich der Effekt des Obstverzehrs »aufs große Ganze«, also auf die Lebenserwartung in Grenzen. Ein Forscherteam des University College London untersuchte die Ernährungsgewohnheiten von über 65 000 Briten und setzte sie ins Verhältnis zu ihrem Sterberisiko im Zeitraum zwischen 2001 und 2013. Ihre Untersuchungen bestätigten zunächst einmal das, was man erwarten durfte, nämlich die lebensverlängernden Effekte eines von vegetarischen Nahrungsmitteln geprägten Speiseplans. So zeigten jene Personen, die zwischen drei und fünf Portionen Obst oder Gemüse wöchentlich verzehrten (die Deutsche Gesellschaft für Ernährung empfiehlt fünf pro Tag), ein um 29 Prozent verringertes Sterberisiko gegenüber jenen, die weniger als eine Portion täglich aßen. Wer auf fünf bis sieben Prozent kam, verringerte sein Risiko sogar um 36 Prozent.

Ein näherer Blick auf die Ernährungsgewohnheiten offenbarte jedoch auch, auf welchen Schultern diese Effekte hauptsächlich beruhten. Nämlich auf denen von Gemüse, also Gurken, Zucchini und Tomaten. Demnach reduziert jede Portion Gemüse das Sterberisiko um 16 Prozent, jede Portion Obst jedoch nur um vier Prozent – und wenn es sich um Konservenobst handelt, ließ sich sogar eine moderate Erhöhung des Risikos beobachten. In der Summe scheint also das Obst dem Leben weitaus weniger gut zu tun als das Gemüse.

Dafür gibt es zwei Gründe. Erstens: Den meisten Früchten fehlen die Ballaststoffe, die nicht nur Träger von Vitaminen, Mineralien und anderen Wirkstoffen sind, sondern auch, wie wir später in Kapitel 5 noch sehen werden, selbst einen präventiven Effekt haben. Zweitens: Obst besitzt etwas, das wiederum den meisten Gemüsesorten abgeht: Fruchtzucker bzw. Fructose. Und dieser Stoff stellt einen sehr zweischneidigen Wert für unsere Gesundheit dar.

So wird Fructose zwar im Darm deutlich langsamer als Glukose verdaut, doch der Körper benötigt dafür auch keine Energie. Der Grund: Die Fructoseabsorption erfolgt passiv, durch spezielle Transporterproteine, während Glukose regelrecht in die Zellen hineingepumpt wird. Für Zeiten der Nahrungsknappheit spricht dies schon ausdrücklich für den Fruchtzucker, weil er nicht nur Energie liefert, sondern auch dabei hilft, welche zu sparen. In modernen Wohlstandsgesellschaften herrscht jedoch kein Nahrungsmangel, sondern Nährstoffüberschuss. Fruchtzucker sollte deshalb eher sparsam verzehrt werden. Doch genau das Gegenteil ist der Fall.

So findet man in industriellen Nahrungsmitteln mittlerweile fast überall Fruchtzucker. Denn der bei uns übliche Rohr- und Rübenzucker besteht zur einen Hälfte aus Glucose und zur anderen aus Fructose; Säfte und Smoothies aus gepressten Früchten haben den Getränkemarkt nachhaltig erobert, und immer mehr Lebensmittel werden mit einem Fructose-Sirup aus Maisstärke gesüßt. Je nach Speiseplan können da Verzehrmengen erreicht werden, die den – in der Evolution durch bloßen Obstverzehr geeichten – Verdauungsapparat des Menschen überfordern. Denn wie gesagt: Während die meisten anderen Zuckerarten im Zwölffingerdarm komplett aufgenommen werden, benötigt Fructose zu ihrer Verdauung spezielle Transporterproteine, und deren Kapazität ist begrenzt.

Dadurch gelangen größere Anteile des Zuckers unverdaut in den Dickdarm, wo sie durch Bakterien zu Gasen und kurzkettigen Fettsäuren zerlegt werden, die beispielsweise zu Blähungen und Durchfall führen können. Bei den meisten Menschen geschieht das zwar erst ab 35 Gramm Fruchtzucker, für die man schon literweise Obstsaft trinken muss. Doch bei jedem dritten Kind und jedem fünften Erwachsenen reichen dazu auch kleinere Mengen: Sie leiden unter einer Fructosemalabsorption, das heißt, dass ihr Verdauungspotenzial schon bei 25 Gramm ausgereizt ist. Für diese Menge reichen bereits zwei Gläser Apfelsaft oder weniger als 80 Gramm Rosinen.

Jeder Dritte mit einer Fructosemalabsorption entwickelt wiederum Symptome mit Krankheitswert. Typisch sind Durchfälle, Bauchkrämpfe und Blähungen, doch es kann auch noch schlimmer kommen. So fanden österreichische Forscher unter Leitung von Maximilian Ledochowski von der Uni-Klinik Innsbruck bei Menschen mit einer Fructosemalabsorption überdurchschnittlich viele Depressionen. Als Ursache vermutet Studienleiter Maximilian Ledochowski von der Uni-Klinik Innsbruck, dass der durch den Fruchtzucker gereizte Darm weniger Tryptophan aus der Nahrung zieht. Dieses Eiweiß wird für die Synthese des Hirnbotenstoffes Serotonin benötigt: Fehlt er, kommt es, wie Ledochowski warnt, nicht nur zu depressiven Beschwerden, »sondern auch zum Süßhunger«. Was natürlich gerade für

Diabetiker, die oft zu diätetischer, fructosehaltiger Kost greifen, geradezu kontraproduktiv ist – weshalb Fructose auch nicht mehr für sie empfohlen wird. Denn sie spüren nach dem Verzehr dieser Nahrungsmittel mehr Hunger auf Süßes als vorher – und die Stimmung geht auch noch in den Keller.

Ledochowski und sein Team entdeckten außerdem, dass die Fructosemalabsorption gerade bei Menschen jenseits 35 Jahren oft den Folsäurespiegel nach unten drückt. Was vermutlich dadurch zustande kommt, dass die Fructose in den tieferen Bereichen des Darms die dortige Bakterienflora verändert, und die spielt bekanntermaßen eine Schlüsselrolle in der Verwertung des B-Vitamins. Auch Zusammenhänge zwischen Fruchtzuckerverdauung und Zinkversorgung sind mittlerweile belegt. »In unserer Studie war kein einziger Patient mit Zinkmangel zu finden, der nicht gleichzeitig eine Fructosemalabsorption zeigte«, so Ledochowski.

Durchaus möglich also, dass hinter so mancher Immunschwäche eine überforderte Fructoseverdauung steckt, insofern Folsäure und Zink zu den immunstärkenden Nährstoffen gehören. Man sollte also auch diesen Aspekt ins Kalkül ziehen, wenn man häufig mit grippalen oder anderen Infekten zu kämpfen hat, vor allem dann, wenn sich im Anschluss von Frucht- oder Obstsaftverzehr immer wieder Durchfälle und Blähungen einstellen.

In jedem Fall handelt es sich bei Fructosemalabsorption nicht um eine Bagatelle, sondern um eine ernsthafte Erkrankung. Hinzu kommt, dass Fructose wohl auch zum grassierenden Übergewicht unserer Zeit beiträgt. So fand das Deutsche Institut für Ernährungsforschung (DIfE) in Potsdam einen engen Zusammenhang zwischen Fetteinlagerung und dem erhöhten Konsum fruktosehaltiger Getränke, und es zeigten sich deutliche Negativwirkungen auf die hormonelle Hunger-Sättigungs-Regulation. Mit anderen Worten: Der reichhaltige Verzehr fruchtig süßer Drinks stabilisiert das Hungergefühl und regt den Organismus zur Ausbildung von Fettdepots an. Nicht umsonst hat in den USA die Zahl der Übergewichtigen deutlich zugenommen, seitdem dort flächendeckend ein »diätischer« Fruktose-Sirup eingeführt wurde.

Gründe genug also, den täglichen Fructose-Konsum zu begrenzen. Auf Obst müssen wir dafür nicht verzichten, doch Smoothies und andere Obstsäfte sollten die Ausnahme bleiben. Nicht zuletzt auch deshalb, weil sie von unserem Gehirn als Getränk abgespeichert werden, und nicht als Mahlzeit, sodass sie uns wohl mit vielen Kalorien versorgen, aber kein Sättigungsgefühl auslösen. Außerdem findet sich Fruktose in vielen fettreduzierten Milchprodukten, Limonaden und Süßigkeiten, sowie in Milchshakes und Kinderlebensmitteln, um ihnen geschmacklich auf die Sprünge zu helfen oder sogar einen antidiabetischen Touch zu geben – denn Fruchtzucker wird im Unterschied zu Glukose ohne Insulin verstoffwechselt. Hier heißt es, ebenfalls wachsam zu sein und die Packungsaufschriften zu studieren – und am besten ganz die Finger von solchen Produkten zu lassen.

6. Freispruch für Omas Suppe: Warum Gemüse gut für uns ist – und wir es auch mal kochen sollten

Am gesundheitlichen Wert von Gemüse kann es kaum noch Zweifel geben. Im Kapitel zuvor haben wir ja schon eine große englische Studie an 65 000 Männern und Frauen beleuchtet, wonach jede Tagesportion Gemüse das Risiko um 16 Prozent verringert, in einem Zeitintervall von zwölf Jahren zu sterben. Das ist schon eine ziemlich überzeugende Quote, allerdings haben Studien, in denen man einerseits ein bestimmtes Ernährungsverhalten und andererseits das Sterberisiko erfasst, immer eine gewisse methodische Schwäche. Denn prinzipiell wäre es ja möglich, dass die beobachteten Phänomene gar nicht ursächlich zusammenhängen. Oder plakativ ausgedrückt: Wenn ein Gemüseesser länger lebt, könnte es auch daran liegen, dass ihn sein Erbgut gleichsam zu einem langen Leben wie zu einer Vorliebe für Gemüse prädestiniert.

Methodisch weiter sind da schon sogenannte Interventionsstudien. Das heißt: Man teilt eine Probandengruppe in zwei oder mehr Segmente auf, bei denen dann jeweils auf verschiedene Weise interveniert, also ein bestimmtes Verfahren ausgetestet wird. In unserem Fall wäre das Verfahren ein Speiseplan, der überwiegend von vegetarischer Kost geprägt wird. Wichtig ist dabei, dass er von den Probanden vorher noch nicht praktiziert wurde, sodass die Umstellung ihrer Kost einen wirklichen Eingriff in ihr Ernährungsverhalten darstellt.

Eine solche Interventionsstudie haben jetzt spanische Forscher von der Universität Barcelona an knapp 7500 Männern und Frauen durchgeführt, die zwar noch nicht herzkrank waren, aber aufgrund anderer Erkrankungen (z. B. Diabetes, Übergewicht) oder ihres Lebensstils (vor allem Rauchen) damit rechnen mussten, es zu werden. Die Teilnehmer wurden per Zufallsprinzip drei Diäten zugeteilt: Zwei Gruppen sollten sich mediterran ernähren, also mit viel Fisch sowie Gemüse und ungesättigten Fetten aus pflanzlichen Lebensmitteln. Die eine Gruppe erhielt wöchentlich eine Flasche Olivenöl und die andere Gruppe täglich 30 Gramm einer Nussmischung (Walnüsse, Haselnüsse, Mandeln), die man ihnen jeweils umsonst zur Verfügung stellte. Die dritte Gruppe diente als Kontrollgruppe und wurde lediglich zu einer fettarmen Diät angehalten. Zur Motivation erhielt man dort kleine Geschenke, aber keine Nahrungsmittel. Ansonsten durften sämtliche Studienteilnehmer weiter leben wie bisher, sie wurden also auch nicht angehalten, mit dem Rauchen aufzuhören oder sich mehr zu bewegen, und sofern sie bereits medikamentös behandelt wurden, wurde auch daran nichts geändert, denn die Forscher wollten ja möglichst ausschließlich die Wirkung der Nahrungsumstellung beobachten.

Die Studie dauerte knapp fünf Jahre, dann wurde sie eingestellt – und zwar aus dem trivialen Grund, dass an der präventiven Wirkung der mediterranen Diät kein Zweifel mehr bestehen konnte. Denn die Teilnehmer der beiden Mittelmeer-Gruppen entwickelten in dieser Zeit etwa 30 Prozent weniger Herz-Kreislauf-Krankheiten als diejenigen, die zur fettarmen Diät angehalten wurden. »Ein solches Ergebnis würde einem pharmazeutischen Wirkstoff gute Chancen geben, seine Zulassung zu bekommen«, erklärt Studienleiter Ramon Estruch.

Bleibt einschränkend festzuhalten, dass eine mediterrane Ernährung traditionell nicht nur viel Gemüse, sondern auch viel Fisch und ungesättigte Fettsäuren aus Nüssen und Olivenöl enthält. Gerade die Letzteren spielen in der Prävention von Herz-Kreislauf-Erkrankungen ebenfalls eine große Rolle, und sie waren auch die einzigen Ernährungsfaktoren, bei denen die spanischen Forscher direkt intervenierten, indem sie ihren Probanden Nüsse und Olivenöl umsonst zur Verfügung stellten. Beim Gemüse hingegen beschränkte man sich auf eine entsprechende Ernährungsberatung, und deren Erfolg hielt sich in Grenzen, denn die Versuchsteilnehmer erhöhten ihren Gemüseverzehr gerade mal um 0,4 Mahlzeiten pro Woche. Weswegen Estruch zugibt: »Da ist noch viel Luft nach oben.« Doch für ihn ist das kein Hinweis auf die beschränkte Präventionskraft von Gemüse, sondern darauf, dass man noch viel deutlichere Präventionseffekte beobachten könnte, wenn die Probanden nicht nur Öl und Nüsse, sondern auch Gemüse gestellt bekämen.

Dass es schon ohne eine entsprechende Beratung Auswirkungen auf ihre Ernährung hätte, wenn die Menschen nur genug Gemüse in der Küche zur Verfügung hätten, belegen Studien des amerikanischen Esspsychologen Brian Wansink von der Cornell University in Ithaca. Er untersuchte, welchen psychologischen Einfluss die Beigabe von Möhren, Broccoli und Co. auf das Essen hat. Dazu konfrontierte er seine Versuchspersonen mit den Bildern von fünf unterschiedlichen Gerichten, mit und ohne Gemüse, um sie einer Bewertung hinsichtlich ihres Geschmacks zu unterziehen. Es zeigte sich, dass sie umso besser bewertet wurden, je höher ihr Gemüseanteil war. Ob diese Aufwertung durch die bunte Farbenpalette von Möhren, Paprika und Tomaten zustande kam, hat Wansink nicht näher untersucht. Doch es spricht vieles dafür, denn in anderen Studien hat er feststellen können, dass wir mehr von einer Mahlzeit essen, je abwechslungsreicher ihre Farben sind. In jedem Fall aber steht fest: Gemüse wird als geschmackliche Aufwertung des Essens wahrgenommen, und damit steigt die Wahrscheinlichkeit, dass es auch gegessen wird. Man braucht also keine zusätzliche Ernährungsberatung, muss die Menschen nicht davon überzeugen, wie gesund es ist. Gemüse überzeugt auch so, durch seine Verheißung auf einen besseren Geschmack. Vorausgesetzt natürlich, man stellt es überhaupt erst einmal auf den Tisch. Dies sollten nicht nur Eltern bedenken, die ihren Kindern im Vornherein eine Gemüserenitenz unterstellen und ihnen daher lieber gleich den Fruchtjoghurt kredenzen. Ein bunter Rohkostteller hat auf einem Kindergeburtstag schon manchen Schokoteller ausgestochen.

Wobei Rohkost nicht die allein selig machende und auch nicht die ursprünglich natürliche Zubereitungsform für Gemüse ist, wie es von einigen Anhängern der Roh- und Vollwertkost behauptet wird. Denn fossile Ausgrabungen brachten ans Tageslicht, dass *homo erectus* bereits vor ein bis eineinhalb Millionen Jahren am gemütlichen Lagerfeuer saß und sich dort etwas brutzelte. Mit anderen Worten: Das Kochen und Braten war schon den Ahnen *vor* dem eigentlichen *homo sapiens* bekannt. Es ist mithin sehr wohl ein Teil unserer menschlichen Natur.

Bleibt die Frage, was ernährungsphysiologisch mit Gemüse passiert, wenn wir es garen, schälen, konservieren oder sonst wie verarbeiten. Auf den ersten Blick scheint dies zunächst eine Katastrophe zu sein. So geht etwa das zum Beispiel in grünen Erbsen und weißen Bohnen enthaltende Thiamin (Vitamin B_1) um bis zu 80 Prozent verloren, wenn es mit Sauerstoff, Säuren und Hitze konfrontiert wird. Sein Vitamin-B-Kollege Biotin (u. a. in Spinat, Champignons) kommt zwar mit Sauerstoff, Licht und sogar starken Säuren klar, doch dafür zeigt es beim Erhitzen Verluste von bis zu 60 Prozent. Allerdings sind die Gehalte an diesen Vitaminen in Gemüse ohnehin so gering, dass man die Verluste nicht zu sehr bedauern muss.

Etwas anders ist es mit Folsäure. Dafür sind vor allem grüne Gemüse gute Lieferanten. Folsäure wird eigentlich bei allem zerstört, was einem Vitamin zustoßen kann. Egal ob Hitze, Licht, Sauerstoff und saure Konservierungsstoffe wie Ameisen-, Benzoe- und Sorbinsäure – das Vitamin geht in großen Mengen verloren, und die Verluste gehen zuweilen bis in die vollen 100 Prozent. Ähnlich niederschmetternd fallen die Quoten bei Vitamin C aus – es ist zum Untergang verurteilt. Selbst simples Wasser macht ihm zu schaffen, weswegen Brausetabletten und Pulver zum Einrühren in Saft und anderen Getränken eigentlich nicht die rechten Zubereitungsformen für Vitamin C sind. Dafür kommt es wenigstens mit sauren Konservierungsmitteln zurecht. Was allerdings nicht verwundern darf. Denn als Ascorbinsäure ist Vitamin C ja ebenfalls sauer, es wird sogar als Konservierungsmittel eingesetzt. Wer jetzt auf den Gedanken kommt, dass Vitamin C als saurer Konservierungszusatz ja möglicherweise Folsäure vernichtet, der liegt genau richtig: Nahrungsmittel mit deftigen Laborzusätzen an Vitamin C zeichnen sich in der Tat durch ihre niedrigen Folsäurewerte aus. Vitamine als Killer von Vitaminen – die moderne Lebensmitteltechnologie macht's möglich.

Andererseits gewinnen einige Biostoffe auch, wenn Gemüse gekocht und zerkleinert wird. Wie etwa Beta-Carotin, die entzündungs- und krebshemmende Vorstufe zu Vitamin A. Man findet große Mengen des Stoffes in Möhren, Spinat, Tomaten und Brokkoli – doch wird dieses Gemüse roh verzehrt, liegt das Provitamin an der Kette von stabilen chemischen Verbindungen, sodass es größtenteils ungenutzt an den Darmwänden vorüberzieht. Erst durch ausgiebiges Zerkleinern und Erhitzen wird es aus seiner chemischen Umklammerung herausgelöst. Weshalb, wie Achim Bub vom Karlsruher Institut für Ernährungsphysiologie betont, »verarbeitete Nahrungsmittel wie etwa gekochte Möhren oder Tomatensauce zu einer deutlich besseren Carotinaufnahme führen als rohe Möhren oder Tomaten«. In einer amerikanischen Studie ließ man acht junge Frauen vier Wochen lang täglich eine gekochte Portion Spinat und Möhren essen, danach verzehrten sie dasselbe Gemüse im rohen Zustand. »Ihr Beta-Carotin-Wert im Blutplasma war im Anschluss an die Koch-Phase etwa dreimal so hoch wie nach der Rohkost-Periode«, erklärt Studienleiterin Cheryl Rock von der University of California. Freispruch also für Omas Möhreneintopf: Gemüse ist gut für uns, und wir sollten es ruhig auch mal kochen.

Die Möhre zeigt auch noch in anderer Hinsicht, wie wichtig es für die Nutzung pflanzlicher Heilkräfte sein kann, den Kochtopf aufzusetzen. So führte nämlich vor gut einem Jahrhundert der Heidelberger Mediziner Ernst Moro die Möhrensuppe ein, um kindlichen Durchfall zu behandeln. Der Hintergrund: Damals starben noch 95 Prozent aller an Durchfall erkrankten Kinder, ohne dass der Medizin dazu etwas eingefallen wäre. Mithilfe der moroschen Karottensuppe gelang es, diese katastrophale Quote deutlich zu senken. Mittlerweile ist auch bekannt, welche Wirkstoffe dafür verantwortlich sind: die Oligogalakturonsäuren. Diese Kohlenhydrate besetzen bereits in minimaler Konzentration genau jene Rezeptoren an den Darmzellen, die von Durchfall auslösenden Bakterien angesteuert werden. Auf diese Weise lässt sich die durchschnittliche Durchfalldauer bei Kindern von vier bis sieben Tagen auf einen Tag reduzieren. Vorausgesetzt, die Möhren werden lange gekocht und dann püriert, denn nur so werden die Oligogalakturonsäuren aktiv. Wer hingegen die Karotten knackig frisch verzehrt, darf auf keinen Durchfall hemmenden Effekt hoffen.

Auch die Tomate gewinnt, wenn man sie zerstampft und kocht. An der Cornell University im amerikanischen Ithaca stellte man fest, dass 30 Minuten Kochen zwar 29 Prozent vom C-Vitamin einer Tomate vernichten, dafür aber den Anteil an verfügbarem Lykopin um 164 Prozent erhöhen – und dieser Stoff ist besonders gut für Herz und Kreislauf, schützt außerdem vor Prostatakrebs. In einer Untersuchung der Universität Illinois verabreichten Wissenschaftler 32 Männern mit Prostatakrebs drei Wochen lang täglich eine Portion Nudeln mit Tomatensauce. Bei ihnen senkte sich der sogenannte PSA-(Prostata-Antigen-)Spiegel um fast 18 Prozent, was als sicheres Zeichen dafür gilt, dass sich die Zahl der genetischen Schädigungen und damit das Risiko für Tumorneubildungen verringert hat. In einer Studie der Heinrich-Heine-Universität Düsseldorf zeigte sich, dass der Verzehr von Tomatensauce einen Sonnenschutz in unserer Haut aufbaut. Immerhin mit einem Lichtschutzfaktor von 2 bis 3. Das kommt zwar nicht an moderne Sonnencremes heran, die zum Teil mit Faktoren von 50 aufwarten, doch dafür wäscht sich der von innen kommende Tomatenschutz nicht ab, wenn wir in den Swimmingpool gehen.

Zwangsläufig muss auch Tomatenketchup als wirkungsvolle Lykopinquelle eingestuft werden. Denn dieser Wirkstoff kommt nun einmal am besten zum Tragen, wenn die Zellen der Tomate aufgebrochen und bestimmte Enzyme freigesetzt werden. Was aber gegen kommerziellen Ketchup spricht, sind seine Aromastoffe – und seine zum Teil unglaublichen Zuckerwerte: Einige Sorten enthalten mehr als 23 Gramm Zucker auf 100 Gramm.

Warum also nicht den Ketchup selbst zubereiten? Man nehme 100 Gramm Zwiebelstücke, 1 Esslöffel Olivenöl, 500 Gramm abgetropfte Tomatenstücke, 1 Teelöffel weißen Pfeffer, 15 Milliliter Essig, 1 Teelöffel Salz und 1 Teelöffel Zucker. Die Zwiebelstücke im Olivenöl anschwitzen, dann die Tomatenstücke hinzugeben und etwa 20 Minuten mitdünsten. Anschließend das Tomatenmus durch ein feines Sieb streichen, zu einer dicken Paste einkochen und dabei immer wieder rühren. Schließlich die Gewürze sowie den Zucker und den Essig dazugeben und noch einmal alles kurz aufkochen. Etwas abkühlen lassen und dann den Ketchup in sterile Flaschen füllen.

Es lohnt sich, dieses Prozedere einmal auszuprobieren. Nicht nur, weil es von industriellen Nahrungsmitteln emanzipiert. Sondern auch, weil es zu einem schmackhaften Ergebnis führt, das selbst Kinderzungen überzeugt – vor allem dann, wenn man deren Besitzer an der Herstellung des eigenen Ketchups teilhaben lässt.

7. Eier: Vitaminbomben mit Imageproblem

Auch wenn Eier zu Ostern einen besonderen Boom erleben: Sie gehören mit 230 Stück pro Jahr ohnehin zu den beliebtesten Nahrungsmitteln des Bundesbürgers. Mit dem Image der Hühnerprodukte steht es jedoch nicht zum Besten. Nicht nur, dass immer wieder von Schadstoffbelastungen die Rede ist und Hühner oft unter artwidrigen Bedingungen gehalten werden; Ärzte raten auch immer noch herzinfarktgefährdeten Patienten davon ab, zu viele Eier auf den Speiseplan zu setzen. Weil sie nämlich den Cholesterinspiegel nach oben treiben würden.

Die wissenschaftliche Datenlage kann diese These jedoch nicht bestätigen. So zeigen schon aktuelle Zahlen der Bayrischen Landesanstalt für Landwirtschaft: In Japan, China und Frankreich verspeist man weitaus mehr Eier – in Japan sind es etwa 330 Stück pro Jahr! –, und trotzdem ist dort das Infarktrisiko geringer als hierzulande. Die Lebensmittelchemie spricht allerdings auf den ersten Blick erst einmal eine andere Sprache: Mit über 200 Milligramm pro Ei steht es ganz weit oben auf dem Cholesterin-Index. Doch entscheidend ist ja nicht, wie viel schädliche Fette im Ei sind, sondern was davon in unsere Blutbahnen gelangt.

Und das ist eher wenig. Wissenschaftler der University of Missouri-Columbia ließen über hundert Testpersonen drei Monate lang täglich zwei Eier essen. Vor und nach diesem Versuchsabschnitt war das Hühnergelege drei Monate lang vom Speiseplan gestrichen, um einen besseren Vergleich zu haben. Im Ergebnis zeigte sich, dass die Eierdiät den Cholesterinwert der Testesser nur minimal erhöhte, von einer besonderen gesundheitlichen Gefährdung konnte keine Rede sein.

Am Biomedical Research Center im amerikanischen Baton Rouge überwachte man acht Wochen lang nicht nur die Cholesterinwerte, sondern auch das Körpergewicht von 152 übergewichtigen Männern und Frauen, die man vorher auf unterschiedliche Speisepläne eingestellt hatte. Eine Gruppe frühstückte ohne Einschränkung, zwei andere wurden auf Diät gesetzt, wobei die eine zum Frühstück zwei Eier aß und die andere einen Bagel – beide Nahrungsmittel liefern mit 340 Kilokalorien ungefähr gleich viel Energie.

Das Ergebnis: Nur die Probanden der beiden Fastengruppen wurden leichter, doch hier verloren die Eieresser 65 Prozent mehr Gewicht und 35 Prozent mehr Bauchumfang als die Bagelköstler. »Offenbar können Eier«, so Studienleiter Nikhil Dhurandhar, »viel dazu beitragen, dass eine kalorienreduzierte Diät gelingt.« Die Blutfette waren bei beiden Gruppen gleich, das Eier-Cholesterin zeigte also auch hier keine negativen Auswirkungen. Der Grund: Wird viel Cholesterin mit der Nahrung zugeführt, drosselt der Körper die eigene Produktion des berüchtigten Gallenfetts. Ein Mechanismus, der nur ganz selten nicht funktioniert. »Ein Hamburger ist für das Blutcholesterin fünfmal schädlicher als ein Ei«, erklärt Bruce Griffin, Stoffwechsel-Experte an der englischen University of Surrey. Denn der Fastfood-Klassiker enthalte große Mengen ungesättigter Fette, die für den Cholesterinspiegel weitaus problematischer sind.

Andere Studien kamen zu ähnlichen Ergebnissen. Der menschliche Körper ist also offenbar imstande, dem Cholesterinbeschuss der Eier zu widerstehen. Ganz zu schweigen davon, dass der Blutcholesterinwert nur einen von vielen Faktoren im Risikogefüge für den Herzinfarkt darstellt.

Für Allergiker können Eier allerdings wirklich problematisch sein. Gerade Babys und Kleinkinder reagieren oft allergisch. Tröstlich: In 50 Prozent der Fälle verschwindet die Sensibilität noch vor dem Erreichen des sechsten Lebensjahres. Viele Kinder wachsen also aus ihrer Eierallergie heraus. Außerdem verliert das Ei viel von seinem Allergiepotenzial, indem man es kocht oder brät: Nicht wenige Menschen vertilgen problemlos ihr Omelette oder ihren strammen Max, kredenzt man ihnen jedoch einen Cesar-Salat, an dessen Dressing ein rohes Ei kommt, können fulminante Allergien die Folge sein.

Ansonsten bringt der Eierverzehr aus ernährungswissenschaftlicher Sicht eher Vorteile. Denn weil sich aus ihnen der Hühnernachwuchs entwickelt, zählen sie zu den konzentrierten Biostoffbomben des Speisezettels. Wer als Vegetarier auf Fleisch, nicht aber auf Eier verzichtet, braucht keine Sorgen zu haben, jemals vom Fleisch zu fallen. Denn das Ei enthält große Mengen an hochwertigen, also gut für uns verwertbaren Proteinen. Dabei ist es auch unerheblich, wie das Ei zubereitet wird, ob es also im Kochtopf oder in der Pfanne gegart wird. Allerdings sollte die Hitze nicht zu lange wirken. So zeigen Hotelfrühstückseier und industriell vorgekochte Ostereier oft eine blaugrüne Verfärbung am Dotter. Der Grund: Durch eine Hitzeeinwirkung von über zehn Minuten wird im Dotter Eisen freigesetzt, das sich mit dem Schwefelwasserstoff im Eiklar zu Eisensulfid verbindet. Und das hat eine blaugrüne Farbe. Schädlich ist das, bei üblichen Verzehrmengen, nicht – aber appetitlich auch nicht.

Bei den fettlöslichen Vitaminen gehört das Ei zu den Spitzenreitern unter den Lebensmitteln. 2,9 Mikrogramm Vitamin D und 238 Mikrogramm Vitamin A je 100 Gramm werden nur von wenigen Nahrungsmitteln wie etwa Hühnerleber überboten. Spiegeleier enthalten zudem über fünf Milligramm Vitamin E, was allerdings daran liegt, dass es oft mit reichlich Sonnenblumenöl oder anderen Speiseölen zubereitet wird. Und das wirkt sich auch auf den Kaloriengehalt aus. So liefert die Spiegelvariante mit ungefähr 220 Kilokalorien deutlich mehr Energie als Rühr- (173) und Kochei (145).

Wer Probleme mit der Eisen- oder Zinkversorgung hat, kann die ebenfalls per Ei lösen, und mit 10 Mikrogramm Jod kann es sich sogar mit einigen Fischen messen. Bei einem einzigen Vitamin zeigt allerdings das Ei eine unversöhnliche Null: nämlich bei Vitamin C. Wer in den Genuss dieses Biostoffes kommen will, muss auch noch die Salatgarnitur von seinem Omelett vertilgen.

Die Nährstoffwerte des Eis hängen auch von der Zubereitung ab

	Frühstücksei	Spiegelei	Rührei
Vitamin A (in Mikrogramm)	275	260	229
Vitamin E (in Milligramm)	1,95	5,08	3,90
Vitamin D (in Mikrogramm)	2,50	1,60	1,60
Eisen (in Milligramm)	2,10	1,70	1,80
Energie in kcal	145	220	173

Quelle: Bundeslebensmittelschlüssel 3.02, auf 100 Gramm Nahrungsmittel

8. Brot: Ein Steinzeitlebensmittel unter Beschuss

Draußen vor der Höhle lauerte der Säbelzahntiger und trompetete das Mammut, und drinnen in der Höhle roch es nach Schweiß und schlecht abziehendem Rauch. Das Leben vor 30 000 Jahren war kein Zuckerschlecken. Und Marmeladenbrot zum Trost gab es auch nicht. Oder vielleicht doch? Denn dass man damals schon Früchte sammelte und einkochte, ist schon länger bekannt. Und jetzt verdichten sich auch die Hinweise darauf, dass der Steinzeitmensch wohl schon eifrig an seiner Stulle knabberte.

Anna Revedin vom italienischen Institut für Vor- und Frühgeschichte in Florenz hat nämlich altsteinzeitliche Werkzeugfunde aus Italien, Russland und Tschechien untersucht und dabei Stößel und Mörser entdeckt, die eindeutig zum Zermahlen von Körnern, also zur Herstellung von Mehl genutzt wurden. »Und das wurde anschließend sicherlich gekocht oder gebacken«, so die Florentiner Anthropologin, »denn sonst hätte man es ja gar nicht verdauen können.« Das Bäckerhandwerk entstand also nicht erst, als der Homo sapiens sesshaft wurde und Getreide anzubauen begann, sondern bereits zu seiner Jäger- und Sammlerzeit. Und dies ist eine Erkenntnis, die nicht nur für Anthropologen und Historiker bedeutsam ist.

Denn in jüngerer Zeit hört man immer mehr Stimmen, die den Brotverzehr als neuzeitliche Ernährungsform des Menschen brandmarken, die nicht zu seinen ursprünglichen Bedürfnissen passt. Buchtitel wie *Weizenwampe* oder *Dumm wie Brot* stehen in den Bestsellerlisten; und auch die mittlerweile weithin bekannte »Steinzeitdiät« fordert, dass wir die Finger vom Brot lassen sollten, weil wir sonst dick und zuckerkrank würden. Doch die Forschungsergebnisse aus Italien lassen diese Forderungen in einem fragwürdigen Licht erscheinen. Demnach lebte der vorgeschichtliche Homo sapiens nicht vom Jagen und Sammeln allein, sondern auch von gebackenen Mehlprodukten. Wer also tatsächlich eine Steinzeitdiät praktizieren will, sollte den Schinken nicht nur pur essen, sondern ihn auch beizeiten auf eine Scheibe Brot legen.

Hierzu passen wissenschaftliche Erhebungen zu den Nährwerten des Brotes, die keinen Hinweis dafür liefern, dass es ein Dickmacher mit Diabetespotenzial sei. Im Gegenteil! So besticht Vollkornbrot durch seinen hohen Anteil an Ballaststoffen. Dadurch wirkt es als Vorbeuge gegen Verstopfung und Gallensteine sowie erhöhte Cholesterin- und Zuckerwerte im Blut, ganz zu schweigen davon, dass es für einen hohen Sättigungsgrad sorgt. Eine Studie der Boston University zeigte, dass sich das Diabetesrisiko um 18 Prozent senken lässt, indem man sechs Gramm Ballaststoffe pro Tag verzehrt – und mit zwei Scheiben Vollkornbrot wird diese Marke bereits locker überschritten.

Als Vitaminlieferant tritt Vollkornbrot gerade bei den B-Vitaminen (mit Ausnahme von Vitamin B_{12}, das man fast nur in tierischen Produkten findet) und als Mineralquelle vor allem bei Magnesium, Zink, Jod und Fluor in Erscheinung. Sein Fluoranteil liegt bei 135 Mikrogramm. Zum Vergleich: Radieschen haben 80, Mangold 60 und Spargel knapp 50 Mikrogramm, und sie zählen bereits zu den Spitzenreitern in der Fluor-Gemüsetabelle.

Beim Brot muss man auch keine Sorge haben, dass die Mineralien ungenutzt den Verdauungstrakt des Menschen passieren. Denn diese Gefahr besteht zwar bei ihren Rohstoffen, also den Getreidekörnern, weil sie größere Mengen an Phytaten enthalten, die einen Großteil der Mineralien an sich docken, sodass sie unserem Organismus nur eingeschränkt zur Verfügung stehen. Doch beim Zermahlen und Erhitzen steigt ihre Verfügbarkeit wieder an, weil sie aus der Umklammerung der Phytate herausgelöst werden. Die Steinzeitmenschen machten vermutlich ihre ersten Gehversuche im Bäckerhandwerk nur deshalb, um sich nicht an den Körnern müde kauen zu müssen – aber unwissentlich taten sie auch aus ernährungsphysiologischer Sicht damit genau das Richtige.

Am besten für die Verwertbarkeit der Vitalstoffe ist jedoch, wenn man das Mehl zu Sauerteig verarbeitet. Echten Sauerteig wohlgemerkt, der nicht auf künstlichen Säuerungsmitteln, sondern auf den hauseigenen Hefe- und Milchsäurebakterien eines Bäckers basiert. Denn nur die können ein Enzym namens Phytase aktivieren, und hier ist bereits der Name das Programm: Das Enzym baut nämlich bis zu 80 Prozent der Phytate zu Produkten ab, die keinen Einfluss mehr auf die Mineralienverwertung haben. Brot aus echtem Sauerteig liefert also nicht nur viele Mineralstoffe, es sorgt auch für ihre Verwertbarkeit.

In einer Studie der Auburn University (Alabama) verbesserte das Verabreichen des Sauerteigenzyms die Knochendichte von Hühnern, die bekanntermaßen gerne und reichlich Getreidekörner fressen. Der Grund: Das Enzym erleichterte ihnen die Verwertung des Knochenaufbauminerals Calcium. Es gibt keinen Grund zur Annahme, warum dies nicht auch beim Menschen klappen sollte.

Ein weiterer Vorteil des Sauerteigbrotes: Es hält sich länger als andere Brotsorten. Denn seine Milchsäurebakterien produzieren auch Essigsäure und andere organische Säuren, die den meisten Parasiten, wie etwa dem Schimmelpilz, schwer zu schaffen machen. Ganz zu schweigen davon, dass Sauerteig auch einen speziellen Geschmack entfaltet. Denn er bildet beim Gären nicht nur 300 Aromastoffe aus, sondern macht dies auch auf ganz eigene Weise: Tragende Aromaverbindungen wie Methylbutanol und Diacetyl treten in den Vordergrund, während eher unerwünschte Stoffe wie etwa das grasig schmeckende Hexanal zurücktreten. Sauerteigbrote – in Deutschland werden sie meistens aus Roggen-Weizen-Mischungen hergestellt – besitzen dadurch einen eigenen, kräftigen Geschmack, den man auch noch drei Tage nach ihrem Aufschneiden schmecken kann, während andere Brote eher undifferenziert und nichtssagend schmecken – und nach zwei Tagen selbst davon kaum noch etwas übrig ist.

Gründe genug also, sich für einen Bäcker zu entscheiden, der noch seinen eigenen Sauerteig verwendet. »Am besten, man fragt in der jeweiligen Bäckerei konkret dazu nach«, rät Michael Isensee, der für das Institut für die Qualitätssicherung von Backwaren (IQBack) als Tester arbeitet. Ansonsten geben natürlich auch die Backwaren selbst Aufschlüsse über ihre Qualität. Ein gutes, aus Sauerteig hergestelltes Roggenbrot (aus mindestens 90 Prozent Roggenmehl) etwa erkennt man daran, dass die Krume weich und trotz ihrer Lockerheit keine Tendenz zum Bröseln zeigt. Außerdem fühlt sie sich durch ihre Feuchtigkeit geradezu kühl an, wenn man sie berührt. »Es gibt Kunden, die sich dann beschweren, weil das Brot doch aus dem Tiefkühlschrank stammen muss«, berichtet Isensee. »Dabei fühlt es sich nur deshalb so kühl an, weil es eben ein gutes Brot ist.«

9. Kaffee: Baldrianersatz oder harntreibender Muntermacher?

So wie Ei und Brot gehört auch der Kaffee zu den Standardzutaten eines Frühstücks, und das nicht nur in Deutschland. Trotzdem hat er – und damit hat er schon weitaus länger zu kämpfen als Ei und Brot – ein eher negatives Image. Denn er führt schneller zu anregenden Effekten als Tee, weswegen er seit vielen Jahren im Verdacht steht, eigentlich kein Genussmittel, sondern eine Droge zu sein. Nach dem Motto: Was schnell wirkt, muss auch gefährlich sein. Schon 1674 richtete eine Frauenorganisation eine Petition an das englische Parlament, in der man die Befürchtung zum Ausdruck brachte, dass »dieses austrocknende und schwächende Getränk« die Männer unfruchtbar machen würde »wie die Wüsten, aus denen diese unglückselige Frucht kommt«.

Das Gerücht von der Austrocknung hält sich bis heute. Noch immer gilt Kaffee als entwässernder »Harntreiber«, werden wir besonders im Sommer gewarnt, den Kaffee als Plus auf unsere Flüssigkeitsbilanz zu rechnen, da er das Wasser, das er uns zuführt, gleich wieder abführt. Ein Ratschlag, der offenbar an der Realität vorbeigeht. Ernährungsmediziner Olaf Adam von der Ludwigs-Maximilians-Universität München hat die wissenschaftlichen Daten zu dem Thema gesichtet, und sein Urteil fällt eindeutig aus: »Kaffee ist ein wichtiger Teil der täglichen Gesamt-Wasserzufuhr. In der Flüssigkeitsbilanz kann er in aller Regel so wie jedes andere Getränk behandelt werden.« Und: »Die Geschichte vom Kaffee als Flüssigkeitsräuber beruht auf einem Irrtum, sie ist eine Mär.«

Wahr ist vielmehr, dass Kaffee zwar die Harnausscheidung anregt, andererseits aber auch die Natriumabgabe über die Nieren stimuliert. Und das hat Konsequenzen auf den Flüssigkeitshaushalt im Körper: Der Wasseranteil zwischen den Zellen sinkt, doch weil gleichzeitig auch der Natriumwert abfällt, zieht der Zellzwischenraum kein Wasser aus dem Inneren der Zellen, wo das Wasser viel wichtiger ist. Dieses Phänomen erklärt sich aus dem physikalischen Phänomen der Osmose, wonach Flüssigkeiten links und rechts einer wasserdurchlässigen Membran nur dann etwas von nebenan holen, wenn sie zu viel Salz intus haben. Doch das ist eben beim Kaffee nicht der Fall, weil er nicht nur Wasser, sondern auch Salz aus dem interzellulären Raum zieht. Es kann sich kein osmotischer Druck entwickeln – und die Zellen geben kein Wasser an ihre Umgebung ab.

Zudem gewöhnen wir uns auch an den harntreibenden Effekt von Kaffee und seinem anregenden Alkaloid und Hauptwirkstoff, dem Koffein. »Der Mensch kennt sie schon sehr lange«, erklärt Adam. Der Kaffee wurde bereits im 15. Jahrhundert erfunden, und der ebenfalls koffeinhaltige Tee sogar schon weit vor unserer Zeitrechnung. Weswegen unser Körper keine Probleme damit hat, seine Reaktionen auf das Alkaloid zu dämpfen. Wer also *regelmäßig* Kaffee trinkt, spürt nach einer Tasse kaum noch einen verstärkten Drang zur Toilette.

Auch in anderer Hinsicht hat Kaffee nicht die schädlichen Wirkungen, die ihm gerne zugesprochen werden. Auf einem Kongress der American Heart Association wurde eine Studie vorgestellt, deren 187 Teilnehmer in drei Gruppen eingeteilt wurden: Die eine trank drei bis sechs Tassen normalen Kaffee, die zweite dieselbe Menge an entkoffeiniertem Kaffee und die dritte trank gar keinen Kaffee. Drei Monate später der Befund: Alle drei Gruppen zeigten keine unterschiedlichen Entwicklungen hinsichtlich ihrer Insulin- und Blutzuckerwerte, die These vom Kaffee als Diabetesrisiko konnte also nicht bestätigt werden. Dafür zeigten aber die Trinker des *entkoffeinierten* Kaffees einen deutlich erhöhten LDL-Cholesterinspiegel, und auch andere Blutwerte, deren Erhöhung als Risiko für Herzinfarkte und Schlaganfälle gilt, gingen deutlich nach oben. Mit anderen Worten: Nicht der Originalkaffee, sondern seine koffeinfreie Variante erhöht das Risiko für Herz-Kreislauf-Erkrankungen. »Ein absolut überraschendes Ergebnis«, wie Studienleiter Robert Superko vom Piedmont-Mercer Center in Atlanta betont. Denn eigentlich hätte man, wenn überhaupt, die nachteiligen Effekte für die Koffein-Variante vermutet.

Superko vermutet, dass der »entschärfte« Kaffee deshalb so schlecht abgeschnitten hat, weil er von einer Kaffeesorte namens »Robusta« gewonnen wird. Sie stellt etwa 30 Prozent der weltweiten Kaffeeproduktion und ist bei Plantagenbesitzern sehr beliebt, weil sie, wie schon der Name erahnen lässt, überaus robust ist, sodass ihr der Entkoffeinierungsprozess geschmacklich kaum etwas anhaben kann. Im Unterschied zum »Kaffee Arabica«, der in der Regel zur Herstellung konventionellen Kaffees verwendet wird. Offenbar scheint jedoch der robuste Typ auch Stoffe zu enthalten, die das Risiko für Herz-Kreislauf-Erkrankungen erhöhen. Superko vermutet, dass es sich dabei um Kaffeeöle handelt. »In jedem Fall aber zeigt unsere Studie«, so der Kardiologe, »dass man vorsichtig sein sollte, bevor man ein Getränk aufgrund eines bestimmten Wirkstoffs als gesundheitsschädlich abstempelt und die Befreiung von diesem Stoff als Lösung für dieses Problem sieht.«

Aber diese Warnung sollte man nicht nur für die angeblichen gesundheitsschädlichen Effekte beherzigen. So gilt Kaffee weithin als Muntermacher, der beispielsweise nach einer langen Nacht mit reichlich Alkoholgenuss schnell wieder auf die Beine hilft und sogar wieder für Fahrtauglichkeit sorgt. Doch auch diese Hoffnung ist trügerisch.

Ein amerikanisches Forscherteam von der Northern Kentucky University überprüfte das Reaktionsvermögen von 80 Personen im Alter von 18 bis 40 Jahren, die zuvor ein wirkungsloses Plazebo-Getränk oder aber drei unterschiedlich große Mengen eines koffeinierten Softdrinks verzehrt hatten. Die Probanden sahen auf einem PC-Monitor eine Folge von Bildern und sollten jedes Mal, wenn grüne Gegenstände auftauchten, auf eine bestimmte Taste drücken. Das Ergebnis: Nur die Gruppe mit dem geringsten Koffeinkonsum zeigte eine wirklich relevante Verkürzung der Reaktionszeit um fast zehn Millisekunden. In der Gruppe mit den hohen Koffeinwerten reagierte man hingegen kaum besser und manchmal sogar schlechter als sonst. Was im Fazit bedeutet: Wer sich müde fühlt und das mit besonders viel Kaffee bekämpft, macht genau das Falsche. Denn eine Tasse reicht völlig.

In einem anderen Test kombinierten die Wissenschaftler koffeinhaltige Drinks mit Alkohol – und hier versagten sie völlig. Keine Spur davon, dass sie den durch Wein, Bier oder Schnaps erzeugten Nebel lichten könnten. Die Probanden zeigten vielmehr, wie Studienleiterin Cecile Marczinski betont, bei ihren Tests eine enorme Langsamkeit und Fehlerquote, »obwohl sie vom Gegenteil überzeugt waren und angaben, sich frisch und munter zu fühlen«. Wer also seinen Kater mit einer Kanne Kaffee bekämpft, schafft eine gefährliche Distanz zwischen dem, was er sich geistig-körperlich zutraut, und dem, was er geistig-körperlich wirklich leisten kann. Er sollte sich in die U-Bahn setzen und darüber freuen, dass er wach genug ist, um an der richtigen Haltestelle auszusteigen – aber als Autofahrer gehört er mit seiner starken Tendenz zur Selbstüberschätzung eher in die Sicherheitsverwahrung.

Der Kaffee als Trägmacher-Droge, die allenfalls einen Schein von Wachheit bringt, aber nicht wirklich munter macht: In letzter Zeit häufen sich die Hinweise darauf, dass Deutschlands beliebtestes Frühstücksgetränk – jeder Bundesbürger trinkt durchschnittlich 150 Liter pro Jahr! – ganz anders wirken kann, als man ursprünglich von ihm erwartet.

So berichten Psychiater, dass Erwachsene mit ADS (dem Aufmerksamkeitsdefizit- oder Zappelphilipp-Syndrom) nach dem Verzehr von Koffein »geradezu paradox« reagieren und oft viel ruhiger werden als sonst. Sie sollten daher vor einer Operation den Anästhesisten ausdrücklich auf dieses Paradox hinweisen. Denn bei ihnen könnte etwa die Tasse Kaffee nach dem Aufwachen aus der Narkose dazu führen, dass sie zurück in den Schlummer fallen.

Die Essener Neurologin Dagny Holle rät einigen ihrer Kopfschmerz-Patienten sogar, unmittelbar vor der Nachtruhe einen kräftigen Kaffee zu trinken, damit sie in den Schlaf finden. Dann nämlich, wenn sich ihre Schmerzattacken auf die Zeit zwischen null und vier Uhr morgens konzentrieren, wie es etwa bei einigen Migräneformen der Fall ist. Der Kaffee fungiert hier als Prophylaxe, indem er die problematischen Adern im Kopf erweitert und dadurch die typischen Gefäßengstellungen einer Migräne auffängt. Aber er kann auch ohne Kopfwehattacken wie eine Schlafkeule wirken. So berichten gerade ältere Menschen davon, dass ihnen ein Kaffee vor der Nachtruhe nichts ausmachen würde – und sie sogar Schlafprobleme hätten, wenn sie darauf verzichten würden.

Bleibt die Frage, warum ein als Muntermacher bekanntes Getränk wie Baldrian wirken kann. Darauf gibt es vor allem zwei Erklärungen. Die eine beruht auf dem biologischen Prinzip der Homöostase, dass jeder Organismus in sich ein Gleichgewicht der Kräfte schaffen will. Wenn er durch ADS oder Alkohol schon erregt ist, will er sich durch Koffein nicht noch weiter – möglicherweise sogar bis zur Totalerschöpfung – hochpushen, er zieht die Notbremse und gibt stattdessen die Signale zur Beruhigung.

Der zweite Erklärungsansatz liegt in der besonderen Wirkungsweise von Koffein. Es blockiert nämlich einen Stoff namens Adenosin, der seinerseits die Ausschüttung anregender Neurotransmitter hemmt wie etwa Dopamin und Adrenalin. Es kursieren dann also mehr anregende Hirnbotenstoffe, was letzten Endes mehr Wachsamkeit bedeutet. Andererseits vergrößern diese Substanzen auch den Querschnitt der Blutgefäße und Atemwege, und das geschieht in der Regel sehr schnell. Was konkret bedeutet, dass Koffein zunächst den Blutdruck und die Atemfrequenz senkt – was viele Menschen als beruhigend empfinden – und erst 15 bis 20 Minuten später das Gehirn unter Hochspannung setzt. Auf diese Weise kann dann die Tasse Kaffee unmittelbar vor der Bettruhe tatsächlich beruhigen; doch wer danach zu lange wartet, bis er ins Bett geht, riskiert eine schlaflose Nacht.

Auch auf Konzentration und Lernfähigkeit wirkt Kaffee keineswegs eindeutig, einfach deshalb, weil die von ihm mobilisierten Neurotransmitter in dieser Hinsicht recht unterschiedlich arbeiten. Denn während Dopamin das Denkvermögen anregt, zielt Adrenalin als typisches Stresshormon auf die Verbesserung der unmittelbaren Reflexe. Eigentlich verträgt sich das nicht – es sei denn, man schafft Lernsituationen, die nur eines von beiden zulassen. »Koffein unterstützt das kontemplative, ziellose Lernen«, erklärt die französische Hirnforscherin Astrid Nehlig. »Doch es hat keinen Effekt, wenn das Lernen intentional einen bestimmten Zweck verfolgt.« Wer also entspannt ein Buch liest und dabei Kaffee trinkt, wird vieles von dem Gelesenen in seinem Gedächtnis verankern. Wer hingegen angespannt fürs Examen büffelt, hat bereits viele Stresshormone im Blut und sollte daher besser auf zusätzliche, koffeininduzierte Adrenalinschübe verzichten.

Langfristig aber wirkt regelmäßiger Kaffeegenuss durchaus als Schutz vor Alzheimer und Demenz, und eine Studie der University of South Florida erklärt auch, woran das liegt. Demnach erhöht das Bohnengetränk den Blutspiegel eines Wachstumsfaktors, der Stammzellen aus dem Rückenmark dazu anregt, ins Gehirn einzuwandern und dort die Bildung der für Alzheimer typischen Amyloid-Plaques zu verhindern. »Vermutlich rührt aber dieser Effekt weniger vom Koffein selbst als von einer anderen Komponente des Kaffees, die sich mit dem Koffein verbindet«, berichtet Studienleiter Chuanhai Cao. Was gleichsam bedeutet, dass man mit anderen koffeinhaltigen Getränken wie etwa Cola oder Energy-Drinks keinen Alzheimer-Schutz aufbaut.

Bei Depressionen zeigt sich hingegen wieder das Janus-Gesicht des Kaffees. »In niedrigen Dosierungen schützt er vor Stimmungsschwankungen, in hohen Dosierungen hingegen kann er sie provozieren«, betont Diego Lara von der katholischen Pontificia Universität in Porto Alegre. Der Grund: Hoch dosiertes Koffein kann gerade bei Menschen, die nicht daran gewöhnt sind, zu Ängsten führen, die bekanntermaßen in einem Stimmungsloch enden können. Wer hingegen, so der brasilianische Psychiater weiter, bei vier Tassen pro Tag bleibt, sorgt eher für psychische Stabilität.

In einer aktuellen Erhebung der Harvard School of Public Health zeigten Kaffeetrinker ein bis zu 20 Prozent verringertes Risiko für Depressionen, und die Quote wäre wohl noch niedriger ausgefallen, wenn sie gesünder gelebt hätten. Doch das taten sie nicht. Die amerikanische Studie zeigte vielmehr, dass Kaffeekonsumenten zu einem ungesunden Lebensstil neigen: Sie rauchen öfter, trinken mehr Alkohol und sind weniger in soziale Gemeinschaften eingebunden, die ihre Psyche stützen könnten.

Was aber nicht dazu führen sollte, dieses suchtanfällige und sozialschwache Verhalten als Folge des Koffeinkonsums zu bewerten. So konnte Hirn-Forscherin Nehlig in ihrem Labor »keine Hinweise auf ein Abhängigkeitspotenzial finden«, denn die für Süchte zuständigen Neuronenbereiche werden durch Koffein erst in extrem hohen und alltagsunüblichen Dosierungen angesprochen. Was konkret bedeutet: Kaffee macht nicht süchtig, aber es sind vor allem suchtanfällige Menschen, die ihn gerne trinken. Und dass er nicht asozial macht, zeigt schon die bloße Alltagsbeobachtung. So werden im legendären Kaffeeklatsch zwar nicht unbedingt intellektuelle Spitzenleistungen vollbracht – aber gesellig geht es dabei allemal zu.

10. Milch: Als Joghurt ist sie besser

Etwa 7000 Jahre ist es her, als die ersten Menschen neben Ziegen und Schafen auch Kühe über die damals noch grüne Sahara trieben, um sich an deren Milch zu bedienen. Und das, obwohl die afrikanische Bevölkerung zu dieser Zeit schon größtenteils an einer Laktoseintoleranz, also an einer Unverträglichkeit gegenüber Milchzucker litt – sie verstand sich offenbar schon auf Vergärungsmethoden, mit denen sich der Milchzucker auf ein erträgliches Niveau herunterstutzen lässt. In jedem Fall aber zählt Kuhmilch zweifelsohne zu unseren traditionsreichen Nahrungsmitteln, genauso wie Obst, Eier und Fleisch.

Allerdings fokussierte sich ihr Einsatz lange Zeit auf vergorene Produkte wie etwa Butter, Joghurt, Kefir und Käse und weniger auf die Milch selbst. Nicht nur wegen ihrer Laktose, sondern auch wegen ihrer abenteuerlich kurzen Haltbarkeit, ihrer extremen Anfälligkeit für schädliche Keime. Die Milch selbst schaffte ihren Durchbruch als Grundnahrungsmittel erst mit der Entwicklung von Kühltechnik und Pasteurisierung, also Ende des 19. Jahrhunderts. Als im Jahr 2013 ein niedersächsischer Landwirt durch den Verzehr von Rohmilch an Tuberkulose erkrankte, die hierzulande eigentlich schon lange ausgestorben ist, reichte das zwar nicht aus, um wieder eine Tbc-Epidemie anzustoßen. Aber es erinnerte daran, wie fragil

Milch als Naturprodukt ist und wie wichtig seine industrielle Verarbeitung für die öffentliche Krankheitsprävention ist. Nichtsdestoweniger gibt es auch skeptische Stimmen. Sie sehen in der modernen Molkereitechnik nicht nur die Verfälschung eines Naturprodukts, sondern auch ein erhebliches Gesundheitsrisiko.

Mitte der 1980er entdeckten nämlich dänische Eltern, dass ihre Kinder nur auf molkereitechnisch verarbeitete, nicht aber auf unbehandelte Milch allergisch reagierten. Dies nahmen Forscher des skandinavischen Landes zum Anlass, entsprechende Studien an Labormäusen durchzuführen. Es zeigte sich, dass homogenisierte Milch die Tiere deutlich allergischer reagieren ließ. Im Jahr 2001 veröffentlichte Josef Riedler vom Kardinal Schwarzenberg'schen Krankenhaus im österreichischen Schwarzach die Ergebnisse einer Studie an Kindern, die im ländlichen Raum aufwuchsen. Darin entwickelten die Teilnehmer, die im ersten Lebensjahr regelmäßig unbehandelte Frischmilch getrunken hatten, im Kindergartenalter deutlich seltener Asthma und Allergien als jene Kinder, die erhitzte Milch getrunken hatten.

Seitdem kursiert vor allem in Internetforen die These, wonach die Zunahme der Milchallergien in den letzten Jahrzehnten – derzeit sind zwei bis drei Prozent der Kinder davon betroffen – damit zu erklären sei, dass man das Kuhprodukt hierzulande überwiegend in homogenisierter Form trinkt. Eltern sollten daher darauf achten, nur unverarbeitete Milch mit dem Hinweis »nicht homogenisiert« einzukaufen, die es in Biomärkten, Reformhäusern und manchmal auch in Supermärkten gibt.

Manfred Huss von der Forschungsmolkerei der Universität Hohenheim hält solche Aussagen jedoch für übertrieben: »Es gibt keinen Hinweis darauf, dass mit der Einführung der Homogenisierung tatsächlich die Zahl der Milchallergiker hochgegangen ist.« Man solle außerdem nicht voreilig von Tierversuchen auf den Menschen schließen, denn Mäuse seien von Natur aus keine klassischen Milchtrinker. Und wenn Trinker von »farm-milk« seltener an Allergien erkranken, könnte dies auch daran liegen, dass ihr Immunsystem durch den erhöhten Keimgehalt der Rohmilch besser eingestellt sei und weniger überschießende Reaktionen zeige: »Dann aber wäre ja die homogenisierte Milch nicht das Allergieproblem, sondern die unbehandelte Milch ein Trainingsreiz für das Immunsystem, der gleichzeitig ein ziemliches Infektionsrisiko bedeutet.«

Prinzipiell ist es allerdings durchaus möglich, dass homogenisierte Milch ein höheres Allergierisiko besitzt. Denn Homogenisierung heißt, dass die Fettkügelchen in der Milch zerkleinert werden. Was nicht nur verhindert, dass sich ein Fettrahm an der Oberfläche absetzt, sondern auch für eine bessere Verdaubarkeit sorgt – und darin liegt möglicherweise das Problem. Denn wenn man eine Substanz zu kleinen Kugeln verarbeitet, bekommt sie insgesamt eine größere Oberfläche, sodass sie mehr Kontakt zu den Darmschleimhäuten bekommt. Aus Laborversuchen weiß man außerdem, dass sich durch kurzfristige Erhitzung, wie sie etwa beim Pasteurisieren üblich ist, vor allem die Caseinmoleküle der Milch mit den Fettwinzlingen zusammentun – und die gelten als Milchallergen Nr. 1. Was im Endeffekt bedeuten könnte, dass die Milchverarbeitung dazu führt, dass sich ausgerechnet das potenteste Allergen leichter als sonst in den Körper einschmuggeln kann.

Das Bundesinstitut für Risikobewertung (BfR) sieht daher noch reichlichen Forschungsbedarf. Die vorliegenden Daten würden zwar »keine ausreichende Begründung oder tragfähige Erkenntnisse« liefern, die eine Zunahme der Milchallergenität durch industrielle Verarbeitungsmethoden belegen würden, aber umgekehrt gebe es auch keine eindeutigen Entlastungsbeweise. Der Kunde muss also noch eine Weile warten, bis gesicherte Daten zu dem Problem vorliegen.

Bis dahin sollte der Verbraucher sich überlegen, ob er nicht ohnehin zu fermentierten Milchprodukten anstatt zur Milch greift, wie es schon zu archaischen Zeiten der Menschheitsgeschichte üblich war. Denn speziell Produkte mit probiotischen Bakterien- und Hefekulturen wie Joghurt und Kefir haben nicht nur den Vorteil, dass in ihnen das Laktoseproblem gelöst ist (zum Thema Laktose siehe Kapitel 1.2). Sie enthalten infolge der in ihnen stattfindenden Stoffwechselvorgänge auch mehr Vitamine, und aufgrund ihres Einflusses auf die Darmflora »dirigieren« sie die Immunabwehr, das Entzündungsgeschehen und den Stoffwechsel im Körper.

Vitamine von Milch und Naturjoghurt im Vergleich

	Milch (3,5 % Fett)	Joghurt (vollfett)
Vitamin A (in Mikrogramm)	28	30
Vitamin D (in Mikrogramm)	0,06	0,06
Vitamin B_{12} (in Milligramm)	0,4	0,5
Niacin (in Milligramm)	0,8	1,6
Folsäure (in Mikrogramm)	5	10

Quelle: Heseker, Beate und Helmut, »Nährstoffe in Lebensmitteln«, Sulzbach, 2013/alle Werte auf 100 Gramm Lebensmittel

Wissenschaftler der Universität Cambridge ermittelten, dass Menschen mit einem wöchentlichen Joghurtverzehr von 625 Gramm ein um 28 Prozent niedrigeres Diabetesrisiko besitzen als ein

Joghurtabstinenzler. In einer australischen Studie, die unter Kerry Ivey von der Curtin University in Perth durchgeführt wurde, entwickelten Joghurtesserinnen (mehr als 100 Gramm pro Tag) über einen Zeitraum von fünf Jahren ein Viertel weniger Blutgefäßschäden als jemand, der das milchsaure Produkt gar nicht auf seinem Speiseplan hatte. Mögliche Erklärung für diesen Effekt: Die mikrobiotischen Kulturen wirken entzündungshemmend und blockieren dadurch krankhafte Veränderungen an den Blutgefäßwänden.

Zudem bindet der Verzehr von zuckerfreiem Joghurt faulig riechende Schwefelwasserstoffe, die zu den Hauptauslösern des Mundgeruchs zählen. Seine Milchsäurebakterien verdrängen aber auch mikrobiologische Schädlinge aus dem Mundraum, sodass es seltener zu Zahnverfall und Zahnfleischerkrankungen kommt. Und diese Verdrängungsstrategie greift laut einer Studie der Universität Taiwan auch im Magen, wo die Joghurtkulturen den berüchtigten Helicobacter-Keim an seiner Entfaltung hindern. Als Dosis empfehlen die Wissenschaftler 200 Gramm Joghurt pro Tag.

Bleibt festzuhalten, dass für all diese Effekte keine Farb- und Geschmacksstoffe, aber auch keine speziellen Joghurtkulturen und pharmazeutischen Zubereitungen benötigt werden. Die alte Befürchtung, dass die klassischen Joghurtkulturen es gar nicht bis in den Darm schaffen würden, ist mittlerweile widerlegt. »Einige von ihnen werden zwar durch die Magensäure zerstört«, erklärt Ernährungsmediziner Stephan Bischoff von der Universität Hohenheim, »doch einem Teil von ihnen gelingt auch die Passage bis hinunter zum Darm.« Wie groß der ist, hängt wesentlich von den verzehrten Mengen ab und von deren Verpackung. »Verkapselte Kulturen überstehen die Magenpassage natürlich besser«, erklärt Bischoff, »aber die Joghurtmatrix bietet ebenfalls einen stabilen Schutz.« Deshalb könnten auch preiswerte Naturjoghurts – gesetzt den Fall man verzehrt täglich eine Packung von mindestens 150 Gramm davon – durchaus einen Effekt erzielen.

Allerdings können die Kulturen von Joghurt zu Joghurt recht unterschiedlich zusammengesetzt sein, und da weiß man nicht, welche davon zu welchem Menschen passt. Eine entsprechende Deklarationspflicht gibt es für Joghurts und selbst für spezielle probiotische Produkte nicht. Der Kunde muss also selbst ausprobieren, was ihm gut tut. Und er muss den Joghurt täglich essen. Denn die Bakterien werden auch wieder ausgeschieden und müssen »erneuert« werden.

KAPITEL 3

Die Wahrheit zu Bio- und Regiokost

*In den Regalen der Supermärkte und Discounter
finden sich immer mehr Lebensmittel mit Biolabel und
dem Hinweis »Aus der Region«. Doch die wenigsten
bioregionalen Produkte sind vom Bauern um die Ecke,
sie haben weite Wege hinter sich, enthalten teils
ungesunde Zusatzstoffe und sind oft hoch verarbeitet.
Dass sie stets gesünder sind und besser schmecken,
kann nicht verallgemeinert werden. Es gilt, die Spreu
vom Weizen zu trennen.*

1. Bio ist nicht gleich bio. Ein Wegweiser durch den Biodschungel

Das Angebot ist riesig. Knackiges Obst und frisches Gemüse gibt es en masse, eine Theke für Käse, eine für Wurst und eine für Fleisch. In den Regalen stehen zahlreiche Sorten Nudeln und Reis, Müsli und Kekse. In den Kühltruhen liegen Tiefkühlpizzen, Chicken Wings und Kartoffelpuffer, gefrorenes Gemüse und diverse Sorten Eis. Vegane Brotaufstriche und Bratstücke, glutenfreie Produkte wie zum Beispiel Brot, Nudeln oder Mandelhörnchen und auch Produkte für Kinder und Schwangere sind überall präsent. Rund 5000 verschiedene Biolebensmittel gibt es in einem klassischen Biosupermarkt. Manchmal auch viel mehr. Alles ist bio. Alle Produkte tragen ein Biosiegel, das für gute Bioqualität steht.

Auch bei Aldi, Lidl, Norma, Penny und Co., also in den klassischen Discountern, findet man diverse Bioprodukte. Ebenfalls mit Biolabel. Je nach Markt sind es mal 30, mal 100 Produkte. Vor allem Basics in verschiedenen Geschmacksrichtungen sind hier zu finden, Milch und Joghurt, Nudeln und Müsli, Marmelade, Kaffee, Tee und Honig. Lebensmittel, die im Fachjargon »Schnelldreher« heißen, weil sie gut gehen, sich also schnell verkaufen lassen. Außerdem haben sie in der Regel eine gute Haltbarkeit und somit kein Lagerrisiko. Keine Feinkostsalate also, keine frische Milch und auch kein Kuchen vom Blech.

Doch ist tatsächlich überall bio drin, wo es draufsteht? Und ist Bioessen von Aldi etwas anderes als das aus dem Biosupermarkt?

Oft ist Discount-Bio so unschlagbar billig, dass Verbraucher stutzig werden. Beim Discounter kostet die Tüte Biokartoffeln (2,5 Kilo) knapp drei Euro. Im Biosupermarkt muss man für dieselbe Menge 3,99 bezahlen. Mit der Milch ist es nicht anders: Einen Euro kostet sie im Discount, 1,20 Euro im Biosupermarkt.

Kann man also Billigbio mit dem teureren Bio vergleichen?

Fragt man Verbraucher, ob sie dem Bioangebot vom Discounter trauen, sagen laut dem »Öko-Barometer« der Bundesregierung nur 13 Prozent »Ja«. Das liegt am Billigimage der Discounter, das mit hochwertigen Biolebensmitteln nicht zusammengeht. Auch Kunden, die Bioprodukte in konventionellen Supermärkten wie Rewe oder Edeka kaufen, sind misstrauisch, was die Qualität betrifft. Hier vertrauen nur 14 Prozent dem Bioangebot. Ihr Vertrauen gilt den Erzeugern, Naturkostläden, Biosupermärkten und Reformhäusern. Einkaufen gehen sie trotzdem bei den Billigheimern, auch Bioprodukte nehmen sie gerne mit.

Ob »Gut Bio« von Aldi Nord, »BioBio« von Netto oder auch Bioeigenmarken der (Bio-)Supermärkte, alle Ökoprodukte werden nach den Richtlinien der EU-Öko-Verordnung hergestellt. Das heißt, synthetische Dünge- und Spritzmittel sind auf dem Acker tabu. Schweine, Rinder und Hühner werden ohne den vorbeugenden Einsatz von Medikamenten aufgezogen. Die Tiere sollen die Möglichkeit haben, sich im Stall frei zu bewegen oder sich im Freien aufzuhalten und so die Abwehrkräfte stärken. Gentechnisch verändertes Futter ist nicht gestattet. Bei der Verarbeitung der Rohstoffe zu Brot, Joghurt, Wurst und Käse, Pizza und Fertigmenüs ist nur ein Bruchteil der in der EU zugelassenen Zusatzstoffe erlaubt. Aktuell sind es fast 50 Zusatzstoffe.

Ein mehrstufiges Kontrollsystem soll sicherstellen, dass hier nicht geschummelt wird. Mindestens einmal im Jahr bekommt ein Biobetrieb Besuch von einem Kontrolleur, außerdem gibt es unangemeldete Inspektionen, insbesondere auf Geflügelhöfen, die in den vergangenen Jahren immer wieder in die Kritik geraten sind. Bei den Kontrollen wird geprüft, ob Pestizide oder unerlaubte Düngemittel auf dem Hof herumstehen, ob die Haltung der Tiere zu ihrem Wohl ist, die Verarbeitung sachgerecht und im Einklang mit der EU-Bio-VO erfolgt. Alle Produkte, die die europäischen Ökovorgaben erfüllen, können das grüne EU-Bio-Blatt und das nationale Biosiegel tragen (siehe Übersicht auf Seite 141 f.).

Dennoch ist bio nicht gleich bio. Es gibt Normal-Bio und Premium-Bio: Neben den europäischen Vorgaben existieren die Richtlinien der Anbauverbände. Hierzulande gibt es neun Bioverbände: Demeter, Bioland, Naturland, Biokreis, Gäa, Biopark, Ecoland, Verbund Ökohöfe und Ecovin. Sie haben Richtlinien entwickelt, die über die Vorgaben der EU-Bio-VO hinausgehen. So darf auf einem Demeter- oder Biolandhof ausschließlich Ökolandwirtschaft betrieben werden. Ein Nebeneinander von bio- und konventioneller Landwirtschaft ist nicht zulässig. Anders die europäischen Biovorgaben, die dies zurzeit noch gestatten. Erst frühestens ab 2016 soll damit Schluss sein. Dann soll das Wirtschaften von bio und konventionell in einem Betrieb nicht mehr erlaubt sein. Denn es birgt Risiken. Werden auf einem Hof beide Anbauformen praktiziert, können sich Produkte vermischen. Biorohware wird also versehentlich mit Pestiziden besprüht oder beim Verladen mit herkömmlichen Produkten gemischt.

Auch fordern die Bioanbauverbände, dass ausschließlich Biofutter im Trog landet. Das wiederum muss zum Großteil vom eigenen Hof kommen. Die EU-Öko-Bauern dürfen auch Futter zukaufen und in Ausnahmefällen sogar auf herkömmliches Futter zurückgreifen, so es nicht genügend Biofutter gibt. Das birgt das Risiko, dass die Tiere versehentlich belastetes Futter erhalten. Auf diese Weise können dann auch Gentechnikrückstände in den Trog gelangen. Auch hier sind Änderungen geplant, jedoch müssen sich die EU-Länder erst einmal einigen. Und das kann dauern.

Nicht zuletzt dürfen dem Futter der nach dem EU-Öko-Standard gehaltenen Tiere Zusätze beigemischt werden, etwa Spurenelemente wie Eisen, Selen oder Jod. Der Silage können auch Konservierungsstoffe wie Propion- und Ameisensäure zugesetzt werden. Im traditionellen Biolandbau ist das nicht erlaubt.

Auch bei der Herstellung von Käse, Brot, Wurst und Wein hängen die Mitglieder der Anbauverbände die Latte höher als die EU-Öko-Vorgaben. Für die einzelnen Produktgruppen sind immer nur bestimmte Verfahren zugelassen, die Zahl der Zusatzstoffe ist stark reglementiert. Demeter erlaubt 13 Zusätze, Bioland rund 20. Und weniger Zusatzstoffe garantieren mehr Qualität.

Dafür ist mehr Handarbeit nötig, und auch die Zeit, die ein Käse reift und ein Brotteig geht, ist länger. In den EU-Vorschriften wurde die Verarbeitung von Bioprodukten hingegen nicht verbindlich geregelt.

Produkte mit Bioland- oder Demeterlogo findet man vor allem in Naturkostfachgeschäften und Biosupermärkten. Demeter-Produkte würden nur in Biofachgeschäften verkauft, nicht bei Discountern, erklärt Demeter-Sprecherin Renée Herrnkind. Man wolle nicht, dass die hochwertigen Produkte bei Discountern verramscht werden. Ähnlich argumentiert auch Bioland. Das Verbandszeichen gebe man nicht für Discountprodukte her, erklärt Thomas Dosch, der langjährige Chef von Bioland Deutschland und heutige Abteilungsleiter im niedersächsischen Landwirtschaftsministerium. Bioland stehe für ein faires Miteinander der Erzeugungskette, also von Landwirten, Verarbeitern, Herstellern und Handel. Die Discounter entscheiden allein nach dem Preis. Wer nicht mithalten könne, fliege raus.

Die Preise für Bioware liegen darum immer etwas höher als die der Bioprodukte vom Discounter. Zum einen, weil die Qualitätslatte bei den Billigheimern nicht so hoch gehängt wird, also vor allem EU-Bio-Qualität verkauft wird. Aber auch, weil die großen Märkte in riesigen Mengen einkaufen. Da lassen sich mit den Erzeugern andere, günstigere Preise aushandeln.

Doch auch ein Teil des Biosortiments im Biosupermarkt und im Naturkostfachgeschäft ist »nur« EU-Bio. Hier verrät das Etikett einiges über die Qualität.

Ist auf der Salatsauce oder Nudelpackung das europäische Biozeichen abgebildet, bedeutet es: Das Produkt erfüllt die Mindestanforderungen an Bioprodukte. Finden Verbraucher darauf auch das Logo von Demeter, Naturland oder Bioland, entsprechen die verwendeten Rohstoffe und die Verarbeitung zusätzlich den Vorgaben eines Anbauverbands. Das heißt in der Regel: Erzeugung nach höchsten Ansprüchen, Tierschutz und wenige Zusatzstoffe im Endprodukt.

Dennoch: Es ist gut, dass es die EU-Bio-Verordnung gibt. Sie garantiert eine Mindestqualität und beugt Bioschwindel durch rechtsverbindliche Normen vor. Werden Lebensmittel auf diese Weise produziert, erhalten Verbraucher gute Biolebensmittel, die in der Regel frei von synthetischen Pflanzenschutzmitteln und Gentechnik und im Einklang mit der Natur erzeugt sind. Bei der Verarbeitung kommen zwar einige Zusatzstoffe zum Zuge, jedoch weniger als bei konventionellen Lebensmitteln. Auch sind keine wirklich heiklen Substanzen dabei, allerdings sind manche umstritten. So wird Puddings und Getränken teilweise das Dickungsmittel Carragen beigemischt. Bei Nagetieren wurden damit Entzündungen im Darm ausgelöst. Die Wirkung beim Menschen ist unklar.

Für EU-Bio-Produkte sind zudem sogenannte natürliche Aromastoffe gestattet. Anders als man meinen könnte, sind die Aromen jedoch nicht »Natur pur«, sondern kommen oftmals aus dem Labor. Das Aroma für den Erdbeerjoghurt stammt in der Regel nicht aus der Frucht, sondern wird aus einem in der Natur vorkommenden Stoff gewonnen (z. B. aus Zellulose). Das geschieht mithilfe von Mikroorganismen im Labor, die wiederum oft gentechnisch erzeugt werden. Darum kann ein nach EU-Recht erzeugter Bio-Erdbeerjoghurt mit einem aus Zellulose gewonnenen Erdbeeraroma versetzt sein, das aber kein bisschen echte Erdbeere in sich hat.

Bei einem Fruchtjoghurt, der nach den Empfehlungen eines Anbauverbands hergestellt wird, ist das anders. Er darf nur echtes Erdbeeraroma enthalten, also den Geschmack von echten Erdbeeren (siehe auch Kapitel 3.4).

Laut EU-Öko-Verordnung ist es zudem möglich, Frischmilch zu H-Milch zu verarbeiten. Die Verbände untersagen dies. Bei der Erhitzung bleiben empfindliche Vitamine auf der Strecke. Außerdem verändert sich der Geschmack. Zudem können laut Bio-EU-Vorgabe Obst- und Gemüsesäfte auch aus Konzentrat hergestellt werden. Dabei geht ein Teil des Fruchtaromas verloren, das nachträglich wieder zugesetzt werden darf. Bioland, Demeter und Co. untersagen die Herstellung von Säften aus Konzentrat.

Großes Plus der EU-Bio-Produkte ist aber: Sie sind bezahlbar. Das ist wichtig für Familien und all diejenigen, deren Budget begrenzt ist. Denn es ist ja so: Biolebensmittel wären heute nicht in aller Munde, würden sie nicht relativ günstig in Discountern und konventionellen Supermärkten angeboten. Die Billigheimer haben Biolebensmittel für jedermann erschwinglich gemacht.

Die wichtigsten Biosiegel

Staatliches sechseckiges Biosiegel (www.Biosiegel.de)

Europäisches Biozeichen (www.ec.europa.eu/agriculture/organic)

Bioland (www.Bioland.de)

Demeter (www.demeter.de)

 Naturland (www.Naturland.de)

 Biokreis (www.Biokreis.de)

 Gäa (www.gaea.de)

 Biopark (www.Biopark.de)

 Ecoland (www.ecoland.de)

 Verbund Ökohöfe (www.verbund-oekohoefe.de, www.verbund-oekohoefe-nordost.de)

 Ecovin (www.ecovin.org)

Bedeutende Biolabel der Nachbarländer:

 Bio Suisse (www.bio-suisse.ch)

 Bio Austria (www.bio-austria.de)

 IFOAM (wichtigstes internationales Zeichen) (www.IFOAM.org)

 USDA Organic (wichtigstes Biozeichen der USA (www.usda.gov)

Der Biocode auf der Packung

Jedes verpackte Biolebensmittel trägt einen Code. Anhand einer Zahlen- und Buchstabenfolge können das Herkunftsland und die Kontrollstelle nachvollzogen werden.

Beispiel: »DE-Öko-0XX«
»DE«: Steht für Deutschland.
»Öko«: Ist die Abkürzung für die kontrollierte Öko-Landwirtschaft.
»0XX«: Anstelle von XX findet sich auf dem Lebensmittel eine Zahl, z. B. 06 oder 26. Dahinter verbirgt sich die Kontrollstelle, in diesem Fall ist sie in Esslingen in Baden-Württemberg angesiedelt bzw. in Bremen. Hat ein Produkt die Kontrolle bestanden, sind mindestens 95 Prozent der Zutaten aus ökologischem Anbau im Sinne der EG-Öko-Verordnung.

Nur geprüfte Bioprodukte dürfen mit den Worten »Bio(logisch)« oder »Öko(logisch)« gekennzeichnet werden. Auch die Formulierung »Aus kontrolliertem ökologischem« bzw. »Aus kontrolliertem biologischem Anbau/biologischer Erzeugung« ist möglich.
   Direkt unter dem grünen EU-Biosiegel steht außerdem die geografische Herkunftsangabe: »EU-Landwirtschaf« bzw. »Nicht EU-Landwirtschaft«: Das bedeutet, dass die landwirtschaftlichen Zutaten des Bioprodukts zu mindestens 98 Prozent aus der EU stammen bzw. aus einem Drittland. »EU-/Nicht EU-Landwirtschaft« deutet auf Mixprodukte hin. Die Rohstoffe kommen aus der EU und aus anderen Ländern.
   Bei der Angabe »Deutschland«, »Österreich« kommen 98 Prozent der Zutaten aus dem ausgewiesenen Land.

Mit Rat zur Tat

Produkte mit dem staatlichen oder europäischen Biosiegel erfüllen die Mindestanforderungen an Biokost. Sie sind qualitativ in Ordnung. Für mehr Qualität stehen Biolebensmittel mit einem Zeichen der Anbauverbände.

Es gibt auch hochwertige Bioprodukte ohne Verbandzeichen, die z. B. nur wenige oder gar keine Zusatzstoffe enthalten und eine schlichte Rezeptur haben. Maßgeblich sind die deklarierten Zutaten auf der Verpackung. Auch die Nachfrage beim Hersteller oder Anbieter kann sich lohnen. Discounter geben meist keine genauen Informationen zur Produktqualität und zu den verwendeten Rohstoffen weiter. Biomarkenhersteller hingegen schon. Ihnen ist der Kundenkontakt wichtig.

Biolandwirte, die nach den Vorgaben eines Anbauverbandes arbeiten und nicht sämtliches Gemüse, Obst und Fleisch über Biosupermärkte verkaufen, bieten diese Premiumprodukte teils auch über Discounter und Supermärkte an – wenn auch ohne Verbandlabel. So ist bekannt, dass bei Aldi Nord nur Naturland-Kartoffeln in die Tüte kommen.

Ob bei Discountern Premium-Bio angeboten wird, lässt sich für Verbraucher allerdings kaum nachvollziehen. Allein für Milch- und Milchprodukte ist dies bedingt möglich. Das sogenannte Genusstauglichkeitszeichen auf der Packung gibt Auskunft darüber, wo das Lebensmittel zuletzt verarbeitet wurde. War es eine Naturland-Molkerei, kann man davon ausgehen, dass dort vor allem auch Naturlandmilch verarbeitet wird. Ein Verzeichnis auf den Seiten des Bundesamts für Verbraucherschutz und Lebensmittelsicherheit verrät, welche Molkerei sich hinter der Ziffer verbirgt. (https://apps2.bvl.bund.de/bltu/app/process/bvl-btl_p_veroeffentlichung?execution=e1s2)

2. Bioirrtum (1): Bio ist stets besser

»Bio ist besser.« So lautet das Fazit einer Studie von Bio Austria, die im Auftrag der Anbauorganisation Bio Austria bereits 2003 veröffentlicht wurde. Sie verglich die Qualität konventioneller und biologischer Lebensmittel in Bezug auf die Inhaltsstoffe, den Geschmack und Schadstoffe. Für die Studie wurden 175 internationale Studien ausgewertet. Im Detail fanden die Autoren Unterschiede etwa bei Mineralstoffen und Spurenelementen, sekundären Pflanzenstoffen, Fettsäuren, Vitamin C und lebenswichtigen Aminosäuren (Eiweißstoffe). In Bioprodukten wurden durchweg höhere Gehalte gefunden. Zugleich waren die Produkte weniger mit Pestiziden belastet und zeigten geringere Gehalte an unerwünschtem Nitrat.

Zu einem weniger euphorischen Ergebnis kam 2012 eine Studie der Stanford University in Kalifornien: Biolebensmittel seien kaum gesünder als herkömmliche. 237 Studien wurden diesmal ausgewertet. Auch konventionelle Lebensmittel seien in Ordnung, so das Fazit der britischen Wissenschaftler. Sie würden ein »nur« etwa 30 Prozent höheres Risiko für Pflanzenschutzmittelrückstände bergen. Im Prinzip seien herkömmliche Lebensmittel unproblematisch.

Mitte 2014 dann wieder eine Studie »pro Bio«. 343 Studien zu den Inhaltsstoffen von biologischen und konventionellen Lebensmitteln kamen auf den Prüfstand. Dabei kam heraus, dass

Biolebensmittel bis zu 69 Prozent mehr Antioxidantien enthalten. Jene Substanzen, die wichtig sind für die Abwehr sogenannter freier Radikale und somit Schutz bieten vor Krebs- und Herzerkrankungen. Auch in Bezug auf Vitamine und Carotinoide (Vitamin A) zeigten die Biolebensmittel Vorteile, so die Wissenschaftler um Professor Carlo Leifert von der Universität von Newcastle. Auch enthielten Biogemüse, -obst und -getreide wesentlich weniger unerwünschte Stoffe, also weniger Cadmium, Nitrat und Nitrit, die im Verdacht stehen, krebserregend zu sein, und auch weniger Pestizide. In konventionellem Grünzeug war der Gehalt an den schädlichen Stoffen rund viermal höher als in biologischen, in Obst sogar siebenmal höher.

Sind Biolebensmittel also tatsächlich gesünder?

Auf diese Frage gibt es keine eindeutige Antwort. Sicher ist: Bioprodukte enthalten weniger Rückstände von Pflanzenschutzmittelrückständen. Das zeigt das sogenannte Öko-Monitorring der Chemischen- und Veterinäruntersuchungsämter in Karlsruhe, bei dem regelmäßig bio- und konventionelle Lebensmittel auf den Prüfstand kommen. Bei der Mehrzahl der untersuchten Lebensmittelproben aus dem Bioanbau inländischer und ausländischer Erzeugung sind Pestizide nicht nachweisbar. Laut dem Untersuchungsbericht für das Jahr 2013 wurden lediglich 2,8 Prozent der Produkte beanstandet. Die Mengen waren minimal. Der Gehalt an Rückständen von Pestiziden lag bei Obst im Mittel bei 0,008 Milligramm pro Kilogramm (mg/kg) und für Gemüse bei 0,004 mg/kg und damit im Spurenbereich. Konventionelles Obst enthielt hingegen im Mittel 0,32 mg/kg Pflanzenschutzmittel und lag damit rund 40-fach höher als das Ökoobst. Der durchschnittliche Pestizidgehalt in herkömmlichem Gemüse betrug 0,38 mg/kg und lag damit ca. 95-fach über dem des Biogemüses.

Auch die Auswertung der Untersuchungen von Obst und Gemüse durch *Öko-Test* zeigt immer wieder, dass Ökowaren geringer belastet sind als konventionelle. Das gilt sowohl für Bioprodukte aus dem Discounter als auch aus Biosupermärkten und -fachgeschäften. Das alles spricht für Biokost. Auch die »Stanford-Studie«, die Biokost kein eindeutiges Plus bescheinigen wollte, benennt bei genauerem Hinsehen doch verschiedene Vorzüge. Zwar belegen die Studien den Nutzen nicht immer mit hundertprozentiger Sicherheit, da ihre Anzahl zu gering ist. Dennoch gibt es diese Arbeiten, sie lassen sich nicht wegdiskutieren. Eine Studie der Stanford University zeigt, dass Kinder, die Biokost essen, signifikant weniger Pestizidrückstände im Urin haben als Kinder, die übliche Kost essen. Auch das Risiko, an einem Hautausschlag zu erkranken, ist für Kids, die fast ausschließlich Biolebensmittel essen, geringer.

Ob Biolebensmittel tatsächlich mehr Vitamine, Mineralstoffe und Spurenelemente enthalten, wie manche Studien nahelegen, ist nicht abschließend geklärt. Zwar konnte die Studie von Carlo Seifert klar zeigen, dass der Gehalt an Antioxidantien in Biokost signifikant höher ist und auch der an einigen Carotinoiden und Vitaminen überzeugt. Aber das lässt sich nicht verallgemeinern. Die Nährstoffmengen von Gemüse und Obst ergeben sich vor allem aus dem Standort, wo das Grünzeug wächst und gedeiht, zudem aus der Sorte und dem Zeitpunkt der Ernte. Bei der Beurteilung der Fleisch- und Milchqualität spielen die jeweilige Tierhaltung und Fütterung eine Rolle.

So untersuchte das Max-Rubner-Institut in Karlsruhe den Gehalt an Vitaminen und Flavonoiden in verschiedenen Apfelsorten. Der Vitamingehalt, so ein Ergebnis, werde vor allem durch die Sorte bestimmt. Im Schnitt enthalten Äpfel zwölf Milligramm Vitamin C je 100 Gramm. Der beliebte Braeburnapfel hat jedoch 20 Milligramm je 100 Gramm und verliert auch während der Lagerung nicht sehr viel Vitamin C. Der etwas fade Delicious kommt nur auf knapp zehn Milligramm je 100 Gramm. Zudem sinkt der Vitamingehalt beim Lagern.

Ähnlich verhält es sich in Bezug auf die sekundären Pflanzenstoffe, zu denen auch die Flavonoide zählen. Lebensmittel, die reich an Gerbstoffen sind, enthalten mehr dieser Schutzstoffe als die mit wenig Gerbstoffen. In den gerbstoffreichen Sorten wie Cox Orange und Boskop ist also ein höherer Gehalt zu finden als z. B. in einem milden Delicious. Ob der Apfel aus biologischer Erzeugung kommt, spiele für den Gehalt an Flavonoiden keine große Rolle, so Professor Bernhard Watzl vom Max-Rubner-Institut auf einem Seminar der Deutschen Gesellschaft für Ernährung. Entscheidender als die Anbauweise sei das Klima. In warmen Sommern werden mehr sekundäre Pflanzenstoffe in Früchten gebildet als in kühlen. Die sitzen vor allem unter der Schale, weshalb er zum Essen mit Schale rät. Und wird die Schale mitgegessen, ist Bioobst im Vorteil. Rückstände von Pflanzenschutzmitteln muss man nicht befürchten.

Bei Milchprodukten ist der Gehalt an gesunden Omega-3-Fettsäuren vor allem von der Art der Fütterung abhängig. Biomilch enthält oft einen höheren Gehalt an lebenswichtigen Omega-3-Fettsäuren. Das liegt daran, dass die Kühe statt Silage und Mais oft Gras oder Heu erhalten. Sie führen zur verstärkten Bildung der herzgesunden Omega-3-Fettsäuren. Jedoch finden sich diese Fettsäuren auch in höherer Konzentration in »Weidemilch« aus konventioneller Erzeugung. Hier ist also die Fütterung wichtiger als die Tierhaltungsform.

Der Gehalt an Omega-3-Fettsäuren ist zudem von der Rasse abhängig. Im Muskelfleisch von Galloway-Rindern ist die Konzentration an langkettigen Omega-3-Fettsäuren teilweise dreimal so hoch wie bei der Rasse Deutsche Holsteiner und Deutsches Fleckvieh. Alle Rinder stehen ganzjährig auf der Weide, werden also ähnlich ernährt. Das ergab eine Analyse von Biofleisch durch die Deutsche Wildtierstiftung. Auch dieses Ergebnis zeigt, dass weniger die Tierhaltung und das Futter eine Rolle spielen. Ausschlaggebend ist die Rasse.

Sind Bioköstler gesünder?

Das ist unklar. Biolebensmittel haben zwar mitunter einen höheren Gehalt an gesunden Stoffen. Ob die Menschen, die sie verzehren, sich besserer Gesundheit erfreuen als Normalo-Esser, dazu sagen die bislang durchgeführten Studien wenig aus. »Jetzt ist es dringend notwendig, gut überwachte Ernährungsstudien mit Menschen zu machen«, erklärt auch Carlo Seifert von der Universität Newcastle im *British Journal of Nutrition*. Er rät zu Interventionsstudien mit zwei Personengruppen, welche sich über längere Zeit biologisch oder konventionell ernähren. Oder auch zu Kohortenstudien, an denen viele Tausend Menschen teilnehmen und in Bezug auf Ernährungsgewohnheiten und Gesundheit untersucht werden.

Doch das ist gar nicht so einfach. Denn nicht nur die Ernährung entscheidet über das Wohlbefinden, sondern die Lebensumstände insgesamt. Nonnen, die in einem Kloster lebten, und anlässlich einer Studie des Demeter-Bundes ihre Ernährung für einige Wochen auf Biokost umstellten, fühlten sich anschließend fitter als vor der Ernährungsumstellung. Die Zahl der natürlichen T-Helferzellen der Infektabwehr im Blut war bei ihnen nachweislich niedriger. Das weist auf eine Art Stressverminderung hin, die sich wiederum günstig auf die gesamte Gesundheit auswirkt. Auch der Blutdruck sank, was vermutlich Folge einzelner Substanzen in der Nahrung und deren ausgleichende Wirkung war. Bei einigen Teilnehmern verbesserte sich der pH-Wert des Darms und sie verzehrten weniger Kalorien als vor der Ernährungsumstellung. Gewicht verloren die Nonnen nicht. Vielleicht sind die Ergebnisse nicht ohne Weiteres auf andere Verbraucher übertragbar. Die Lebensumstände von Nonnen sind sehr individuell. Ihr Alltag zeichnet sich durch Ruhe, Muße und innere Einkehr aus. Er verläuft anders als der einer Familie, die durch den Alltag hetzt, Stress hat, die Termine von drei Kindern koordinieren und die Berufstätigkeit beider Eltern arrangieren muss. Jedoch sind Probanden in einem eng umgrenzten Rahmen, wie eben Nonnen, gerade gute Versuchsteilnehmerinnen, denn sie leben alle gleich. Wenn sich also die Bioköstlerinnen auf Zeit plötzlich besser fühlen, muss das am Bioessen liegen.

Gesünder zu essen scheinen Biokunden aber doch, wenn auch die Auswirkungen auf die Gesundheit weitgehend unerforscht sind. Die Auswertung der sogenannten Nationalen Verzehrsstudie, im Rahmen derer das Max-Rubner-Institut das Ernährungsverhalten von rund 14 000 Deutschen untersuchte, ergab: »Biokäufer (zeigen) eine günstigere Lebensmittelauswahl. Sie verzehren mehr Obst und Gemüse und weniger Fleisch und Wurstwaren als Nicht-Biokäufer. Auch Süßwaren und Limonaden werden weniger konsumiert.«

Bioesser leben auch anders. Sie rauchen weniger, trinken weniger Alkohol und sind sportlich aktiver als Menschen, die keine Biolebensmittel kaufen. Dass sich dies positiv auf die Lebenserwartung auswirkt, ist unstrittig.

Mit Rat zur Tat

Der geringere Gehalt an Pflanzenschutzmittel-Rückständen spricht eindeutig für die grüne Kost. Insbesondere, wenn Kinder mitessen, macht sie Sinn.

Bioanbau treibt keinen Raubbau mit der Natur. Das ist auch das Hauptanliegen der Biobranche. Es geht Erzeugern, Verarbeitern und Händlern primär um den respektvollen Umgang mit Tieren und Umwelt und die positiven Auswirkungen auf die Natur. Wer Bioprodukte kauft, leistet also einen Beitrag zum Umweltschutz.

Das gilt auch für seriöse regional erzeugte Biolebensmittel (siehe Kapitel »Von Hier« auf Seite 172). Kurze Transportwege bedeuten: Gemüse und Obst werden vollreif geerntet. Ihr Vitamingehalt ist besser als in unreif geerntetem Grünzeug, etwa Bananen und Äpfel, die wochenlang transportiert werden.

Ökologisch gesehen ist eine vegane Biokost mit einem hohen Anteil an Gemüse und Obst, Vollkorn, Hülsenfrüchten am günstigsten. Die Belastung mit dem klimaschädlichen CO_2 beträgt hier 0,97 Tonnen Kohlendioxyd pro Person und Jahr. Wer mäßig Eier und Milchprodukte und ggf. Fleisch und Fisch isst, bei dem wirkt sich das auf die persönliche CO_2-Bilanz aus. Sie liegt dann bei jährlich 1,79 Tonnen CO_2 pro Person. Etwas besser schneidet eine vegetarische Ernährung mit 1,41 Tonnen CO_2 pro Kopf und Jahr ab.

3. Bioirrtum (2): Bio schmeckt stets besser

Was ist leckerer: biologisch erzeugtes Essen oder konventionelle Lebensmittel? Und vor allem: Welchen Einfluss hat das Wissen um »bio« auf das Geschmacksurteil? Wie fällt also das Ergebnis aus, wenn ich weiß, dass Kaffee oder Ketchup aus Bioerzeugung kommen? Versetzt der Bioglaube Berge?

Das wurde Anfang 2014 an der Fachhochschule Münster überprüft. 120 Testpersonen probierten im Auftrag des WDR vier Produkte: Erdbeerjoghurt, Butterkekse, Orangensaft und Schinkenwurst. Zunächst mussten sie beschreiben, was sie von dem jeweiligen Produkt erwarten. Etwa, wie sie schmecken und ob sie gesünder sind. Dann bekamen die Tester jedes Lebensmittel zweimal vorgesetzt. Einmal wurde es ihnen mit dem Hinweis gereicht, dass es sich um das konventionelle Produkt handelt, einmal mit dem Hinwies, es sei »bio«. Was sie nicht wussten: Sie erhielten stets ein und dasselbe Produkt. Immer waren es konventionell erzeugte Lebensmittel.

Die Auswertung ergab: Die Erwartungen an die Biolebensmittel waren stets höher als an das herkömmliche Produkt. Für Fruchtjoghurt und Orangensaft vermuteten die Testerinnen und Tester unter anderem, dass die Biovariante mehr Vitamine und Ballaststoffe enthalte und ohne künstliche Aromen ist. Der Geschmackstest ergab schließlich: Sie schmeckten ihnen auch deutlich besser als die herkömmliche Version.

Von den Biokeksen erwarteten die Probanden weniger Zucker und somit Energie, außerdem mehr Ballaststoffe. In die Biowurst würden weniger Salz, Fett und Zusatzstoffe kommen. Der Geschmackstest ergab auch hier: Tendenziell wurden die beiden (angeblichen) Bioprodukte besser bewertet als das konventionelle Vergleichsprodukt. Die Unterschiede waren jedoch nicht so stark ausgeprägt wie bei Saft und Joghurt.

»Das Wissen um den positiven Hintergrund eines Lebensmittels kann den Genuss beeinflussen«, erklärt Studienleiter Professor Guido Ritter von der Fachhochschule Münster. Immer wichtiger werde es für Verbraucher, wo ihre Lebensmittel herkommen und wie sie produziert werden. »Der Käse vom Biohof um die Ecke, dessen Milchkühe ich draußen auf der Weide sehen kann, schmeckt mir vielleicht auch darum besonders gut.«

Doch es braucht gar nicht die Kuh dazu. Die Studie zeigt: Schon das Wörtchen »bio« auf der Packung hat einen psychologischen Effekt – und das Geschmacksempfinden wird beeinflusst.

Zu einem ähnlichen Ergebnis kamen skandinavische Forscher vor einigen Jahren. Lisbeth Johansson von der schwedischen Universität für Agrarwissenschaften in Uppsala ließ 180 Probanden verschiedene Sorten Tomaten probieren. Darunter waren Biofrüchte und solche aus konventioneller Erzeugung. Ergebnis: Wussten die Testesser, dass es sich um Biotomaten handelt, benoteten sie die Früchte stets mit »sehr gut« und lecker. Sie bewerteten diese aber auch dann positiv, wenn ihnen konventionell erzeugte Tomaten vorgesetzt wurden. Umgekehrt passierte es aber auch, dass Früchte als wenig geschmackvoll abgelehnt wurden, die vermeintlich aus konventionellem Anbau stammten – obwohl sie »bio« waren.

Fazit: Es kommt immer auf die Erwartung und Haltung in Bezug auf das Lebensmittel und dessen Herkunft an. Wer »bio« mag, die grüne Kost schätzt und achtet, dem schmecken die Produkte auch besser. Unabhängig davon, ob das Essen tatsächlich besser ist oder biologisch erzeugt wurde.

Neben dem Gefühl für das Essen spielt aber auch die Erfahrung eine wichtige Rolle. Das, was wir in unserem Leben gegessen und getrunken haben, wirkt sich auf die Akzeptanz aus. Das zeigen Tests des Sensoriklabors am Technologie Transferzentrum (TTZ) Bremerhaven. Die Experten ließen auf zwei verschiedenen Ernährungsmessen vier unterschiedliche Erdbeerjoghurts verkosten: einen gekauften Erdbeerjoghurt mit künstlichem Fruchtaroma und Farbstoff, einen Joghurt mit Erdbeerzubereitung und Zucker, einen Joghurt mit Rote-Bete-Farbstoff, Erdbeeren und Zucker sowie einen Joghurt mit Aroma, Rote-Bete-Farbstoff und Zucker.

Was schmeckte den Besuchern? Auf der konventionellen Lebensmittelmesse InterMopro (Messe für internationale Molkereiprodukte), zu der vor allem Einkäufer kommen, die herkömmliche Milchprodukte für den Handel einkaufen – hier darf vermutet werden, dass die Teilnehmer durch aromatisierte Produkte geprägt sind –, kam der Fruchtjoghurt mit künstlichem Aroma und Farbstoff am besten an. Am wenigsten akzeptiert wurde der Joghurt mit Rote-Bete-Farbstoff, Aroma und Zucker.

Auf der Naturkostmesse Biofach war es umgekehrt. Hier finden sich vor allem Besucher ein, die primär einen natürlichen Geschmack gewohnt sind. Ihnen schmeckte der ungefärbte Erdbeerjoghurt mit Zucker am besten. »Am wenigsten mochten die Biobesucher den gekauften Fruchtjoghurt mit Aroma und Farbstoff«, erklärt Kirsten Buchecker vom TTZ. Eben jenen Joghurt, den die Besucher der klassischen Milchmesse bevorzugten.

Die Ergebnisse zeigen, warum Bioessen nicht jedermanns Sache ist: Menschen, die vor allem Essen vom Discounter gewohnt sind, können sich oftmals nicht mit gesundem Bioessen anfreunden – weil es etwas ganz anderes ist als das, was sie kennen. Für sie sind Fertiggerichte mit Biolabel gewöhnungsbedürftig oder sogar ungenießbar. Man kann also sagen: Was der Bauer nicht kennt, isst er nicht. Hingegen akzeptieren eingefleischte »Bios« (fast) alles, was »öko« ist. Einfach, weil sie es schon kennen und es für sie normal ist, mit weniger Aroma und Farbe im Essen auszukommen. »Industrieessen« mit reichlich (künstlichem) Aroma schmeckt ihnen hingegen oft viel zu intensiv.

Das bedeutet aber auch: Werden Biolebensmittel professionell geprüft, müssen die Testpersonen auf Bioprodukte geschult sein. Andernfalls fällt die Beurteilung für das Biolebensmittel negativ aus. So auch in einer Untersuchung der Stiftung Warentest »Lösliche Kaffeegetränke vom Typ Cappuccino«. Die zwei getesteten Bioprodukte erhielten Punktabzug: Der Schaum sei »großporig«, schmecke »wenig intensiv« oder »deutlich malzig«. Mit der richtigen Schulung wäre dies nicht passiert. Denn das, was beim Biocappuccino als Makel abgewertet wurde, ist in Ordnung. Bio-Instant-Produkte enthalten keine Zusatzstoffe. Sie bestehen »nur« aus Zucker, Magermilchpulver, löslichem Kaffee, etwas Laktose und ungehärtetem Fett. Das wirkt sich auf das Aussehen und den Geschmack des Schaums aus: Er ist nicht so fein und stabil, wie man es gewohnt ist, der Geschmack nicht zu intensiv. Anders die herkömmlichen Kaffees.

In der Rezeptur finden sich neben Kaffee, Zucker und Mager-milchpulver auch verschiedene Zusatzstoffe wie Stabilisatoren und Trennmittel. So wird der Schaum feinporiger und mithilfe von Zusatzstoffen dem nachempfunden, was man von einem selbst gemachten Cappuccino kennt.

Biolebensmittel sind eben etwas anders als herkömmliche. Das gilt vor allem für Halbfertig- und Fertigprodukte. Zwar versu-chen die Hersteller, die Biovarianten den Geschmacksgewohn-heiten anzugleichen, doch das gelingt nicht unbedingt. Und das ist gut so. Denn die Rezepturen sollen ja mit möglichst weni-gen Zusatzstoffen auskommen, um das Prädikat »natürlich« zu erhalten. Und das hat wiederum Auswirkungen auf den Ge-schmack, den Geruch und das Aussehen.

Zum Beispiel: Biofruchtjoghurts

Sie enthalten keine künstlichen Aromen, sondern einen hohen Fruchtanteil, Fruchtextrakte und evtl. »natürliche Aromen«, die aus pflanzlichen Stoffen gewonnen werden. Gesüßt wird mit Rohrohrzucker, Agavendicksaft oder Honig. So schmecken die Joghurts fruchtiger als herkömmliche, aber auch etwas nach Karamell. Farbe bekommen die Joghurts durch z. B. Rote-Bete-Saft. Doch der Naturfarbstoff ist nicht ganz so kräftig wie Le-bensmittelfarbe. Dadurch wirkt der Joghurt eher rosa als pink. Wer konventionelle Joghurts mit Aroma- und Farbstoffen und weißem Zucker gewohnt ist, wird die Biovariante erst einmal ungewohnt finden. Mit der Zeit gewöhnt er sich aber daran.

Zum Beispiel: Biowurst

Biowurst darf Nitritpökelsalz enthalten. Es schützt vor mikrobiellem Verderb und gibt der Wurst den typischen Pökelgeschmack. Manche Bioanbieter verzichten jedoch darauf. Die Wurst schmeckt dann nach den eingesetzten Gewürzen statt nach Pökelsalz. Die Farbe ist eher grau statt rot. Denn der Pökelstoff verhindert zugleich das Grauwerden der Wurst. Kinder, die das satte Rosa von Salami kennen, lehnen die Biovariante manchmal ab. Aber auch Erwachsene mögen die Wurst dann nicht.

Zum Beispiel: Biosoftdrinks

Herkömmliche Softdrinks, ob Cola, Orangenlimos oder Energydrinks, enthalten meist Wasser mit etwas Fruchtsaft, Säuerungsmittel, Aromen und Farbstoffe. Biosoftdrinks sind anders. In die Flasche kommen Mineralwasser, Fruchtsaft und Zucker. Weil ein Großteil der üblichen Zusatzstoffe und Aromen fehlt, schmecken auch die Ökodrinks erst einmal ungewohnt: »Es zischt beim Öffnen der Flasche, es duftet soft, es kribbelt auch schön. Und es schmeckt nach Cola, aber nur ein bisschen«, urteilte »Bio-Food-Tester« nach der Prüfung von sieben Biocolas. Lecker und süffig seien die Getränke. Doch das Cola-Feeling sei bei den meisten Getränken nur schwach ausgeprägt. »Wer herkömmliche Cola trinkt, wird vielleicht enttäuscht sein. Aber wer einfach ein leckeres erfrischendes Getränk möchte, das an Cola erinnert, sollte die neuen Biocolas kosten«, so die »Bio-Food-Tester«, bei denen jede Woche neue Biolebensmittel auf den Prüfstand kommen (www.Bio-Food-Tester.de).

Doch auch hier gilt: Genau wie das Original können Biocolas nicht schmecken. Denn sie enthalten ganz andere Zutaten. »Der ganze Chemiebaukasten herkömmlicher Colas fehlt«, so »Bio-Food-Tester«. Schädliche Phosphorsäuren sind nicht enthalten und die umstrittene klassische Zuckercouleur auch nicht. Es gibt keine synthetischen Aromen und das Koffein kommt von grünen Kaffeebohnen oder aus der südamerikanischen Guaranápflanze. Allein der hohe Zuckergehalt ist identisch. »Bio-Food-Tester« fand bis zu 35 Gramm Zucker je 330 Milliliter-Flasche. Das entspricht rund sieben Teelöffeln Zucker.

Fazit: Biolebensmittel schmecken nicht immer besser als herkömmliche. Sie sind einfach etwas anderes. Wie sie bei den Konsumenten ankommen, hängt von der jeweiligen Erfahrung mit dem grünen Essen ab. Wer natürliches Essen kennt, wird Biolebensmittel mögen. Wer sich vor allem aus der Dose und Tiefkühltruhe bedient, für den wird die grüne Variante ungewohnt sein.

Doch selbst wer sie gewohnt und dafür offen ist, stößt auf Unterschiede. Der Sternekoch Vinzent Klink testete für die Tageszeitung *taz* verschiedene Tomatensorten. Bei den Öko-Cherrytomaten aus Italien von Lidl streikte er: »Diese Tomaten schmecken genauso schlecht wie Discountertomaten aus konventionellem Anbau. Da sie noch grün geerntet werden und erst auf dem Weg nach Deutschland rot werden, kann dies auch nicht anders sein.«

Nicht nur der Tomatentest der *taz* macht deutlich: Bio allein macht nicht den Geschmack. Es kommt auch auf den Reifegrad und die Sorte an. Die österreichische Organisation Bio Austria wertete vor einigen Jahren 175 internationale Studien aus. Sie verglich die Qualität von Biolebensmitteln und konventionellen Produkten in Bezug auf den Geschmack. Beim Vergleich von Äpfeln der Sorte Idared schnitt die Biovariante geschmacklich deutlich besser ab als die herkömmliche. Weil die Früchte nicht mit Stickstoffdünger hochgepuscht werden, sondern Zeit zum Wachsen haben, können sich die Aromastoffe in Biofrüchten besser ausbilden. Auch bleibt der Wassergehalt geringer, wenn die Pflanzen langsam wachsen, sodass die Geschmacksstoffe konzentrierter sind, also nicht verwässert werden. Ähnliches gilt auch für Möhren und Kartoffeln. Bei ihnen wirkt sich die konventionelle Düngung mit viel Stickstoff nachteilig auf den Geschmack aus.

Das meinen auch die »wahren« Experten: Lässt man Kaninchen die Wahl, bevorzugen sie Biomöhren. Vermutlich riechen Bioprodukte einfach besser. Und sie verströmen wohl auch einen verführerischen Duft.

Mit Rat zur Tat

Probieren geht über studieren. Bio schmeckt oft, aber nicht immer besser.

Wer auf Biokost umstellen möchte, sollte Geduld haben. Anfangs erscheinen manche Lebensmittel gewöhnungsbedürftig. Der Biojoghurt schmeckt weniger aromatisch, der Kakao weniger süß, das Brot säuerlicher und der Käse kräftiger.

Bei Gemüse und Obst kommt es darüber hinaus auf die Sorte an. Ein Biodelicious (Apfel) wird genauso fad schmecken wie ein herkömmlicher. Die Sorte ist von Natur aus nicht sehr aromenreich.

Vollreif geerntetes Grünzeug ist aromatischer als unreif gepflücktes. Wer Gemüse und Obst aus regionaler Bioerzeugung kauft, hat beste Chancen, etwas Wohlschmeckendes zu erwerben.

Auch bei verarbeiteten Biolebensmitteln muss man ausprobieren, was schmeckt. Es gibt leckere Produkte, ob Marmelade, Senf, Wurst und Käse oder Bauernbrot, sowie fade.

Die Betriebsgröße gibt übrigens nicht unbedingt Aufschluss über den Geschmack eines Produkts. Es gibt große Biobäckereien, die leckeres Brot backen und z. B. die Biosupermärkte beliefern. Und es gibt kleine Backstuben mit bestem Biobrot. Voraussetzung ist stets, dass der Teig sachgerecht angesetzt wird, um sein Aroma voll zu entfalten (siehe Kapitel 2.8).

4. Biofertigkost ist oft nicht das bessere Fast Food

Bioconvenience ist Trend. Ob Fertigpizzas, Fix-Suppen oder Backmischungen mit Biolabel, die schnelle Bioküche hat auch Einzug in die Bio-Supermärkte und konventionellen Discounter gehalten. Und damit in die Küche von Familien, Singles und älteren Menschen. Auch Biokunden würden verstärkt nach Convenienceprodukten fragen, also nach Packungen, Tüten und Kartons, deren Inhalt schnell zubereitet ist, berichtet Oneco, der Pressedienst der Biofachmesse. Und ergänzt: »Das hätte vor einigen Jahren wohl kaum jemand erwartet, dass sich auch in der Bioszene ein gewisser Trend zu Convenience abzeichnen würde.«

Kaum. »Lasst unsere Nahrung so natürlich wie möglich«, lautet der Leitsatz von Professor Werner Kollath, dem Begründer der Vollwerternährung. Dass er dieses Credo ausgab, ist zwar schon lange her – Kollath lebte von 1892 bis 1970. Doch das Prinzip dahinter ist auch heute noch gültig. Und Grundlage der modernen Vollwert-Ernährung, wie sie von Claus Leitzmann, emeritierter Professor am Institut für Ernährungswissenschaft der Universität Gießen, und dem Verband für Unabhängige Gesundheitsberatung, UGB, vertreten wird. Kollath plädierte dafür, Lebensmittel so wenig wie möglich zu be- und verarbeiten. Anhand des Verarbeitungsgrades wurden die Lebensmittel in Kategorien eingeteilt. Natürliche Lebensmittel waren danach rohe Gemüse, Nüsse und Milch, »präparierte« Lebensmittel weißer Zucker, helles Mehl und isolierte Aromastoffe.

Auch wenn das Prinzip heute nicht mehr so streng gehandhabt wird und auch niemand mehr von »präparierten« Lebensmitteln spricht: Kollath und auch die moderne Vollwert-Ernährung plädieren für einen hohen Anteil unverarbeiteter Lebensmittel in der Ernährung. Bevorzugt werden sollten Vollkornbrot, Naturreis, Gemüse, Kartoffeln und Obst, Nüsse, Hülsenfrüchte sowie nach Gusto Fisch, Eier und Fleisch in Maßen. Plädiert wird für möglichst gute Lebensmittel, die ohne Spritzmittel angebaut werden. Biokost eben.

Doch das, was immer mehr Platz in den Regalen der Biosupermärkte, herkömmlichen Supermärkte und Discounter einnimmt, sind keine Biobasics wie Gemüse, Obst und Müsli, sondern verarbeitete Ökoprodukte: Pizzen mit Salami und Ruccola aus der Tiefkühltruhe, Kürbis- und Kartoffelsuppe im Becher oder alternativ als Fünf-Minuten-Terrine zum Aufgießen mit Wasser, Kartoffelbrei und Fix-Nudeln aus der Tüte, vegetarische Getreidebällchen in Sauce, TK-Fertiggerichte sowie Ravioli und Pasta aus dem Frischpack. Für Süßfans gibt es Joghurts mit der Knicksecke, Tiramisu, Tiefkühltorte und Tiefkühlknödel mit Mohnbutter.

»Die Biovarianten in den Milchproduktregalen sowie bei Trockenfertigprodukten erzielten Zuwachsraten im zweistelligen Prozentbereich. Auch Biogetränke entwickelten sich insgesamt sehr gut«, berichtete das Marktforschungsinstitut Nielsen bereits 2011. Es hatte das Umsatzwachstum mit Biokost in Discountern, klassischen Supermärkten und Drogerien geprüft. Seitdem geht die Kurve weiter nach oben, Fertigbio wächst rasant. So kletterte der Umsatz von Biokost seit 2003 stetig –

und konnte sich inzwischen mehr als verdoppeln: auf heute fast acht Milliarden Euro, so der Bund Ökologische Lebensmittelwirtschaft.

Der Anteil der schnellen Kost am Gesamtumsatz der Biobranche beträgt nach Angaben der Zeitschrift *Ökologie & Landbau* zwar nur etwa zwei Prozent. »Convenience ist mittlerweile ein sehr wichtiges und imageträchtiges Sortiment«, erklärt jedoch der Betriebsberater Klaus Braun in *Ökologie & Landbau*. Das Umsatzvolumen sei zwar überschaubar, spreche aber für ein starkes Wachstum in nur wenigen Jahren.

»Der Biokunde wird dem ›konventionellen‹ Verbraucher immer ähnlicher«, erklärt Martin Hahn von der Firma Isana Naturfeinkost, die hochwertige Feinkostprodukte wie Salate, eingelegtes Gemüse und Pesto in verschiedenen Geschmacksrichtungen herstellt. Weg wie warme Semmeln gehen darum vor allem Produkte, die an herkömmliche Essgewohnheiten andocken, etwa TK-Pizza mit Salami, Instant-Tütensuppe im Becher, eingeschweißte Biopasta oder Biobackmischungen für Brownies und Cupcakes – Produkte, die also nur noch wenig gemein haben mit den vollwertigen Lebensmitteln, wie sie die Vollwert-Ernährung empfiehlt.

Grundsätzlich ist gegen Fertigprodukte nichts einzuwenden. Nicht immer ist es möglich, mittags oder abends etwas Selbstgekochtes auf den Tisch zu stellen. Fertig- und Halbfertigprodukte sind da hilfreich. Jedoch kommt es immer auch auf die Qualität an. Sofern Biozutaten verwendet werden, der Nährwert stimmt und keine oder nur wenige Zusatzstoffe zum Einsatz kommen, die Lebensmittel schonend hergestellt werden und lecker schmecken, ist es in Ordnung, sie hin und wieder zu verzehren.

Und es gibt sie auch, die guten, hochwertigen und hervorragend schmeckenden Biofertigprodukte. Die Salatsauce ohne Zusatzstoffe, die Spätzle aus frischem Teig zum Selberpressen aus der Packung, die Suppe im Becher ohne Hefeextrakt, das Pesto aus unerhitzten Kräutern und die Marmelade mit weniger Zucker und das bei vollem Fruchtgeschmack.

Jedoch erwarte der Verbraucher mehr und mehr auch, dass Produkte wie die Herkömmlichen bestimmte Eigenschaften aufweisen, also z. B. bis zum Ende des Haltbarkeitsdatums eine bestimmte Farbe behalten. Sie sollen auch lange halten, sich nicht zersetzen und ähnlich schmecken.

Das aber geht oftmals nicht mit dem Anspruch an natürliche, reine und von Zusatzstoffen freie Produkte einher. Eingesetzt werden darum zahlreiche Zusätze und Zutaten, aber auch viel Fett, Zucker und Salz, um den gewünschten Bioklon herzustellen.

Darum enthalten sowohl Aufbackbrötchen, Kaffees-to-go aus dem Kühlregal, Instantsuppen, Chips und auch Komplettgerichte in der Regel zahlreiche Zusatzstoffe. Substanzen, die zwar nach der EU-Öko-Verordnung für Biokost erlaubt sind, die man sich zu Hause aber niemals ins Essen rühren würde. Zusatzstoffe werden verwendet, um Lebensmittel über einen langen Zeitraum haltbar zu machen, damit sich – wie bei einer Salatsauce – Fett und Wasser nicht entmischen, um einen bestimmten Geschmack zu erzeugen oder eine gewisse Farbe zu erhalten.

Für Bioprodukte sind »nur« rund 50 Zusatzstoffe der in der EU für konventionelle Lebensmittel zugelassenen rund 400 Zusätze erlaubt. Diese Stoffe hat die EU für Bioprodukte genehmigt, weil sich die Ökofertigkost sonst nicht oder nur bedingt herstellen ließe. Jedoch zeigen die Vorschriften der Bioanbauverbände, dass es oft auch mit weniger geht. Für verarbeitete Produkte, die nach den Vorgaben des Anbauverbands Bioland hergestellt werden, sind nur 21 Zusatzstoffe gestattet, für die von Demeter nur 13 Zusätze.

Oft ist es aber eine Frage des Preises, ob ein Bioprodukt Zusätze enthält. Eine preiswerte Salatsauce, die hauptsächlich Wasser enthält, muss mit einem Verdickungsmittel wie Guarkernmehl oder Johannisbrotkernmehl angedickt werden. Es sorgt dafür, dass die Sauce dickflüssig aus der Flasche fließt. Es verhindert auch, dass sich die Zutaten entmischen. Doch es geht auch anders. Eine fixe Biosalatsauce lässt sich auch ohne Zusatzstoffe herstellen. So, wie es der Anbieter »Emils Bio-Manufaktur« aus Freiburg macht. Hier kommt kein Wasser in die Sauce, sondern nur hochwertige Lebensmittel wie z. B. Senf, Essig, Honig und Olivenöl. Wasser würde die Rezeptur zwar preiswerter machen, aber eben auch den Zusatz von Dickungsmitteln erforderlich, erklärt Jens Wages von »Emils Bio-Manufaktur«. Ein wenig entmischt sich die Sauce aus Pur-Zutaten zwar nach einiger Zeit. Doch durch leichtes Schütteln der Flasche wird wieder eine dickflüssige Salatsauce daraus.

Isana Naturfeinkost verzichtet auch auf sämtliche Zusatzstoffe, auch auf den Geschmacksverstärker Hefeextrakt. Martin Hahn setzt auf Gewürze in bester Qualität, die ein intensives eigenes Aroma haben. Für Pestos werden die Zutaten kalt verarbeitet, also nicht erhitzt. Das schont die Aromastoffe und sorgt für mehr Geschmack im Glas. Nachteil: Die Produkte haben nur eine kurze Haltbarkeit und müssen gekühlt werden. Ein Umstand, von dem die Biosupermärkte nicht begeistert sind. Sie wollen Produkte verkaufen, die eine möglichst lange Haltbarkeit haben, also nicht schnell verderben, aus den Regalen geräumt und abgeschrieben werden müssen.

Apropros Aromen. Auch Aromastoffe würde zu Hause wohl niemand ins Essen rühren. Hier greift der Koch oder die Köchin zu Gewürzen, Kräutern, Zwiebeln, Knoblauch oder, bei süßen Speisen, zu Vanille und einer Prise Zucker. Anders bei Biokost aus Tüten und Kartons. Vor allem Fix-Suppen, Fruchtjoghurts, Süßspeisen und Biosoftdrinks werden gerne mit sogenannten natürlichen Aromen versetzt. Mit der Natur haben sie jedoch wenig gemein. Gewonnen werden sie in der Regel nicht aus Kräutern, Früchten oder Gewürzen, wie man meinen könnte, sondern aus Stoffen, die irgendwo in der Natur vorkommen. Dies können Blätter, Wurzeln, Baumrinde, Pflanzenfasern oder auch Holzstoffe wie z. B. Lignin sein. Die aromawirksamen Komponenten daraus werden im Labor mithilfe von Bakterien, Hefen und Schimmelpilzen gelöst, isoliert und in einen Aromenmix eingebaut. Jedoch bleiben die genauen Abläufe im Dunkeln.

Die Firmen, die natürliche Aromen verwenden, wissen meist selbst nicht im Detail, welcher Art das genutzte »natürliche Aroma« tatsächlich ist. Es wird zugekauft. Auf Nachfrage erhält man oft die Antwort, das Aroma sei natürlich im Sinne der Aromen-Verordnung. Sie erlaubt die Bezeichnung »natürliches Aroma« für aus Naturstoffen jeglicher Art gewonnene Geschmacksstoffe.

Insbesondere in gesunden Healthy-Produkten boomen natürliche Aromen, berichtet das Fachmagazin *Food Ingredients & Sensorik*. Die hierzulande beliebtesten Aromen sind Citrus, Frucht, Gemüse, Vanille und Fleisch. In den USA kommen noch der Geschmack von Schokolade, Zwiebel und Knoblauch dazu. »Während früher der Umsatz eines Aromenhauses mit natürlichen Aromen nur etwa zehn Prozent des Gesamtumsatzes ausmachte, sind es heute bis zu 50 Prozent«, schreibt *Food*

Ingredients & Sensorik. Grund für den Boom ist: Die Aromen muten natürlich an, was Verbraucher wünschen, lassen sich gut verarbeiten und sind stabil (verflüchtigen sich also nicht mit der Zeit). Zudem schmecken sie schön intensiv.

Untersuchungen von »Bio-Food-Tester« bestätigen den Trend. Natürliche Aromen sind in immer mehr Bioprodukten enthalten. Sie sind in den Biochips mit Sour-Cream-Geschmack zu finden, in der Biocurrywust aus der Dose, im Sojajoghurt mit Frucht und auch im Biohimbeerjoghurt. Sie sorgen in Biogummibärchen für Fruchtgeschmack und in der Biocola für Coke-Feeling.

Doch nicht nur zu viele Zusatzstoffe verderben den Geschmack. Die zahlreichen Tests von »Bio-Food-Tester« zeigen, dass auch der Nährwert von Biofertigprodukten oft nicht stimmt. Wie herkömmliche Fertigprodukte enthalten auch Bio-Fix-Gerichte zu viel Fett, Salz oder Zucker und sind insgesamt zu kalorienreich.

Zum Beispiel: Tiefkühl-Biopizza

»Bio-Food-Tester« nahm 2013 verschiedene Biopizzen unter die Lupe. Eingekauft wurden eine (sehr preiswerte) Biopizza von Netto Marken-Discount, eine nur wenig teurere aus dem Biosupermarkt (Alnatura) und eine aus dem Naturkostfachgeschäft mit Demeterlogo. Die war fast doppelt so teuer wie die von Netto. Die Pizzen wurden nach Anleitung gebacken und von Kindern zwischen 12 und 13 Jahren probiert. Außerdem kamen die Zutatenliste und Nährwerte auf den Prüfstand.

Ergebnis: Die preiswerte *BioBioSalami-Rucola* von Netto Marken-Discount schmeckte den Testessern am besten. »Schön saftig«, lautete das Urteil, »der Teig knusprig und die Salami so, wie man sie kennt«. Die teure *Pizza Salami Natural Cool* mit

Demeterlogo fiel geschmacklich hingegen durch. Der Teig war den Testessern »zu trocken« und »zu dick«. Die Salami schmecke »nach nichts«. Im Mittelfeld lag die *Pizza Salami* von Alnatura. Sie war »schön saftig«, aber lascher im Geschmack als die Pizza von Netto Markendiscount.

Doch die preiswerte Pizza von Netto war auch die ungesündeste. Sie enthielt fast 30 Gramm Fett je Stück (340 g) und lieferte auch fast drei Teelöffel Zucker (!). Zudem enthielt sie sehr viel Salz und die Salami war mit dem Konservierungsstoff Natriumnitrit versetzt. Natriumnitrit ist für Biowurst zwar erlaubt, doch umstritten, denn es kann sich im Magen oder bei hohen Temperaturen mit Eiweißstoffen zu Nitrosaminen verbinden, die sich im Tierversuch als krebserregend gezeigt haben. Aus diesen Gründen erhielt die Biopizza von Netto in der Ampel von »Bio-Food-Tester« die Bewertung Rot.

Kaum besser war die *Pizza Salami* von Alnatura. Sie enthielt zwar kein Natriumnitrit, dafür aber mehr als 30 Gramm Fett je Stück (335 g). Das ist schon fast die Hälfte des Fettbedarfs eines Erwachsenen. Üppig war sie auch durch drei Teelöffel Zucker. Und sie lieferte sehr viel Salz. Mit einer Pizza ist die Tagesempfehlung für Kochsalz (6 g) der Deutschen Gesellschaft für Ernährung bereits überschritten. Sie erhielt die Bewertung Gelb.

Nur die *Natural Cool Pizza Salami* mit Demeterlogo machte (fast) alles richtig. Sie hatte weniger Zucker als die übrigen Pizzen, der Salzgehalt war im Rahmen, etwas fett war sie aber auch. Nur geschmacklich kam sie bei den jungen Testessern nicht gut an. Darum erhielt sie auch die Bewertung Gelb.

Fazit: Die Pizza, die vom Geschmack her am besten ankam, war die preiswerte Pizza von Netto Markendiscount. Jene, die wohl am ehestens an eine konventionelle Pizza andockt. Sie war aber auch die ungesündeste. Am wenigsten beliebt war die Pizza mit Demeterlogo, die eigentlich fast alles richtig machte, wenn man nur auf »die inneren Werte« achtet.

Jens Wages von »Emils Bio-Manufaktur« fordert, dass die Biobranche mehr eigene, sehr gut schmeckende Lebensmittel entwickeln sollte, statt die herkömmlichen nachzuahmen. Denn das geht meist mit einer Menge an Zusatzstoffen, viel Fett und Zucker einher. Unterschiede im Geschmack können kommuniziert werden – auf der Packung oder im Internet.

Bei den Fruchtjoghurts hat sich schon etwas getan. Biojoghurts enthalten heute oft keine penetrant nach Himbeere oder Vanille schmeckenden »natürlichen Aromen« mehr, sondern Vanilleextrakt oder einfach Himbeerpüree plus etwas Rohrohrzucker.

Die Bionaturals geben inzwischen sogar die Richtung bei konventionellen Firmen vor. Danone und auch Emmi bieten inzwischen Fruchtjoghurts ganz ohne Aromastoffe an. Sie enthalten nur Joghurt, Frucht und Zucker.

Mit Rat zur Tat

Je schlichter die Rezeptur, desto besser: Sind viele Zutaten drin, müssen auch viele Zusatzstoffe her, die alles zusammenhalten, hübsch aussehen lassen und es konservieren.

Halbfertigprodukte sind günstiger als Fertigprodukte: die passierten Tomaten aus der Flasche, die selbst gewürzt werden, der fertige Pizzaboden aus Mehl, Salz und Wasser der nach Gusto belegt werden kann, die frischen Spätzle aus der Tüte, die man selbst ins Wasser drückt, und Tiefkühlgemüse pur zum Selberwürzen statt eines kompletten TK-Fertiggerichts.

Auf Fett und Zucker achten: Viele Fertigprodukte werden durch Salz oder Zucker aufgepeppt, wo im Zuge der Verarbeitung der Geschmack auf der Strecke bleibt. *Gouda Nuggets* enthalten rund vier Gramm Salz je Portion, das ist zwei Drittel der akzeptablen täglichen Salzdosis. Hinzu kommen 16 Gramm Fett. Mit einem halben Päckchen »Bio Soja Dessert Vanille« (260 g) isst man zehn Stück Würfelzucker. Das muss nicht sein.

Essen ohne Aromastoffe bevorzugen. Auch »natürliche Aromen« sind meist nicht aus Vanille oder Aprikosen, sondern werden aus Naturstoffen jeglicher Art mithilfe von Schimmelpilzen und Bakterien gewonnen. Nur wenn auf der Verpackung der Name der namengebenden Frucht oder Gewürzpflanze steht, die maßgeblich für das Aroma ist, handelt es sich um ein wirkliches natürliches Aroma. Angegeben ist dann »natürliches Himbeeraroma« oder »natürliches Vanillearoma«. In diesen Fällen besteht der Geschmacksstoff zu 95 Prozent aus Himbeeren oder Vanille. Der Rest ist irgendwie »natürlich«. Hochwertig sind zudem Aromenextrakte aus Früchten und Gewürzen.

Frisches dazu: Wenn es schnell gehen muss, wird die Fixpackung durch einen Salat oder etwas Extragemüse auf der Pizza aufgewertet.

5. »Von Hier«-Regiokost
ist oft weit gereist

Auf dem Etikett ist eine Milchkanne zu sehen, daneben eine Karotte und zwei Äpfel. »Ein gutes Stück Heimat«, steht darunter. Und: »Ursprung ist Heimat.« Das Logo hat der Discounter Lidl kreiert. Er kennzeichnet damit Lebensmittel wie Milch, Gemüse und Knödel, die aus bestimmen Regionen Deutschlands kommen. Welche das sind, steht kleingedruckt auf der Packung. »Unsere Heimat echt & gut«, heißt das entsprechende Logo bei Edeka. Ein Bäumchen ziert den Schriftzug. Welcher Teil der Heimat gemeint ist, aus der Karotten, Blumenkohl und Salat kommen, steht auf der Rückseite der Tüten. Bei Rewe geht es weniger blumig zu. »Rewe regional« heißt das Regio-Logo der Supermarktkette. Was Region für Rewe bedeutet, erfahren die Kunden nicht.

Die Etiketten sollen Verbrauchern beim Einkauf ein gutes Gefühl geben, eins von Nähe, Heimat und Regionalität. Denn viele Menschen haben die anonyme Massenware aus aller Welt satt. Sie möchten wissen, woher ihr Essen kommt, sie wollen das essen, was vor Ort gewachsen und produziert ist, nicht das von weit her. Schon fast 70 Prozent der Verbraucher achten auf die regionale Herkunft ihres Einkaufs, ergab eine Studie des Forsa-Instituts im Auftrag der Verbraucherzentrale Bundesverband in Berlin. Drei von vier Kunden sind auch bereit, für Regionalprodukte einen höheren Preis zu bezahlen, so das »Ökobarometer 2013« der Bundesregierung. Sie würden bis zu 15 Prozent mehr locker machen. Schon stehen Regionalprodukte höher im Kurs als Bioware. Während Lebensmittel mit Biolabel einen Anteil von zehn Prozent im Einkaufskorb haben, beträgt der von Regioware schon gut 20 Prozent, zumindest bei jedem Zweiten, der sie kauft, so die Unternehmensberatung A. T. Kearney. Das wissen die Einkaufsmärkte zu nutzen. Regionale Produkte sind nicht mehr nur das Metier von Bio- und Hofläden, sondern werden seit einiger Zeit auch in Supermärkten und bei Discountern angeboten.

Doch längst nicht alles, was mit dem Zusatz »regional« oder »von hier« verkauft wird, ist tatsächlich in der näheren Umgebung gewachsen, verarbeitet und verpackt worden. Wo es um heimatliche Gefühle mit Regiokost geht, wird oft geschummelt. Verfolgt man die Wege, die einzelne Regioprodukte zurücklegen, ist vieles nicht »von hier«, sondern kommt von weit her.

Die Gurken mit Regionallabel, die wir in der Nähe von Frankfurt in einem Edeka-Markt kauften, kamen tatsächlich aber vom Bodensee. Die Milch, die Regionalität versprach, wurde von einer Molkerei angeliefert, die 200 Kilometer weit weg vom Supermarkt liegt. Tee und Kaffee, die naturgemäß nicht hierzulande wachsen, werden bei den Supermärkten Coop und Sky mit dem Logo »Unser Norden« verkauft. Und auch die Salatsauce »Sylter Salatfrische« wird nicht auf der Nordseeinsel zusammengerührt und abgefüllt, sondern kommt aus Neu-Wulmsdorf bei Hamburg.

Die Regioschummelei ist in vollem Gange, das bestätigt auch ein aktueller »Öko-Test«. 106 Produkte kamen im September

2014 auf den Prüfstand. Eingekauft wurden sie querbeet in ganz Deutschland. Berücksichtigt wurden Produkte, die regionale Bezüge im Namen vermuten lassen, etwa »Unser Land« oder »Unser Norden«. Es waren Produkte mit dem Firmensiegel »Rewe regional« dabei, Lebensmittel mit Länderzeichen (z. B. »geprüfte Qualität Hessen« oder »geprüfte Qualität Thüringen«), die Label von Regionalinitiativen (etwa »Landmarkt Hessische Direktvermarkter«) sowie das neue, von der Bundesregierung unterstützte »Regionalfenster«. *Öko-Test* prüfte, woher die Rohstoffe kommen, wo die Produkte hergestellt und in welchem Radius sie verkauft werden. Denn darum geht es ja: dass die Lebensmittel mit Regioauslobung aus Rohstoffen hergestellt werden, die in der Nähe des Supermarktes erzeugt, verarbeitet, abgepackt und auch verkauft werden.

»Nicht regional, sondern außerirdisch«, urteilt *Öko-Test.* »Nur 26 der 106 Produkte in unserem Test sind lupenrein regional. Das heißt, die Rohstoffe stammen aus der angegebenen Region, sie werden dort verarbeitet, verpackt und auch nur dort vertrieben.«

Das neue »Regionalfenster« ist mangelhaft

Als »groben Unfug« kritisierten die Tester insbesondere das »Regionalfenster«, das sich auf mehreren Produkten fand. Es wurde noch unter Federführung der ehemaligen Verbraucherministerin Ilse Aigner initiiert, heute aber von einem Trägerverein »Regionalfenster« vergeben. Seit Januar 2014 kann es von Firmen genutzt werden. Meist sind es Supermärkte wie Rewe, Edeka, Norma und Lidl, die bestimmte Produkte damit auszeichnen lassen. Dafür müssen sie die Produkte beim Trägerverein zertifizieren, also prüfen lassen, ob sie die Bedingungen des Siegels erfüllen. Rund 2400 Produkte wurden bereits registriert, 5000 könnten es laut Trägerverein werden. Zurzeit sind viele Produkte noch nicht am Markt. Sie werden gerade geprüft.

Das »Regionalfenster« schreibt vor, dass die Hauptzutaten und wertgebenden Bestandteile eines Lebensmittels zu 100 Prozent aus einer definierten Region kommen und dort auch verarbeitet werden müssen. Weitere Zutaten wie Gewürze, Salz und Zusatzstoffe müssen nicht regional sein. Macht die Hauptzutat wie etwa bei Marmelade oder Leberwurst weniger als 50 Prozent des Gewichts aus, müssen zwar auch die anderen Zutaten je zu 100 Prozent aus der festgelegten Region stammen. Jedoch nur, bis 51 Prozent des Gesamtgewichts erreicht sind.

Größtes Manko: Nicht der Trägerverein definiert die Region, in der ein Produkt erzeugt und verarbeitet wird, das macht jeder Hersteller oder Anbieter selbst. Vorgegeben ist lediglich, dass die Region »kleiner sein muss als die Bundesrepublik Deutschland«, alles andere ist erlaubt. Region kann also heißen: ein Bundesland oder auch zwei, ein Radius von 60 Kilometern ab Hof oder auch 900 Kilometer.

Dabei haben Verbraucher ganz andere Vorstellungen von Region. Für jeden zweiten Deutschen bedeutet Region der Großraum um ihre Stadt, für die anderen das Bundesland, in dem sie wohnen, so eine Studie der Deutschen Landwirtschaftsgesellschaft DLG. Zwischen Supermarkt und Hof, von dem das Produkt kommt, sollten höchstens 100 Kilometer liegen, sagen wiederum 47 Prozent der Verbraucher.

Öko-Test zieht die Grenzen noch enger. Die Tester halten nur Produkte, die in einem Umkreis von 60 Kilometern zum

Supermarkt erzeugt, verarbeitet und vermarktet werden, für echte Regionalprodukte. Sie fordern, dass Lebensmittel, die nur aus einer Zutat bestehen, etwa Grieß oder Rapsöl, zu 100 Prozent aus regionalen Rohstoffen bestehen. Bei zusammengesetzten Lebensmitteln wie Marmelade, Nudeln oder Leberwurst müssen mindestens 95 Prozent der Rohstoffe regional erzeugt sein. Fünf Prozent der Zutaten können von anderswo kommen, etwa Gewürze oder das Geliermittel für die Marmelade.

Spiel ohne Grenzen

Ein weiteres Manko des »Regionalfensters«: Es ist ein reines Herkunftszeichen. Das bedeutet: Es legt nur fest, woher die Zutaten für die Wurst oder die Spargelsuppe kommen, aber nicht, wo sie verarbeitet und in welchem Radius sie verkauft werden dürfen. Somit ist es möglich, dass Produkte mit dem »Regionalfenster«, die in Bayern erzeugt werden, z. B. auch in Baden-Württemberg, Hessen und Nordrhein Westfalen und sogar in Flensburg in den Regalen der Supermärkte liegen.

Dabei urteilten die Gerichte bereits vor einigen Jahren, dass genau dies Verbrauchertäuschung sei. Der Lebensmittelhändler Edeka hatte in Stuttgart und Konstanz einen Speisequark mit dem Hinweis »Frisch aus unserer Region angeboten«, obwohl der Quark in Saarbrücken hergestellt worden war. Doch das Landgericht Offenburg stellte klar: Ein Speisequark mit dem Werbehinweis »Frisch aus unserer Region« müsse auch in der jeweiligen Region erzeugt und verkauft werden, in der sich die Molkerei befindet. Mit dieser Werbung verbunden sei die Erwartung, das Produkt komme aus der heimischen Landwirtschaft und es sei vor allem deshalb »frisch«, weil es nur über kurze Wege transportiert werden muss (LG Offenburg, Urteil vom 26. 03. 2008, AZ 5 O 114/07 KfH).

Überzeugender ist das Siegel »Geprüfte Regionalität« des Bundesverbandes der Regionalbewegung. Das Label fordert, dass Regioprodukte nicht nur in einer definierten Region erzeugt und verarbeitet, sondern dort auch verkauft werden müssen. Nach einer Kilometer-Begrenzung des Vertriebsradius sucht man in diesem Kriterienkatalog vergebens. Dazu sagt Ilonka Sindel, Projektleiterin beim Bundesverband der Regionalbewegung: »Die jeweilige Vertriebsregion, die die Initiativen bei Beantragung des Siegels angeben, werden genau auf Plausibilität geprüft. Kurze Wege stehen im Vordergrund.« Sindel schätzt, dass der Vertriebsradius im Schnitt 100 Kilometer beträgt.

Regio ist nicht gleich bio

Bioerzeugung ist bei keinem Regiolabel ein Muss. Dabei sollte bio auch bei Regioprodukten erste Wahl sein. Bioprodukte werden umweltgerecht erzeugt, halten gewisse Standards bei der Tierhaltung ein, schmecken oft auch besser und haben weniger Zusatzstoffe (siehe Kapitel 3.1).

Immerhin ist beim Label »Geprüfte Regionalität« eine nachhaltige und umweltverträgliche Produktion erwünscht. Beim »Regionalfenster« ist sie kein Thema. »Ein bundesweites Regionalsiegel soll nicht durch weitere Zusatzkriterien wie Nachhaltigkeit und Tierwohl aufgeladen werden«, heißt es aus dem Büro des Trägervereins »Regionalfenster«. Jedoch sind doch rund 20 Prozent der Lebensmittel, die dort registriert sind, Bioprodukte, schreibt das Fachmagazin *BioHandel*.

Regio ist nicht immer von bester Qualität

Auch die Qualitätskriterien, die ein Regioprodukt einhalten sollte, werden nirgends definiert. Weder die Vorschriften des »Regionalfensters« noch die der Regioverbände machen Vorgaben für Zutaten und Zusatzstoffe. So kann Leberwurst mit Regiologo den Geschmacksverstärker Mononatriumglutamat (E 621) enthalten, Marmelade mit weniger Zucker wird mit dem Konservierungsstoff Sorbinsäure (E 200) haltbar gemacht. Der Hähnchen-Medaillon-Spieß »Curry«, den der Discounter Normal mit »Regionalfenster« anbietet, enthält in der Marinade das Verdickungsmittel Xanthan (E 415), den Säureregulator Natriumacetat (E 262) und natürliches Aroma. Zusätze, die man als Käufer authentischer und regionaler Produkte sicher nicht erwartet.

»Eine Regionalkennzeichnung darf nicht dazu führen, dass mindere Qualität aufgewertet wird«, betont der Agrarkritiker und Verfechter für kleinbäuerliche Strukturen, Carsten Niemann. Die Regionalkennzeichnung der Bundesregierung berge die Gefahr, industriell erzeugte Nahrungsmittel zu adeln, nur weil sie lokal erzeugt werden. Oder anders ausgedrückt: Ein Hähnchenmastbetrieb, der in Brandenburg 100 000 Hühner mit Antibiotika und Genfutter aufzieht und in ganz Deutschland vertreibt, kann ebenso mit dem »Regionalfenster« werben wie der kleinere Biolandwirt, der nur im Umkreis von 30 Kilometern Eier seiner »glücklichen Hühner« anbietet. Nur ein Siegel, das neben dem regionalen Ort der Herstellung auch die Gewährleistung bestimmter Qualitätskriterien zusammenfasst, erfülle die Interessen der Verbraucher. »Ein sinnvoller Weg wäre es«, so Niemann, »Regionalität mit dem etablierten und verlässlichen Biosiegel zu verknüpfen.«

Mit Rat zur Tat

Regional erzeugte Lebensmittel haben nicht generell eine gute Qualität. Sie werden meist konventionell mit Pestiziden und synthetischem Dünger hergestellt, was die Qualität mindert. Sie enthalten auch die üblichen Zusatzstoffe. Der Blick aufs Etikett zeigt, welche Zutaten drin sind. Einziges Plus ist, dass sie aus Deutschland und vielleicht auch aus dem eigenen Bundesland kommen. Mit bäuerlicher Idylle haben sie meist wenig gemein.

Auf Wochenmärkten findet man sie oft noch, die echten Produkte aus der Region. Wenn Landwirte aus der Umgebung hier ihr Gemüse, Brot und Marmelade anbieten, erhält man meist echte regionale Produkte. Dennoch lohnt es, sich kritisch umzusehen und herauszufinden, welcher Stand auf dem Markt gute Äpfel, Birnen, Pflaumen und Wurst aus der näheren Umgebung anbietet. Denn aufpassen muss man schon. Der überwiegende Anteil des Angebots auf Märkten stammt heute vom Großmarkt, und der wiederum bietet Ware aus aller Welt an.

Wer einen Bauern in der Nähe kennt, kann am besten dort nach Regioprodukten gucken. Auch hier gilt: genau hinterfragen, woher die Lebensmittel kommen und wie sie erzeugt wurden. Auch Hofläden verkaufen inzwischen Lebensmittel mit vielen Zusatzstoffen.

Bio ist auch bei Regiokost erste Wahl. Auf dem Etikett oder dem Marktschild steht, ob es sich um ein Bioprodukt handelt. Dort findet man das staatliche Biosiegel, das grüne Bioblatt der EU oder das Logo eines Anbauverbandes (siehe Übersicht Seite 141 f.).

Manchmal gilt es abzuwägen. Soll ich die Biokartoffeln aus Italien kaufen oder die heimischen, preiswerten vom Bauern um die Ecke, den ich kenne? Entscheidend ist dann wohl die innere Einstellung, also welchen Schwerpunkt ich beim Essen setze. Soll es primär »bio« sein oder regional erzeugt?

KAPITEL 4

Die Wahrheiten zur Kinderernährung

Die Lebensmittelindustrie serviert immer neue unnütze Produkte für Kinder: Babygläschen mit Stracciatella-Pudding, Kinderjoghurts mit Biene-Maja-Logo, Knuspermüslis oder Kindermilch. Eltern sind verunsichert, weil alles als gesund und »frei von ...« angeboten wird. Immer mehr wählen für ihr Kind alternative Ernährungsformen und ernähren sie z. B. mit Fingerfood oder vegan. Das soll Kindern schaden, heißt es. Doch so einfach ist das nicht. Ein Wegweiser durch den Kinderernährungsdschungel.

1. Fingerfood & Babybrei

Was und wie das Baby anfangs essen und trinken soll, war lange eindeutig. Der »Ernährungsplan für das 1. Lebensjahr« des Forschungsinstituts für Kinderernährung empfiehlt, dass das Baby in den ersten vier bis sechs Monaten ausschließlich Milch erhalten sollte. Und zwar am besten Muttermilch. Sie enthält alles, was das Kind zum Wachsen und Gedeihen braucht. Kann das Kind nicht gestillt werden, kann es eine industrielle Säuglingsnahrung erhalten. Von selbst gerührter Mandel- oder Frischkornmilch rät das Institut klar ab.

Ab dem fünften bis siebten Lebensjahr gibt es zusätzlich zur Milch Beikost. Gemeint ist ein Babybrei, der zunächst nur gegartes püriertes Gemüse enthält, etwa Kürbis oder Karotte. Nach und nach kommen Kartoffeln oder Reis und etwas Fleisch dazu, außerdem etwas Öl und Obstsaft für die Vitaminversorgung. Vegetarisch ist auch kein Problem. Geraten wird zu Gemüse plus Kartoffeln und Haferflocken. Alles ebenfalls schonend gegart.

Das Institut rät zum Selberkochen. So schmeckt der Brei kräftiger, und es sind mehr Vitamine darin als im Babygläschen, ob von Hipp, Alete oder Milupa. Denn Tatsache ist: Die von den Babykostfirmen angebotenen Breie im Glas sind Konserven, sie werden mehrfach und lange erhitzt. Karotten oder Kartoffeln werden gedünstet, der Brei wird püriert und schließlich wie eine Konservendose sterilisiert, also bei ca. 120 Grad Celsius etwa 40 bis 45 Minuten gekocht. So ist der Brei zwar keimfrei und jahrelang haltbar, Geschmack und Vitamine aber leiden. Darum enthält ein Gemüsebrei aus dem Glas nur etwa halb so viel Vitamin C wie ein frisch zubereiteter, schonend gedünsteter Karottenbrei. Auch die Mengen an Vitamin B sind deutlich geringer, errechnete das Max-Rubner-Institut vor einigen Jahren.

Das Forschungsinstitut für Kinderernährung in Dortmund hat nichts gegen das gelegentliche Füttern von Gemüse-Kartoffel-Fleisch-Breien aus dem Glas. Schließlich sind sie praktisch, wenn man unterwegs ist, und quasi schadstofffrei. Jedoch entscheiden sich immer mehr Eltern anders. Ein neuer Trend ist, dem Nachwuchs ab dem fünften, sechsten Lebensmonat handliche, gegarte Stückchen anzubieten, ob Brokkoliröschen, Karottenschnitze, Kartoffelstückchen oder Kürbisspalten. Fingerfood eben. Nicht nur die Ablehnung von Gläschen oder auch von selbst gekochtem Brei ist der Grund. Vielmehr möchten Eltern, dass ihr Kind das Essen mit allen Sinnen erfährt, und es selbst bestimmen lassen, was und wie viel es isst. Es soll aufhören, wenn es satt ist. Nicht, wenn das Glas oder der Teller leer sind.

Das Baby Led Weaning (BLW), auch als vom Baby herbeigeführtes Abstillen übersetzt, boomt, das zeigt ein Blick in Elternforen und auf YouTube. Gibt man das Stichwort BLW ein, landet man rund 34 000 Treffer. Eltern berichten in Bild und Ton, wie sie ihr Kind an die Stückchennahrung gewöhnen. Oft kann man bei den täglichen Fortschritten dabei sein, die der Nachwuchs beim Essen macht. Zu sehen sind Babys, die im Essen rummatschen, Kartoffelstücke durch die Luft werfen oder sich alternativ ins Auge drücken. Das ist gewollt. Der Nachwuchs erspürt das Essen mit allen Sinnen.

Die britische Krankenschwester Gill Rapley, stellvertretende Direktorin von der »The Baby friendly Initiative«, hat diese Art des Essens hierzulande bekannt gemacht. Das Kind soll ein von Hunger und Sättigung geleitetes Essverhalten erlernen. Das soll gelingen, in dem es Lebensmittel im Ganzen kennenlernt, keinen Brei. So soll es einen guten Bezug zum Essen bekommen und Vielfalt lernen. Anfangs steht also nicht das Sattwerden im Vordergrund, sondern das Erforschen der Nahrung. Weil das Baby von den anfangs sehr kleinen Mengen nicht satt wird, bekommt es weiterhin die Brust oder auch das Fläschchen. Erst mit der Zeit, wenn die Mengen, die das Baby isst, größer werden, wird nach und nach eine Stillmahlzeit durch festes Essen ersetzt. Das kann aber dauern, je nach Kind und Interesse am Essen, auch Wochen bis viele Monate.

Zu viel Milch, zu wenig Gemüse

Und genau an diesem Punkt setzt die Kritik des Forschungsinstituts für Kinderernährung (FKE) an. »Bei strikter Befolgung des Fingerfood-Konzepts ist der Beikostanteil bei einem Großteil der Kinder noch weit in das 2. Lebenshalbjahr hinein gering, und Milch bleibt das Hauptnahrungsmittel«, erklärt die Ökotrophologin Annett Hilbig vom FKE in der Monatsschrift *Kinderheilkunde*. Die Menge an lebenswichtigen Spurenelementen, wie Eisen oder Jod, die das Baby durch Muttermilch oder das Fläschchen erhält, reichen dann aber nicht mehr aus. Die Minimengen, die tatsächlich im Mund landen, können den Bedarf an Nährstoffen auch nicht decken. Das hat Folgen. »Da Babys beim Baby Led Weaning nur sehr wenig essen, haben wir Bedenken, dass einzelne Nährstoffe nicht in ausreichender Menge aufgenommen werden«, so die Säuglingsernährungsexpertin. Zu kurz kommen könnten insbesondere Eisen, Jod und Zink. Sie sind bei Babys oft Mangelware, ergaben Studien des FKE. Der Bedarf beim Baby steigt im ersten Lebenshalbjahr, der Gehalt der Muttermilch an diesen Stoffen reicht nicht mehr aus. Darum müssen sie via Beikost aufgenommen werden. Doch die nach BLW ernährten Babys knabbern anfangs nur wenig, die aufgenommenen Mengen sind für die Nährstoffversorgung nicht ausreichend.

In dem vom FKE entwickelten Beikostplan für das erste Lebensjahr wird darum ab dem fünften, spätestens nach dem sechsten Monat Gemüse und Obst, Vollkorngetreide sowie etwas Fleisch und Fisch als Brei empfohlen, der besser rutscht als Fingerfood und von den Nährwerten ausgewogener ist. Dazu hochwertiges Öl wie z. B. Rapsöl. So erhält das Baby genügend Jod, Zink und Eisen.

Diese Risiken sieht die Fachärztin für Kinderheilkunde und Psychotherapie an der Universitätskinderklinik Graz in Österreich, Marguerite Dunitz-Scheer, nicht. »Die Mehrzahl aller Kleinkinder weltweit kennt glücklicherweise keine Gläschenkost und beweist, dass es auch bestens ohne geht«, erklärt sie. Sie sieht im Fingerfood vor allem die positiven Auswirkungen auf das Essverhalten. In ihrer Klinik arbeitet sie mit Babys, Kindern und Jugendlichen, die Probleme mit dem Essen haben. Die Zahl der Picky Eaters, also der Kinder, die sehr wählerisch sind und nur am Essen picken, steige. Auch gebe es immer mehr Kinder, die »oral hypersensibel sind«, also Probleme haben, feste Nahrung in den Mund zu nehmen, zu kauen und herunterzuschlucken. Ihrer Meinung nach eine Folge des großen Angebots an zu weicher, softer Nahrung, Essen also, das nur geschluckt statt vorher gekaut wird. Dazu gehört auch Babybrei. Die frühzeitige Auseinandersetzung mit fester Nahrung sei darum besonders wichtig. Dass Kinder sich mit fester Nahrung gesund entwickeln, zeigen die acht (!) Kinder, die Dunitz-Scheer großgezogen hat. Keines der Kinder erhielt im Übergang vom Stillen zur Normalkost jemals pürierte Nahrung.

Auch Annett Hilbig vom Forschungsinstitut für Kinderernährung will nicht gänzlich von BLW abraten, sie sieht auch die Vorteile: »Eine Mischung aus Babybrei und Fingerfood ist für das Baby vermutlich das Beste.« Sie rät zu einem Mix: Erst gibt es etwas Brei für Nährstoffe und Energie, dann stückige Nahrung.

Nährstoffe sind eben nicht alles. Cornelia Ptach von der Kinderkommission bei Slow Food Deutschland sieht in Baby Led Weaning auch Gutes. Schön findet sie, dass das Kind beim Essen nicht einfach passiv dasitzt und gefüttert wird. Es stellt selbst etwas mit dem Essen an, erfährt es mit all seinen Sinnen. So kann es einen eigenen Bezug zu Lebensmitteln aufbauen. Weil es täglich etwas anderes zu essen bekommt, lernt es außerdem eine große Geschmacksvielfalt kennen. Dies kann das Kind davor schützen, später zu wählerisch mit dem Essen zu sein, also dieses und jenes abzulehnen und sich letztendlich einseitig zu ernähren.

Doch Eltern sollten dem Kind nicht einfach das anbieten, was sie selbst essen. Zumindest dann nicht, wenn bei ihnen Fast Food auf den Teller kommt, Dosenessen oder viel Süßes. Cornelia Ptach rät zu Grundnahrungsmitteln wie Gemüse und Obst, Brot und Käse, Fleisch und Fisch.

Eine kleine US-amerikanische Studie kam jedoch zu dem Ergebnis, dass Eltern, bei denen das Baby von Anfang an mit am Tisch sitzt und Fingerfood erhält, nicht sonderlich groß die eigenen Gewohnheiten ändern. Fast 60 Prozent der Speisen, die das Baby anfangs erhielt, waren identisch mit dem, was die

Eltern selbst aßen, so Hannah Rowan und Cristen Harris von der Bastyr Universität im US-amerikanischen Kenmore. Jedoch wurde nicht bewertet, was die Eltern aßen. Es könnte also gesund gewesen sein.

Mehr spucken als schlucken

In Foren und Büchern über BLW wird immer betont, das gemeinsame Essen mit dem Baby führe zu entspannten Mahlzeiten. Erhält es Brei, wird der in vielen Familien oft vorher verfüttert, damit die Eltern beim Essen ihre Ruhe haben. Doch dieses Argument zieht nicht recht, findet Cornelia Ptach. Denn auch ein Brei essendes Baby sollte nicht vorher abgefüttert werden, sondern mit am Tisch essen und so Mahlzeiten in geselliger Runde kennen lernen. Sie weiß, dass das heute oft nicht der Fall ist. Früher war der Nachwuchs, auch der Jüngste, immer Teil der Tafelrunde. Und da sollten Familien auch wieder hinkommen. Unabhängig davon, ob das Baby Brei isst oder Stückchen.

Doch das erfordert anfangs starke Nerven. Babys, die Fingerfood erhalten, sind keine manierlichen Esser, sondern spucken das Gros des Essens wieder aus. Sofern es überhaupt im Mund ankommt. Ein Grund, weshalb Miriam Lucke aus Hamburg, die ihren beiden Kindern aus Überzeugung von Anfang an nur stückiges Essen gab, Baby Led Weaning nicht jedermann empfehlen würde. Nicht nur die Sauerei sei grenzwertig. Der Nachwuchs verschluckt sich auch oft. Das ist normal, denn trotz weicher Konsistenz und kindgerechter Größe der Nahrung, würgen die Kleinen vieles wieder heraus. Sie stopfen sich das Essen ja einfach in den Mund und wollen es herunterschlucken. Doch das gelingt nicht, weil das Schlucken erst erlernt werden muss.

Der Würgereflex wird bei Babys viel früher ausgelöst als bei größeren Kindern. Oft sieht aber alles schlimmer aus, als es ist. Die Kinder scheint das Würgen nicht zu stören, wie Miriam Lucke beobachtet: »Sie stopfen sich schon im nächsten Moment wieder die nächste Kartoffel in den Mund.«

Dass sich Babys lebensbedrohlich verschlucken, sei nicht bekannt, so Annette Hilbig. Eltern sollten jedoch wissen, wie sie einem Kind helfen, das sich ernsthaft verschluckt. Sie müssen den einfachen Rückenklopfgriff erlernen. Dafür wird das Kind so über das Bein von Mama oder Papa gelegt, dass der Kopf nach unten hängt. Dann wird vier- bis fünfmal beherzt auf den Rücken geklopft. Dieser kräftige Impuls ist nötig, um ein in der Speiseröhre fest sitzendes Gemüsestückchen herauszubefördern.

Mit Rat zur Tat

Wollen Sie Fingerfood anbieten, geben Sie dem Kind kein Essen aus Dosen und Tüten, sondern gedünstetes oder blanchiertes Gemüse und Obst. Dazu Brotstückchen, Käse, gut durchgebratene Hackstückchen, durchgebratenes Fleisch und Geflügel. Weiche Obstsorten wie Melone und Banane müssen nicht gegart werden.

Die Stücke sollten nicht zu klein sein, sonst kann das Baby sie nicht greifen. Es benutzt dafür die ganze Hand. Optimal ist, wenn das Essen ca. zehn Zentimeter lang und in Stifte geschnitten ist.

Keinesfalls erhalten darf das Kind sehr feste und kleine Lebensmittel, die in die Luftröhre gelangen können, also

Nüsse, Samen, Beeren, Cocktailtomaten, Salat, Erbsen und Maiskörner.

Wie für jedes Baby sind auch rohe Eier, roher Fisch und rohes Fleisch als Fingerfood tabu sowie Honig wegen des Risikos von Botulismus.

Damit das Kind nicht zu hungrig ist und ungeduldig wird, kann es vor der Stückchennahrung etwas Brei bekommen oder ein wenig gestillt werden, z. B. eine Brust leer trinken.

Auf der sicheren Seite ist, wer Baby Led Weaning anfangs in Kombination mit Breimahlzeiten anbietet. Als Brei empfiehlt das Forschungsinstitut für Kinderernährung mittags einen warmen Gemüse-Kartoffel-Fleisch-Brei oder die vegetarische Variante mit feinen Haferflocken. Am Nachmittag wird ein Getreide-Obst-Brei empfohlen und abends ein Getreide-Milch-Brei. Morgens wird zunächst weiter gestillt.

Das Kind darf beim Essen keinesfalls alleine bleiben. Es sollte schön aufrecht sitzen. Im Liegen oder in Schräglage kann ein verirrtes Kartoffelstückchen nicht herausgewürgt werden, das Kind könnte ersticken.

Da beim Fingerfoodessen doch einiges auf dem Boden landet, bietet sich eine Plane oder abwaschbare Tischdecke unter dem Hochstuhl des Babys an.

2. Ein heißes Thema: vegane Kinderkost

Immer wieder berichten Zeitungen darüber, dass Kinder, die vegan essen, zu klein, zu dünn oder schlapp sind und unterernährt ins Krankenhaus eingewiesen werden. So berichtete *Der Standard* aus Österreich Anfang 2013 über einen Vortrag der Münchner Ärztin Sibylle Koletzko, laut der ein 15-jähriges Mädchen völlig abgemagert ins Kinderspital eingeliefert worden sei. Das Mädchen hatte sich zehn Monate lang vegan ernährt und vor allem Reiswaffeln zu sich genommen. Das Mädchen nahm schließlich nur noch etwa die Hälfte der in ihrem Alter nötigen Kalorien auf und litt unter starken Bauchschmerzen. Der Artikel war mit dem Titel »Gesundheitsrisiko für Kinder von Ernährungsfanatikern« überschrieben. Das Fazit lautete: »Besonders risikoreich erscheint eine strikt vegane Ernährung bei Kindern und Jugendlichen.«

Schon einen Tag später wurde der Beitrag dementiert. Die Ärztin stellte klar, der Bericht sei »sachlich falsch und irreführend«. Zu keinem Zeitpunkt habe sie von Ernährungsfanatikern gesprochen und auch die vegane Ernährung bei Jugendlichen nicht als besondere Gefährdung bewertet. Sie hatte lediglich warnen wollen vor selbst gewählten restriktiven Ernährungsformen. Im Falle des Mädchens waren es ausschließlich Reiswaffeln, die sie gegessen hatte, um ihre Magenprobleme in den

Griff zu bekommen. Tatsächlich hatte sie an einer Gastritis gelitten, ausgelöst durch eine Magenkeim-Infektion, die vermutlich durch die Hauskatze der Familie erworben wurde. Weil es ihr schlecht ging, hatte sie auf gut verdauliche Reiswaffeln gesetzt. Eine vegane Kost im eigentlichen Sinne hatte das Mädchen nie durchgeführt. Ihre Familie lebte vegetarisch.

Die Mär vom Nährstoffmangel

Dennoch sind solche Berichte ein gefundenes Fressen für Ernährungswissenschaftler und Ärzte. Wohl kaum ein Thema wird derzeit so kontrovers diskutiert wie die Frage, ob eine vegane, rein pflanzliche Kost für Kinder akzeptabel sei. Die Deutsche Gesellschaft für Ernährung (DGE) sieht in jeglichem Verzicht auf tierische Lebensmittel, also auf Milch und Joghurt, Eier, Fleisch und Fisch, ein »Risiko für Nährstoffdefizite«. In einem Statement zur veganen Ernährung hält sie »eine rein pflanzliche Ernährung in Schwangerschaft, Stillzeit sowie im gesamten Kindesalter für nicht geeignet, um eine adäquate Nährstoffversorgung und die Gesundheit des Kindes sicherzustellen«. Auch die Deutsche Gesellschaft für Kinder- und Jugendmedizin urteilt, eine vegane Ernährung sei mit hohen Risiken in Entwicklung und Gesundheit des Kindes verbunden, bis hin zu irreversiblen neurologischen Schäden. Das ist harter Tobak.

Doch der Reihe nach. Grundsätzlich ist das Risiko für Nährstoffdefizite bei veganer Kinderkost gegeben. Es ist möglich, dass der Nachwuchs durch ungünstige Nahrungsauswahl zu wenig hochwertiges Eiweiß erhält und auch zu wenig Energie bekommt. Auch die Versorgung mit Vitaminen, Mineralstoffen und Spurenelementen (Kalzium, Eisen, Vitamin B_{12}, Vitamin D,

Jod, Zink) und Omega-3-Fettsäuren ist möglicherweise nicht optimal. Diese Nährstoffe sind vor allem in Produkten vom Tier enthalten, also in Fleisch, Fisch, Milchprodukten und Eiern. Auch pflanzliche Lebensmittel liefern einige dieser Substanzen, jedoch oft nicht in sehr gut verdaulicher Form. Das Kind nimmt sie also auf, der Körper kann sie aber nicht gut verwerten.

Kalzium ist in guten Mengen in Sesammus, Nüssen, angereicherten pflanzlichen Sojadrinks, grünem Gemüse und Mineralwasser mit mehr als 150 mg Kalzium/l enthalten. Ausreichend Jod ist zudem wichtig und enthalten in jodiertem Speisesalz und damit angereicherten Lebensmitteln wie Brot, Brötchen und Suppen. Außerdem liefern Norialgen (Bioladen) Jod. Davon aber bitte nur hin und wieder einen Schnipsel ins Essen geben, da sie sehr jodreich sind. Außerdem ist auf Eisen zu achten (Haferflocken, Hülsenfrüchte, Nüsse und Samen) in Kombination mit Vitamin C (Obst, Gemüse), dann wird das Eisen besser aufgenommen. Ein wichtiges Thema ist hochwertiges Eiweiß. Man erhält es durch Kombinationen, z. B. von Kartoffeln und Getreide oder Hülsenfrüchten. Mikroalgenöl (Reformhaus, Bioladen) liefert wichtige Omega-3-Fettsäuren. Außerdem müssen Schwangere und Stillende Vitamin B_{12} durch Supplemente aufnehmen.

Vor allem die Versorgung mit Vitamin B_{12} kann zum Problem werden. Dieses Vitamin ist nur in Lebensmitteln von Tieren enthalten. Der Körper kann es auch nicht selbst herstellen, es muss also zugeführt werden. Eine aktuelle Studie des *European Journal of Clinical Nutrition* ergab jedoch bei fast jedem zweiten Kleinkind, das vegetarisch oder vegan ernährt wird, einen Mangel. Vitamin B_{12} ist wichtig für die Bildung der roten Blutkörperchen, der Nukleinsäuren und als Bestandteil von Biomembranen. Bei Veganern, die keine Vitamin-B$_{12}$-Präparate zuführen, bestand ein besonders hohes Mangelrisiko, so Studienleiter Roman Pawlak von der East-Carolina-Universität in Nord Carolina. Er rät dringend zu B$_{12}$-Präparaten.

Dass Veganer, ob Kinder oder Erwachsene, Vitamin B$_{12}$ als Pille oder auch über angereicherte Lebensmittel aufnehmen müssen, ist unstrittig. Ob Vegetarierbund, Europäische Vegangesellschaft, amerikanische Diätgesellschaft oder Fachverband der kanadischen Kinderärzte, national wie international wird zur Substitution geraten. Auch das Institut für alternative und nachhaltige Ernährung (IFANE), das sich intensiv mit veganer Kost auseinandersetzt, rät dazu.

Auf die Frage, ob eine vegane Kost für Kinder überhaupt vertretbar sei, antwortet der Ernährungswissenschaftler Markus Keller, Leiter von IFANE, eindeutig mit »Ja«. Jedoch nur dann, wenn die Eltern sich intensiv damit beschäftigen, die Speisen also sehr sachgerecht zusammengestellt werden. Keller gibt jedoch auch zu bedenken, dass derzeit »keine aktuellen Studien zum Thema vegane Kinderernährung« existieren. Also Untersuchungen, die den Gesundheitszustand von vegan ernährten Kindern beurteilen. Die meisten Studien seien schon älter und berücksichtigen nicht das heutige breite Angebot an veganen Lebensmitteln im Supermarkt. Auch verfügen Eltern heute über viel mehr Wissen als noch vor wenigen Jahren und können ihre Kinder somit sachgerecht vegan ernähren. Um die Diskussion voranzutreiben, arbeitet IFANE gerade an einer eigenen Studie, die den Gesundheitszustand vegan ernährter Kinder überprüft.

So zieht die DGE mangels aktueller Studien Arbeiten heran, die rund 25 Jahre alt sind. Die niederländischen Untersuchungen von 1989 und 1990 überprüften den Gesundheitszustand von makrobiotisch ernährten Kindern. Sie zeigen, dass die kleinen Teilnehmer für ihr Alter zu leicht und körperlich weniger gut entwickelt waren als Kinder, die von allem etwas essen, also Gemischtkostesser sind. Die Makrobiotik-Kinder waren auch kleiner und der Arm- und Kopfumfang geringer als bei der Vergleichsgruppe. Auch in Bezug auf die Sprachentwicklung und Grobmotorik gab es Defizite. Als Grund für die Defizite wurde der sehr geringe Kaloriengehalt der makrobiotischen Kost ausgemacht, außerdem die schlechte Eiweißqualität und zu wenig Vitamin B_2, Vitamin B_{12} und Vitamin D. Zu kurz kamen auch Eisen und Kalzium.

Doch hier werden Äpfel mit Birnen verglichen. Denn eine makrobiotische Kost ist etwas ganz anderes als das vegane Essen von heute. Die Makrobiotik untersagt zwar ebenfalls den Verzehr von Fleisch, insgesamt ist sie aber viel strikter. So verbietet sie auch den Verzehr von Kartoffeln, Tomaten, Paprika und Auberginen. Sie schreibt einen hohen Anteil an Vollkorn vor. Seitens des Forschungsinstituts für Kinderernährung wird aber von größeren Mengen an Vollkorn für kleine Kinder abgeraten, weil der kleine Körper das volle Korn nicht gut verdauen kann, es kommt zu Beschwerden wie Blähungen und die Nährstoffe werden nicht richtig ausgenutzt. Der Verzehr regional erzeugter Lebensmittel wird in der Makrobiotik empfohlen. Das klingt zwar grün, werden jedoch überregionale Lebensmittel gänzlich abgelehnt, gibt es keine Apfelsinen, Mandarinen, Bananen und Kiwis für den Nachwuchs. Im Winter kann es dadurch zu einem Engpass an Vitamin C kommen. Vitaminpräparate, auch solche mit B_{12}, sind nach dem Mitbegründer Michio Kushi untersagt. Auch das ist sehr heikel. Denn Vitamin B$_{12}$ kann eben nur durch Präparate und Lebensmittel-Zusätze bereitgestellt werden.

Guckt man sich in Bioläden, veganen Supermärkten, in Kochbüchern und Vegan-Blogs um, stellt man fest: Die Auswahl an veganen Lebensmitteln ist riesig. Von Nussmus, Tofu- und anderem Fleischersatz über Hafer- und Reismilch sowie Sojajoghurt bis hin zu Getreidepasten und Aufstrichen aus Hülsenfrüchten ist der Tisch reich gedeckt. Es ist also möglich, dass Eltern die veganen Mahlzeiten für den Nachwuchs so zusammenstellen, dass das Essen genügend Energie, Eiweiß, Vitamine und Mineralstoffe enthält. Vorausgesetzt, sie verfügen über das entsprechende Wissen.

Internationale Gesellschaften befürworten vegane Kinderkost

Dass vegane Ernährung für Kinder möglich ist, zeigen die wenigen, ebenfalls älteren Studien zur Nährstoffversorgung vegan ernährter Kinder. »Zwar sind auch diese Kinder meist kleiner und leichter als omnivore (Fleisch essende) Kinder im gleichen Alter, ihre Werte liegen jedoch im Normbereich der nationalen Referenzstandards für die entsprechenden Altersgruppen«, erklären Markus Keller und Claus Leitzmann vom Institut für Ernährungswissenschaft der Universität Gießen in ihrem Buch *Vegetarische Ernährung*. Auch die amerikanische Diätgesellschaft urteilt so. Sie hält vegetarische Ernährungsformen, einschließlich veganer Ernährung, für gesund und ernährungsphysiologisch für bedarfsgerecht. Auch für Kinder.

Der Fachverband der kanadischen Kinderärzte stellt fest, dass »gut geplante vegetarische und vegane Ernährungsweisen mit einer angemessenen Aufmerksamkeit für spezifische Nährstoffkomponenten, einen gesunden alternativen Lebensstil für alle Entwicklungsstadien von fetalen Stadien über die Kindheit bis zur Adoleszenz bilden kann«. Soll heißen: Vegan essen ist für alle Altersstufen möglich, sofern einige Knackpunkte beachtet werden, etwa die Vitamin-B_{12}-Versorgung.

Das bestätigt Edith Gätjen, Ernährungsberaterin aus Bergisch Gladbach. Sie ist auf vollwertige und vegane Kinderernährung spezialisiert und berät auch schwangere und stillende Frauen. Vegankost funktioniere bei Kindern nur, »wenn die Ernährung in den einzelnen Altersstufen gut geplant ist«. Edith Gätjen rät Eltern, sich gründlich zu informieren, bevor sie ihr Kind vegan ernähren. Sie macht auch klar: »B_{12}-Präparate sind ein Muss für vegan ernährte Kinder.« Das Kind müsse außerdem regelmäßig dem Kinderarzt vorgestellt werden, der die Blutwerte kontrolliert. Gibt es bei bestimmten Nährstoffen einen Engpass, müssten gezielt Präparate gegeben werden.

Selbst eine vegane Babyernährung hält die Ernährungsberaterin für machbar. Voraussetzung sei jedoch, »dass sehr lange gestillt wird«. Mindestens das ganze erste Lebensjahr muss das Kind an die Brust, am besten bis weit ins zweite Lebensjahr hinein. So erhält es kritische Nährstoffe wie Vitamin B_{12} und Jod via Muttermilch. Ansonsten gibt es, wie für alle Kinder ab etwa dem fünften Lebensmonat, Beikost, also Babybrei oder auch ein bisschen Fingerfood (siehe Kapitel 4.1).

Edith Gätjen, die selbst fünf Kinder hat, betont aber: »Es ist enorm wichtig, dass Kinder die von den Eltern sorgfältig ausgewählten Lebensmittel auch tatsächlich essen.« Vegane Ernährung sei nicht vertretbar, wenn das Kind ein heikler Esser ist.

Stochert es nur im Teller herum oder spuckt das meiste wieder aus, obwohl es mit einem Jahr schon selbstständig essen kann, darf es nicht vegan ernährt werden.

Nur Reiswaffeln, wie sie das 15-jährige Mädchen aus München aß, das geht nicht.

Mit Rat zur Tat

Möchten Eltern ihr Kind vegan ernähren, ist es wichtig, dass die Besonderheiten der einzelnen Altersstufen beachtet werden. Sie müssen auch in Kontakt mit dem Kinderarzt stehen, um mögliche Defizite aufzudecken. Ob Baby, Klein- und Schulkind sowie Teenager, sie sollten regelmäßig dem Kinderarzt vorgestellt werden. Kritische Nährstoffe und insbesondere Vitamin B_{12} und Vitamin D müssen regelmäßig durch einen Bluttest kontrolliert werden.

Schon Schwangere müssen auf die Nährstoffzufuhr achten, also auf ausreichend Kalzium, Jod, Eisen und hochwertiges Eiweiß. Außerdem müssen stillende Mütter Vitamin B_{12} durch Supplemente aufnehmen. Wer sich viel in der Sonne aufhält, auch im Winter, braucht in der Regel keine Vitamin-D-Präparate. Wie der Status ist, lässt sich durch einen Bluttest beim Hausarzt klären.

Vegan ernährte Babys sollten unbedingt gestillt werden. Am besten über das erste Lebensjahr hinaus, zweimal am Tag. Eine Ersatznahrung auf Sojabasis wird heute nicht oder nur im Einzelfall empfohlen, da Soja ein starkes Allergen ist. Zudem enthält Babynahrung auf Sojabasis keinen

Milchzucker. Er ist aber für Entwicklung der Darmflora wichtig. Keine Alternative ist selbst hergestellte Babymilch aus rohem gemahlenem Getreide, sogenannte Frischkornmilch, da hier Nährstoffe fehlen und das Risiko besteht, dass sie verkeimt ist. Empfohlen werden Vitamin-D-Präparate, zehn Mikrogramm täglich ab der ersten Lebenswoche bis zum Ende des ersten Lebensjahres.

Ob in der Stillzeit Vitamin B_{12} gegeben werden muss, sollte der Kinderarzt entscheiden. Die Gehalte der Muttermilch können, müssen aber nicht fürs Baby ausreichen. Entscheidend ist, wie die Mutter mit B_{12} versorgt ist. Die Gehalte im Blut sollten regelmäßig bei Mutter und Kind überprüft werden.

Ab dem fünften Lebensmonat können auch vegan ernährte Kinder Beikost erhalten. Weil Fleisch als Eisenlieferant tabu ist, muss auf genügend Eisen geachtet werden. Mittags kann es einen pürierten Gemüse-Kartoffel-Brei mit einem Esslöffel feiner Haferflocken (Eisen!) plus einen Esslöffel Leinöl (ungesättigte Fettsäuren) geben. Ab dem achten Lebensmonat können zur Verbesserung der Eiweiß- und Eisenversorgung auch ein Esslöffel pürierte rote Linsen oder Kichererbsenmehl an den Brei gegeben werden. Vormittags und nachmittags gibt es Obst-Getreide-Brei, frühmorgens und abends wird weiterhin gestillt.

Im zweiten Lebenshalbjahr kann das Kind schon Vollkornbrot aus fein vermahlenem Mehl oder Nudeln aus der Hand knabbern. Das Brot sollte aus Sauerteig gebacken sein, weil so die Eisenverwertung aus dem Getreide verbessert wird. Anders als oft behauptet bekommen Kinder genügend Kalzium aus pflanzlichen Lebensmitteln und Getränken. Kalzium ist in Mineralwasser (mit hohem Kalzium-gehalt) enthalten, außerdem in Nussmus und mit Kalzium angereicherten Haferdrinks. Da Veganer weniger Eiweiß aus tierischen Lebensmitteln essen, ist die Kalziumausscheidung geringer und somit auch der Bedarf. Jod enthalten Kinder über geringe Mengen an Norialge. Gute Eiweißlieferanten sind: Kichererbsen, Rote Linsen, Haferflocken, Reis, Gerste, Buchweizen, Hirse, Nudeln, Vollkornbrot sowie Nüsse.

Bei Schulkindern muss auch stets auf eine gute Eiweißversorgung geachtet werden. Vitamin B_{12} gibt es durch Supplemente. Eltern sollten außerdem auf Kalzium, Eisen und Jod achten und mit dem Kinderarzt über ein Vitamin-D-Präparat sprechen.

Jugendliche Veganer müssen besonders auf die Kalziumversorgung achten. Mädchen, die schon ihre Menstruation haben, brauchen mehr Eisen als Jungen. Die Aufnahme aus den Lebensmitteln in den Körper lässt sich durch gleichzeitiges Essen von Vollkorn, Hülsenfrüchten sowie Obst oder Säften (Vitamin C) verbessern. Obligatorisch sind auch für vegan essende Jugendliche B_{12}-Präparate und ggf. Vitamin-D-Tabletten.

Seriöse Informationen über vegane Kinderernährung gibt es beim Vegetarierbund Deutschland: www.vebu.de. Sie wurden vor allem von Dr. Markus Keller von IFANE zusammengestellt.

3. Zucker- und Salzbomben zum Frühstück: der Cerealien-Schummel

Wenn Maja und Max nichts zum Frühstück essen, wird Katja nervös. Kinder sollen doch etwas frühstücken, meint sie. Eine Scheibe Brot mit Quark und Marmelade und etwas Obst wären gut. Dazu hatte der Kinderarzt geraten. Doch ihre Kinder wollen morgens nichts essen. Meist knabbern sie lustlos an einem Toast herum. Was immer geht, ist trinken: Maja mag ein Glas Orangensaft und Max einen kleinen Becher Kakao. Immerhin.

Was auch ankommt, sind Knusper-Cerealien mit Milch, also Flakes oder kleine Knusperkissen mit Zimt. Katja hat die beiden Tüten nicht selbst gekauft. Sie lehnt dies ab, weil es kein »richtiges Frühstück ist«, außerdem »zu süß«, so die Physiotherapeutin aus München. Die Kinder haben die Sachen von den Großeltern mitgebracht, wo sie hin und wieder das Wochenende verbringen. Gibt es eine Diskussion um die Knuspersachen, entgegnen die Kinder: »Oma hat gesagt, das ist gesund.«

»Leckere Zimtwirbel auf jedem kleinen goldgelben Stückchen aus 32 Prozent Vollkornweizen«, lautet die Werbung für die *Cini Minis* von Nestlé. Das klingt erst einmal gut: Vollkornweizen ist ja gesund, und Zimt ein leckeres Gewürz. Die Zutatenliste bestätigt, dass hauptsächlich Vollkorn in den kleinen Vierecken stecken. Wo also liegt das Problem? Bei genauerem

Hinsehen stellt sich die Rezeptur aber nicht mehr ganz so gesund dar. Neben Vollkorn- und Reismehl enthält sie vor allem eins: Zucker. Rund ein Viertel steckt in den intensiv nach Zimt schmeckenden kleinen Kissen. Nicht nur gewöhnlichen Haushaltszucker findet man in der Rezeptur, Glukosesirup und Maltodextrin sind ebenfalls enthalten. Außerdem, und das klingt auch wenig gesund: Säureregulator Natriumphosphate, Emulgator Sonnenblumenlecithine, Farbstoff (Ammoniak-Zuckerkulör, Annatto) und Aroma.

Dass Frühstückscerealien Zuckerbomben sind, kritisieren die Verbraucherzentralen und Ernährungsfachleute seit Langem. Darum wird der Zucker auf der Packung gerne verschleiert. An erster Stelle im Zutatenverzeichnis, das alle Zutaten entsprechend ihres mengenmäßigen Anteils an der Rezeptur ausweist, steht nämlich nicht etwa »Zucker«, sondern, wie bei den *Cini Minis:* »Vollkornmehl«. Dennoch ist Zucker die Hauptzutat. Und das geht so: »Sie (die Hersteller) verwenden nicht eine, sondern drei, vier oder gar fünf verschiedene Zuckerarten, die dann einzeln aufgeführt werden. So wird vermieden, dass an erster Stelle eines Lebensmittels tatsächlich ›Zucker‹ steht«, schreibt die Verbraucherzentrale Bremen in einem Report über Kinderlebensmittel.

Ein Test Frühstückscerealien der Verbraucherorganisation Foodwatch bestätigt das. 143 Knuspereien kamen auf den Prüfstand. Ausgewählt wurden nur Produkte, die in der Aufmachung und Werbung gezielt Kinder ansprechen. In jeder zweiten Packung stecken mindestens 30 Prozent Zucker. Vier von fünf Produkten haben einen Zuckergehalt von mehr als zwanzig Prozent.

»Frühstücksflocken für Kinder sind in der Regel schlicht Süßigkeiten mit Müsli-Anstrich«, urteilt Sprecher Oliver Huzinga. »Aus einem eigentlich ausgewogenen Produkt – Getreideflocken – hat die Industrie ein billiges Gemisch aus Mehlpampe und Zucker gemacht, mit dem Kinder schon am Frühstückstisch auf den süßen Geschmack geprägt werden.«

Inzwischen wurden einige Rezepturen zwar korrigiert, zu süß sind alle jedoch immer noch.

Müslis mit Biolabel sind nicht besser. Foodwatch hatte etwa die *Bio Schoko Kugeln* von Dennree mit einem Zuckergehalt von 36 Gramm je 100 Gramm angeprangert. Doch das ist nur eins von vielen zuckersüßen Biomüslis, wie ein Marktcheck von »Bio-Food-Tester« zeigt. Denn auch im Biomarkt sind die supersüßen Kugeln, Ringe und Flocken angekommen. Auch spezielle für Kinder: Grobi und Ernie von der Sesamstraße preisen etwa »Honig-Poppies« und ein »Knuspermüsli« an, ein lachender Igel jongliert mit »Knusper-Bällen«, und eine freche Honigbiene wirbt für »Dinkel-Kakao-Poppies«.

Ausgewählt wurden 13 Biomüslis, die in ihrer Aufmachung insbesondere Kinder ansprechen – oder die Eltern Glauben machen, sie seien für Kinder besonders geeignet. Geprüft wurden die »inneren Werte«, also der Zucker-, Fett- und Eiweißgehalt, und ob die Müslis Kindern schmecken und die Deklaration Eltern beim Einkauf weiterhilft. Ergebnis: Nur zwei Produkte erhalten in der Ampel von »Bio-Food-Tester« die Bewertung »Grün«: »Knusper-Bär« von Alnatura und das »Mond und Sterne«-Müsli von Rapunzel (Stand 2013). Sie sind also durchweg in Ordnung. Sie schmecken Kindern, wie die sensorische Verkostung ergab, enthalten nur wenig Zucker und sind korrekt deklariert.

Eine weitere gute Nachricht: Alle Zutaten der Kindermüslis sind »bio«, sie enthalten also ausschließlich Zutaten aus kontrolliert biologischem Anbau.

Alle übrigen Produkte wurden abgewertet, waren also »Gelb« oder »Rot«. Hauptkritik: Sie sind viel zu süß für ein Kinderfrühstück. Mit einer Portion (40 Gramm) nehmen Kinder oft schon mehr als die Hälfte der vom Forschungsinstitut für Kinderernährung akzeptierten täglichen Zuckermenge von 25 Gramm auf. Schon ein Müsli, das ein Fünftel der akzeptierten Zuckermenge liefert, ist kein geeignetes Kinderfrühstück, sondern eine Süßigkeit. Denn über den Tag werden noch mehr gesüßte Speisen und Getränke konsumiert, etwa Marmelade, Fruchtjoghurt, Saft und auch mal ein Eis oder ein Riegel.

Süß durch Salz

Überraschend ist eine weitere Zutat in Frühstückscerealien: Salz. Ausnahmslos alle Produkte für den Frühstückstisch enthalten es. Dabei handelt es sich nicht nur um das natürlicherweise in Getreide vorkommende Salz, sondern um einen gezielten Salzzusatz. Das hat Gründe. Auf der Zunge befinden sich Süßsensoren, die bei Anwesenheit von Salz die süße Empfindung in der Geschmackszelle verstärken. Durch Salz wird der süße Geschmack also besser wahrgenommen. Das kennt jeder, der beim Backen eine Prise Salz an den Kuchenteig gibt.

Es kommt also reichlich Salz an die Cerealien, damit das Süßerlebnis gefördert wird. Wollen Eltern darauf achten, dass sie ihren Kindern möglichst zuckerreduzierte Cerealien kaufen, sollten sie auch den Salzgehalt im Blick haben. Denn wenn der bei über 100 Milligramm auf 100 Gramm (100 mg/kg) eines Lebensmittels liegt, sorgt er für ein nachhaltiges und prägendes

Süßerlebnis. Solche Salzmengen sind nicht nur in Süßigkeiten nicht selten. So enthält beispielsweise ein Krapfen (»Berliner«) knapp 350 Milligramm Kochsalz je 100 Gramm, der zusammen mit 44 Gramm Zucker für ein Süßfestival sorgt, das die Kinder nie mehr vergessen werden.

In Frühstückscerealien sind Salz und Zucker oft sogar noch in größeren Mengen vergesellschaftet – und die kommen, im Unterschied zum »Berliner«, nahezu täglich auf den Tisch. So findet man in 100 Gramm *Cini Minis* neben stattlichen fast 25 Gramm Zucker zugleich über 1000 Milligramm Salz. Kein Wunder, dass Kinder sie mögen und sie morgens ohne Murren in sich reinschaufeln. Wird der süße Kick doch noch potenziert.

Das ist heikel. Zwar soll süßes Essen nicht verdammt werden. »Das süße Empfinden hat sich in Millionen Jahren Evolution entwickelt und wird sich nicht über Nacht ändern lassen«, sagt Susana Peciña von der Universität Michigan, die seit Jahren die Genusszentren des Gehirns erforscht. Wir kommen also mit unserem Verlangen nach Süßem auf die Welt, und in den nächsten Jahrhunderten wird das wohl auch so bleiben. Träufelt man einem Säugling etwas Wasser auf die Zunge, das entweder süß, salzig, sauer oder bitter schmeckt, so erhält man nur bei dem süßen Tropfen eine positive Reaktion: Das Kind verzieht das Gesichtchen zu einem vagen Lächeln. Der Grund für diese Vorliebe liegt nach Ansicht von Susana Peciña darin, dass wir durch die Evolution auf die intuitive Erkenntnis getrimmt wurden, »dass süße Nahrungsmittel für sichere und schnelle Energiequellen stehen, während der Bittergeschmack mit riskanten Nahrungsmitteln verbunden ist«. Andere Wissenschaftler vermuten hingegen, dass die süße Vorliebe im Mutterleib durch den Geschmack des Fruchtwassers geprägt wird, denn das schmeckt – wie auch die Muttermilch – leicht süß. Vermutlich ist beides richtig. Denn Evolution und Fruchtwasser müssen ja kein Widerspruch sein.

Gewichtige Probleme der Kids

Süßes Essen ist schon lange keine Überlebensstrategie mehr, sondern ein gewichtiges Problem, gerade bei Kindern. Es geht ja nicht nur um ein paar Pfunde zu viel auf den Rippen. Übergewicht hat gravierende Folgen: Dicke Kinder werden oft gehänselt, weil sie unsportlich und unförmig sind. Sie haben keine Freunde, weil »Dicke« immer noch diskriminiert werden. Auch die gesundheitlichen Folgen sind dramatisch. Schon bei den Jüngsten treten Bluthochdruck, Diabetes Typ 2 und Störungen des Fettstoffwechsels auf – Erkrankungen, die man lange Zeit nur bei Erwachsenen beobachtete. Übergewichtige Kinder können an einer Fettleber oder am sogenannten metabolischen Syndrom, einem multifaktoriellem Risikofaktor für Herz-Kreislauf-Erkrankungen wie Herzinfarkt und Schlaganfall leiden. Auch Gelenkerkrankungen können dicken Kindern zu schaffen machen, weil die Fettmasse auf die Knochen drückt. Hinzu kommt das Risiko von Karies, wenn zu viel Süßes gegessen wird. Die Erkrankungen werden oft ins Erwachsenenalter verschleppt – und müssen irgendwann kuriert werden. Süßigkeiten und vor allem Zucker spielen dabei eine wichtige Rolle.

Dass Kinder-Cerealien unnötig übersüßt sind, ist unumstritten. Inzwischen weiß man nämlich, wie süß ein Nahrungsmittel schmecken muss, damit ein Kind, ob Säugling oder Schulkind, den süßen Geschmack wahrnehmen kann. Der Säugling benötigt noch 8,6 Gramm Süße je Liter Flüssigkeit. Das ist relativ süß und entspricht in etwa der Süße eines Fruchtsaftgetränkes, ergaben Untersuchungen des Bremerhavener Technologie Transfer Zentrum (TTZ). Babys schmecken süß also erst ab einer recht hohen Konzentration. Darum ist selbst die Muttermilch, die ja die wichtigste Nahrung für das Baby ist, ein echter Süßdrink. Sie enthält knapp 70 Gramm Milchzucker je Liter. Obwohl Milchzucker weniger süß schmeckt als normaler Zucker, kommt der Süßgeschmack doch an.

Mit jedem Lebensjahr verbessert sich das Geschmacksempfinden. Mit zunehmendem Alter können Kinder Zucker und andere Süßungsmittel in Lebensmitteln also früher herausschmecken. Darum sollten Speisen und Produkte für größere Kinder nur schwach gesüßt sein. Das bestätigt eine dänische Studie mit 8900 Schulkindern, die von der Universität Kopenhagen durchgeführt wurde. Die Forscher untersuchten den Geschmackssinn und die Lieblingslebensmittel von Kindern und Jugendlichen. Die Kids probierten dafür blindlings zehn unterschiedlich stark gesüßte Erfrischungsgetränke. Das erstaunliche Ergebnis: Jedes dritte Schulkind bevorzugte definitiv die Varianten mit *wenig* oder *ohne* Zucker. »Das ist neu«, so Studienleiter Bodil Allesen-Holm. »Erfrischungsgetränke für Kinder und Jugendliche müssen also nicht immer viel Zucker enthalten.« Das gilt genauso für Frühstückscerealien und auch andere Lebensmittel für Kinder (siehe Kapitel 4.4). Dennoch sind sie heillos übersüßt.

Die Studie zeigt aber auch, dass sich frühzeitiges Naschen auf die späteren Vorlieben auswirkt: 48 Prozent der Kinder konnten von den angebotenen stark gesüßten Varianten nicht genug bekommen. Sie vergaben guten Noten nur an sehr süße Drinks. »Das liegt vielleicht daran, dass viele Kinder daran gewöhnt sind, viele Soft-Drinks und Süßigkeiten zu verzehren und somit auf ›Süßes‹ geprägt sind«, erklärt Allessen-Holm.

Obersüß sollte das Frühstück also nicht sein, denn das hat langfristig Folgen. Tatsächlich geben sich Kinder auch mit einem schwach gesüßten Müsli zufrieden, das z. B. vor allem feine Haferflocken enthält. Der Vorteil: Hafer schmeckt von Natur aus leicht süß. Wird die Stärke der Flocken im Mund abgebaut, mundet es wiederum leicht süß.

So fand auch Katja, die Mutter von Max und Maja, einen Kompromiss mit ihren Kindern. In die Müslischüssel kommen einige Esslöffel feine Haferflocken. Dazu gibt es ein bis zwei Esslöffel Flakes. Sie sind ohne Zucker. Denn das ist eine Tatsache: Dem Nachwuchs geht es gar nicht so sehr um das Süße, sondern vor allem ums Knuspern.

Mit Rat zur Tat

Es ist gut, wenn Kinder morgens etwas essen. Aber zwingen sollte man sie nicht. Morgenmuffel sollten auf jeden Fall versuchen, etwas zu trinken. Ein Becher Milch mit wenig Kakaopulver oder ein Glas Orangensaft rutscht bei den meisten Kindern.

Ein Brot mit Quark und Marmelade, ein Knäcke mit Käse oder ein zuckerfreies Müsli mit Obst wären morgens gute

Mahlzeiten. Aber manche Kinder mögen auch das nicht essen. Sie sollten sie nicht zwingen, das verstärkt nur die Abwehr. Kompromisse sollten Sie aber auch nicht machen, also kein Toastbrot mit Nutella anbieten unter dem Motto »Besser als nichts«.

Helfen kann, die Neugier am Frühstück zu wecken. Bieten Sie mal etwas anderes an als Stulle und Co. Wie wäre es mit »Arme Ritter«? Dafür wird altbackenes Brot in eine Milch-Ei-Mischung getaucht und in der Pfanne kross gebraten. Dazu Apfelmus reichen.

Manche Kinder mögen auch ein warmes Müsli. Dafür feine Haferflocken in Milch aufkochen und kurz quellen lassen. So schmeckt der Hafer leicht süß. Dazu geschnippeltes frisches Obst reichen.

Bei fertigen Müsli- und Knuspermischungen halten wir einen Zuckergehalt bis zu fünf Gramm je Portion (40 g) für akzeptabel. Das entspricht zwölf Gramm Zucker je 100 Gramm Müsli. Die meisten Frühstückscerealien enthalten mehr als das Doppelte. Inzwischen sind Nährwertangaben auf der Packung obligatorisch, sodass Sie diese überprüfen können.

4. Kinder-Lebensmittel braucht kein Kind

Ein Tabu soll fallen. Der Europäische Diätverband will Babymilch und auch sogenannte bilanzierte Diäten für kranke Säuglinge und Kleinkinder mit Aromastoffen aufpeppen. Bisher ist das hierzulande nicht erlaubt. Säuglingsanfangsnahrung für Babys, die nicht gestillt werden können, oder auch spezielle Babymilch zum Schutz vor Allergien, ist bislang frei davon. Der Verband möchte jedoch durch die Aromatisierung »die Entwicklung des Geschmacks- und Geruchssinns in der frühen Kindheit (…) fördern«. Schließlich sei auch Muttermilch reich an Geschmacksstoffen. Und es stimmt ja auch. Was die Mutter isst, bekommt das Baby zu schmecken: das Aroma der Kräuter aus dem Quark, des Knoblauchs aus dem Tsatsiki oder von Zimt und Vanille aus dem Gebäck.

Doch bei genauerem Hinsehen will der Diätverband, der die Interessen der Babykosthersteller vertritt, Babys nicht mit Geschmacksvielfalt beglücken. Er möchte vielmehr Geschmacksmängel der Säuglingsmilch ausgleichen. Insbesondere der leicht bittere Geschmack sogenannter hypoallergener Säuglingsnahrung soll übertüncht werden. Jener Milchersatzprodukte, die Babys angeboten werden, in deren Familie es ein Allergieproblem gibt und die deshalb eine spezielle Nahrung erhalten –

sofern nicht gestillt werden kann. Die Produkte werden vom Nachwuchs abgelehnt, weil sie bitter schmecken. Sagt der Verband.

Tatsächlich schmeckt hypoallergene Säuglingsnahrung leicht bitter. Dass Babys sie zunächst ablehnen, ist ganz normal. Während die süß schmeckende Muttermilch problemlos akzeptiert wird, schaltet das Baby bei Bitternahrung erst mal auf stur. Denn bitter bedeutet: stopp, halt, Vorsicht! In der Natur sind bittere Früchte, Blätter und Samen oft giftig. Es ist ein natürlicher Schutz, dass das Baby erst einmal das Gesicht verzieht, wenn Mama oder Papa ihm hypoallergene Babynahrung anbieten.

Dass es nachhaltige Akzeptanzprobleme gebe, bestreitet das Bundesinstitut für Risikobewertung in Berlin (BfR). Werde die Ersatznahrung in den ersten drei Lebensmonaten angeboten, dann gebe es nach einer kurzen Zeit der Gewöhnung kein Problem. Das Institut hat eine Studie erarbeitet, in dem es Stellung zu dem Ansinnen der Hersteller nimmt, Säuglingsmilch künftig zu aromatisieren. Darin bestätigt es die Vorteile des Stillens – auch in Bezug auf die Geschmacksbildung – und lehnt Aromastoffe in Babymilch klar ab. Fazit: »Das BfR sieht keinen Nutzen in der Verwendung von Aromastoffen in Säuglingsanfangs- und Folgenahrung – weder zur Verbesserung der Geschmacksakzeptanz noch zur Förderung der Geschmacksentwicklung.«

Es sieht in zugesetzten Aromastoffen vielmehr ein Risiko. Die für sämtliche Lebensmittelzusatzstoffe geltenden Richtwerte für die täglich akzeptierte Aufnahmemenge für Zusatzstoffe, der sogenannte ADI-Wert, könne nicht auf Babys angewendet werden. Sie sind in den ersten Lebensmonaten besonders empfindlich. Die Entgiftungsorgane wie Leber und Nieren funktionieren noch nicht richtig. Und auch der Schutzwall zum Gehirn, die Blut-Hirn-Schranke, ist noch nicht voll ausgeprägt. Niemand weiß also, wie viele Aromastoffe ein Baby verkraften würde. Es herauszufinden, würde sie zu Versuchskaninchen machen und scheint auch nicht nötig. Selbst wenn Babys die bittere Kost erst einmal ablehnen, weil sie nur Muttermilch kennen und darum »Bäh« sagen, muss kein Kind verhungern. Denn probieren geht über studieren. Die angebotenen Produkte schmecken unterschiedlich intensiv bitter. Es wird sich fürs Baby eine Milch finden, die von ihm goutiert wird. Ab dem fünften Lebensmonat kann dann auch mit Beikost begonnen werden (siehe Kapitel 4.1).

Während Säuglingsmilch noch frei ist von zugesetzten Aromen, sind sie in der Folgemilch seit Langem zu finden. Diese Milch wird von den Herstellern für Kinder ab dem sechsten Monat empfohlen – für diejenigen, die nicht gestillt werden oder keine normale Kuhmilch erhalten. Bei Milupa etwa ist das künstliche Vanillin in der *Milumil Folgemilch 2* enthalten. Das ist unerwünscht, denn Kinder sollen natürliche Aromen aus Früchten, Gemüse und Getreide kennen lernen, keine zugesetzten Aromen, die immer anders, oft intensiver und penetranter schmecken als die Originale. Die lernen sie über Muttermilch und Babybeikost kennen.

Kindermilch ohne Milch

Für Kinder ab einem Jahr wird derzeit sogenannte Kindermilch beworben. Alle Babynahrungsproduzenten bieten die Spezialmilch an, die angeblich mehr kann als normale Kuhmilch.
Rund 50 Millionen Euro Umsatz machten die Babykostfirmen
2013 mit der Spezialmilch, von der die Anbieter behaupten, sie
sei gesünder als Kuhmilch. Sie locken damit, dass Kindermilch
auf die Ernährungsbedürfnisse von Kleinkindern abgestimmt
sei. Denn sie enthalte weniger Eiweiß als normale Kuhmilch
und mehr Eisen, Zink und Vitamin D. Zu viel Eiweiß soll
Kinder dick machen; Eisen, Zink und Vitamin D sind bei Babys
oft Mangelware.

Trotz dieser angeblichen Vorzüge raten Fachleute von der
Extramilch vehement ab. Die zugesetzten Vitamine und Mineralstoffe würden zu einer unkontrollierten Aufnahme an diesen
Stoffen führen, schreibt das Bundesinstitut für Risikobewertung. Die Getränke würden zudem gar nicht den besonderen
Ernährungsanforderungen von Kleinkindern entsprechen. Denn
die Milchdrinks liefern oft zu wenig Kalzium, das für das Kno-
chenwachstum wichtig ist. Fazit des Instituts: »In einer ausgewogenen Kleinkindernährung sind Kindermilchgetränke überflüssig.«

Ähnlich urteilt die europäische Lebensmittelbehörde EFSA in
Parma. Sie unterzog 2013 Kindermilch, die in anderen Ländern
auch »Wachstumsmilch« heißt, einer Prüfung. Die Sachverstän-
digen konnten »keinerlei Mehrwert für die Deckung des Nähr-
stoffbedarfs von Kleinkindern in der EU« durch Kindermilch
erkennen. Sie sei nicht wirkungsvoller als andere Nahrungsmittel, die zur normalen Ernährung von Kleinkindern gehören –
also z. B. Kuhmilch für die Kalziumversorgung.

Obwohl sie nicht überzeugt ist von den Produkten, will die Behörde nun Empfehlungen zur Zusammensetzung von Kindermilchprodukten veröffentlichen.

Die Hersteller drängen. Kindermilch ist für sie einer von mehreren Strohhalmen, an den sie sich klammern. Rückläufige Geburtenzahlen treiben sie an, sich immer neuen, überteuerten Schnickschnack auszudenken.

Kinderlebensmittel sind nicht nur überflüssig, sie sind auch teuer. Die Verbraucherzentrale Hamburg errechnete: Wer seinem Kind regelmäßig Kindermilch zu trinken gibt, muss je nach Anbieter mit Mehrkosten zwischen 66 und 244 Euro jährlich rechnen. Verglichen wurden die Kindermilchkosten mit schlichter fettarmer Biokuhmilch.

Überhaupt kassieren die Hersteller ordentlich ab bei Kinderprodukten aller Art. Ob Kindermilch, Minijoghurts, Kinderwurst oder Frühstücksflakes – rechnet man die kleinen Portionen auf ein Kilo um und vergleicht den Preis mit der entsprechenden Menge eines normalen Lebensmittels, wird der Nepp nur allzu deutlich. Ein Kilo »Frucht-Spaß«, also Obst zum Quetschen, kostet rund zehn Euro. Ein Kilo frisches Bioobst, etwa Pfirsiche, Erdbeeren oder Äpfel, ist schon für 2,99 Euro zu haben. Wer Haferflecks (gepoppte Haferflocken mit Zucker) kauft, bezahlt je Kilo 4,45 Euro. Die Tüte normale feine Biohaferflocken kann man schon für rund zwei Euro erwerben.

Dennoch werden sie gekauft. Denn immerhin 40 Prozent der Eltern meinen, Kinderprodukte seien besonders auf die Bedürfnisse der kleinen Esser abgestimmt, so der Verbraucherzentrale Bundesverband in Berlin. Sie gehen also davon aus, dass spezielle Kids-Lebensmittel weniger Zucker, Fett, Salz und andere unerwünschte Zutaten enthalten. Dafür geben junge Familien gerne mehr Geld aus. Vor allem wenn zusätzliche Vitamine in der Wurst oder im Obstsaft stecken. Jede zehnte Familie mit kleinen Kindern ist bereit, »deutlich mehr« für vitaminisiertes und anderweitig angereichertes Essen auszugeben, ergab eine Befragung des Marktforschungsinstituts Ipsos.

Geschäft mit der Angst

Geschürt wird diese Bereitschaft durch den Wunsch der Eltern, den Nachwuchs gesund zu ernähren. In der Werbung wird gerne von den Firmen suggeriert, dass Kinder Defizite bei bestimmten Nährstoffen hätten. Es stimmt zwar, dass Kinder zu viel Süßes essen und oft auch zu viel Wurst, Pommes und Pizza. Das eine oder andere Vitamin kommt dadurch zu kurz. Es bedeutet aber nicht, dass sie zwangsläufig schlecht ernährt sind. Im Gegenteil: Die Eskimo-Studie des Robert Koch-Instituts in Berlin ergab, dass die Mehrheit der älteren Kinder und Jugendlichen gut mit Mineralstoffen und Vitaminen versorgt ist. Nur bei einigen wenigen Nährstoffen hapert es, an Vitamin D und Folsäure, bei den Sechs- bis Elfjährigen auch an Kalzium, Vitamin A und E. Bei Mädchen an Eisen.

Das gilt auch für Kleinkinder. Die sogenannte Greta-Studie, die den Versorgungsstatus von Kleinkindern überprüfte, ergab: »Die Zufuhr der hier untersuchten neun Vitamine und sechs Mineralstoffe erreichte mit wenigen Ausnahmen im Median (Anmerkung: im Mittel) die Empfehlungen oder lag zum Teil erheblich darüber«, so Dr. Annett Hilbig vom Forschungsinstitut für Kinderernährung. Lediglich bei Vitamin B und Folsäure, Vitamin D, Jod und Eisen sei die Zufuhr zu gering und bleibe unter den Empfehlungen, schreibt sie in der *Aktuellen Ernährungsmedizin*. Insgesamt, so das Fazit, sei die Nährstoffzufuhr aber gut. Einzelne Defizite würden es nicht rechtfertigen, Lebensmittel generell mit bestimmten Stoffen anzureichern.

Einige Ausnahmen macht Annett Hilbig aber doch: Die Verwendung von Salz, das mit Folsäure, Fluor und Jod versetzt ist, hält das Forschungsinstitut für Kinderernährung für sinnvoll. Um die Eisenversorgung zu verbessern, wird zu Vollkornnudeln und -brot in Kombination mit Paprika, Kiwi und Orangensaft geraten, weil das im Grünzeug enthaltene Vitamin C die Eisenaufnahme verbessert. Gegen Vitamin-D-Mangel hilft der Aufenthalt im Freien, weil das Vitamin vor allem mithilfe des UV-Lichts gebildet wird. Für Babys werden allerdings Vitamin-D-Präparate empfohlen. Hier berät der Kinderarzt.

Nestlé behauptet dennoch: »Wir haben mit dem Forschungsinstitut für Kinderernährung (FKE) eine Studie erstellt und dabei signifikante Vitamin- und Mineralstoffdefizite bei Kleinkindern festgestellt. Nestlé-Rezepturen wurden daraufhin genau auf diese speziellen Bedürfnisse abgestimmt, beispielsweise durch die Beigabe einer vollen Portion Gemüse bei allen Kleinkindmenüs«, erklärt Nestlé in der *Lebensmittelzeitung*. Vitamine werden den kleinen Bechern mit Beikost aber nicht extra zugesetzt.

Kinderobst mit Vitamin-C-Zusatz

In andere Kinderlebensmittel kommen sie dafür reichlich. Oft werden Vitamine, Mineralstoffe, Spurenelemente und Omega-3-Fettsäuren nach dem Gießkannenprinzip in die Produkte gepackt. Frühstückscerealien (siehe Kapitel 4.3.) enthalten oftmals zugesetztes Eisen, Obst zum Quetschen aus dem Plastikbeutel Extra-Vitamin C, und in Säfte, Erfrischungsgetränke und Kids-Tütensuppen kommt gleich eine ganze Palette an Vitaminen.

Das ist alles andere als gesund. Es ist zu befürchten, dass Kinder überreichlich mit Vitaminen und Mineralstoffen versorgt werden – und sich schaden. Isst ein Kind morgens 50 Gramm Frühstücksflocken, die mit Ausnahme von Bioprodukten stets mit einem ganzen Strauß an Vitaminen und Mineralstoffen angereichert sind und trinkt über den Tag einen halben Liter Multivitaminnektar, kommt das Kind allein schon durch diese beiden Speisen bei manchen Vitaminen auf über 100 Prozent der empfohlenen Tagesration – und obendrauf kommen noch die Vitamine und Mineralien aus den anderen Mahlzeiten des Tages.

Vermutlich ist die aufgenommene Gesamtmenge sogar noch höher. Denn um bis zum Ablauf des Mindesthaltbarkeitsdatums die deklarierten Vitaminmengen zu garantieren, werden den Lebensmitteln meist wesentlich höhere Mengen zugesetzt. Mit der Zeit verflüchtigen sich manche Vitamine nämlich, etwa Vitamin C, Folsäure und die B-Vitamine.

Bei Eisen sieht es ähnlich heikel aus. Auch hier kann es durch den Verzehr angereicherter Lebensmittel zur Überversorgung kommen. Erhält ein Kind einen mit Eisen angereicherten Riegel, dazu eine Portion Frühstückscerealien mit Eisen und trinkt außerdem 300 Milliliter Fruchtsaft mit Eisenzusatz, werden am Ende des Tages über 200 Prozent der empfohlenen Eisenzufuhrwerte für Kinder erreicht, rechnet der Verbraucherzentrale Bundesverband in seinem Dossier »Kinderlebensmittel« vor.

Unter den Tisch gekehrt wird meist, dass viel eben nicht viel hilft. Die Vitamin- und Eisenduschen sind alles andere als harmlos. Zu viel Vitamin C kann bei den Kleinen zu Verdauungsbeschwerden und Kopfschmerzen führen – und das obwohl überschüssiges Vitamin C ausgeschieden wird. Übermäßige Vitamin-A-Mengen erzeugen Übelkeit, Erbrechen und Kopfschmerzen; bei dauerhaft längerer Einnahme hat Vitamin A sogar eine krebserregende Wirkung und führt zu Knochenbrüchen. Es gibt außerdem Hinweise, dass eine dauerhaft zu hohe Eisenzufuhr das Risiko für Infektionskrankheiten, Krebs und Herz-Kreislauf-Krankheiten erhöht.

Darum rät das Berliner Bundesinstitut für Risikobewertung von Eisenzusätzen ganz ab. Für den Zusatz zu Lebensmitteln hat es zudem Beschränkungen für einzelne Vitamine und Mineralstoffe definiert. Ganz verbieten will die Behörde Nährstoffzusätze aber nicht. Auch nicht bei Kinderlebensmitteln. Das darf sie als beratendes Institut auch nicht. Das müsste der Gesetzgeber machen.

In Dänemark und Norwegen sieht es anders aus. Dort sind mit Eisen angereicherte Frühstücksflocken und Riegel bereits seit Langem verboten.

Mit Rat zur Tat

Kinder benötigen keine speziellen Kinderlebensmittel, ob Säugling oder Schulkind. Babys sollten zunächst gestillt werden. Denn Muttermilch ist die beste Nahrung für das Kind. Ist dies nicht möglich, kann ein Muttermilchersatzprodukt verwendet werden. Ob eins zum Schutz vor Allergien angeboten werden soll, können Eltern mit dem Kinderarzt besprechen. Dies ist meist nur dann nötig, wenn es eine familiäre Belastung gibt, also Eltern oder Geschwister Allergiker sind.

Ab dem fünften, spätestens ab dem siebten Lebensmonat erhält das Kind Beikost (siehe Kapitel 4.1). Im Alter von etwa zehn Monaten essen die Kleinen langsam alle Lebensmittel, die auch bei den Großen auf den Teller kommen. Weder Kinderwurst noch Babyobst aus dem Beutel zum Quetschen sind geeignet, um Kinder an den natürlichen Geschmack von Lebensmitteln zu gewöhnen. Sie sind oft zu süß oder salzig, schmecken muffig und sind verkocht. Empfehlenswert sind vielmehr Gemüse und Obst, Vollkornprodukte, etwas Milch und Joghurts sowie Fleisch, Eier und Fisch in Maßen.

Eltern sollten einfach alles, was speziell für Kinder angeboten wird, im Laden links liegen lassen. Sie geben vor, was gekauft wird, nicht die Kinder, betont die Professorin für Psychologie, Kinder- und Jugendmedizin Marguerite Dunitz-Scheer. Eltern sollten einfach nur das kaufen, was sie auf dem Teller ihres Kindes sehen wollen. Geben Kinder beim Einkauf den Ton an, dann werde das Essen zum

Machtspiel und jeder Einkauf und jede Mahlzeit zum Kräfte-
messen.

Bei Tisch sollte das Kind aus einer vorgegebenen Auswahl
selbst entscheiden, was es essen möchte. Darum sollten die
Komponenten des Essens nicht von den Eltern zusammen-
gefügt werden, sondern einzeln auf den Tisch kommen,
also Nudeln, Sauce und Käse oder auch Bulette, Kartoffeln
und Gemüse. Wie an einem Buffet. So können auch mäke-
lige Esser auf ihre Kosten kommen und probieren vielleicht
doch mal das eine oder andere weniger beliebte Essen.

KAPITEL 5

Die Wahrheit zu unseren Nährstoffen

Kasimir Funk war Biochemiker, doch er war kein Wissenschaftler aus dem Elfenbeinturm. 1884 in Polen geboren hatte er häufig ansehen müssen, wie Menschen dahinsiechten. Er sah, wie ihre Haut welkte, die Haare und Zähne ausfielen. Dabei litten diese Menschen keinen Hunger, ihre Teller waren halbwegs gut gefüllt. Es gab Fleisch, Brot und auch konserviertes Gemüse aus Dosen. Dennoch schien ihren Körpern Entscheidendes zu fehlen.

Kasimir Funk wurde berühmt, weil er zweierlei leistete: Er fand heraus, weshalb die Menschen Mangel litten und krank wurden, auch ohne dass sie am Hungertuch nagten. Denn es fehlte ihrer Nahrung an bestimmten Nährstoffen – und für diese Nährstoffe, das war Funks zweite epochale Leistung, fand er einen klangvollen und einprägsamen Namen.

Er taufte sie nämlich auf den Namen »Vitamine«. Von Vita, dem Leben, und den Aminen, einer Gruppe von Stoffen, die in der Chemie eine zentrale Rolle spielen. Zwar sollte sich später herausstellen, dass Vitamine mehrheitlich gar nicht zu diesen Verbindungen zählen, doch am Begriff sollte sich bis heute nichts mehr ändern. Denn kein Marketing- oder PR-Experte hätte sich einen besseren ausdenken können. Er ist wirklich sexy, man verknüpft ihn fast automatisch mit Vitalität und Gesundheit, sodass er auch von der Öffentlichkeit zu positiv aufgenommen wurde, als dass man ihn jemals über Bord werfen wollte.

Weswegen der Vitaminboom schon zu Zeiten Kasimir Funks voll durchstartete. Gerade englische und amerikanische Mediziner und Ernährungswissenschaftler waren begeistert und glaubten, mit den neuen Stoffen eine Formel für das gesunde und lange Leben schlechthin gefunden zu haben. Die realwissenschaftliche Datenlage dazu war zwar nur schwach, lückenhaft und voreingenommen, doch davon wollte niemand etwas wissen, was nicht zuletzt auch daran lag, dass man lernte, Vitamine preiswert im Labor herzustellen und dadurch einen lukratives Geschäft mit ihnen machen konnte. In den 1970ern schwappte der Boom nach Deutschland, und hier wie dort ist der Ruf der Vitamine bis heute unverändert gut.

Kaum jemand, der in den Wohlstandsländern nicht irgendein vitaminisiertes Nahrungsmittel oder ein Vitaminpräparat auf dem Tisch hätte. Tatsächlich sind Kochsalz, Ballaststoffe oder sogar Fette keineswegs weniger von Bedeutung für den Organismus, doch ihr Image ist weniger gut. »Fett« – das klingt einfach nur ungesund; Kochsalz hört sich trivial an; und »Ballaststoffe« erscheinen allenfalls für Vollwertköstler und Vegetarier attraktiv, aber vom Namen her erinnern sie eher an etwas Überflüssiges, was die Fraktion der leidenschaftlichen Fleischesser endgültig davon überzeugt, dass der Mensch an sich kein Beilagenesser ist.

Es gibt viele Stoffe, die für unsere Ernährung unentbehrlich sind. Doch sie werden von Konsumenten, aber auch von vielen Ernährungswissenschaftlern, Diätassistenten und Medizinern in ihrer Bedeutung sehr unterschiedlich eingeschätzt, und der Name spielt dabei eine große Rolle. Mit der Realität hat dies natürlich nicht unbedingt etwas zu tun. Es lohnt sich, einen Blick hinter die Welt der Begriffe zu werfen.

1. Ballaststoffe: gut für Darm, Lunge und Seele – und Fettdepots

Gegenüber Vitaminen klingt der Begriff »Ballaststoffe« nur wenig sexy. Denn Ballast ist eher etwas, das man mit sich herumschleppen muss, das man am liebsten loswerden will, weil es überflüssig ist. Erfunden wurde der Begriff vor etwa 100 Jahren, im Rahmen der Futtermittelanalytik, und dort geht es sonst um solche Dinge wie Rohasche und Fettlösungsmittel, die auch nicht gerade poetisch klingen. Es ist daher nicht verwunderlich, dass Ballaststoffe als Bestandteil der menschlichen Ernährung lange ein Schattendasein fristeten. Ernährungswissenschaftler und Ökotrophologen kümmerten sich lieber um Vitamine und Mineralien. Aber Ballaststoffe? Wer will schon über etwas reden, das fast genau unten aus dem After wieder herauskommt, wie es oben in den Mund hineingekommen ist?

Denn ihre teilweise oder sogar komplette Unverdaulichkeit bildet den zentralen Charakter dieser Stoffgruppe, die prinzipiell zu den Kohlenhydraten zählt. Doch mittlerweile – vor allem unter dem Einfluss der Vollwertkost-Bewegung – hat sich der Blick auf sie erweitert. Man weiß jetzt, dass sie in ihrer schweren Verdaulichkeit eine wichtige Bedeutung für unseren Organismus haben, zu dem ja auch das Billionenheer der Darmbakterien gehört, das sich vorzugsweise mit all dem beschäftigt, was der Mensch selbst nicht kleinkriegt. Und man hat auch erkannt, dass sie in gewisser Weise doch in unseren Stoffwechsel eingreifen, wenn auch anders als etwa Eiweiße oder Fette. Es hat sich sogar so etwas wie eine Ballaststoff-Euphorie eingestellt. Mittlerweile hat man schon ein schlechtes Gewissen, wenn man mal kein Vollkornbrot oder -müsli, sondern eine simple Weißmehl-Semmel zum Frühstück hatte. Wer möchte, kann sich jetzt sogar Ballaststoffe im Obstsaft oder als Präparat zu Gemüte führen. Am Bundesministerium für Bildung und Forschung (BMBF) wurden »dreifach funktionelle Brötchen« entwickelt, die neben Polyphenolen und Ballaststoffen auch gleich noch die passenden Bakterien zu deren Verdauung liefern. Mit der Kampffmeyer Food Innovation steht schon ein potenzieller Hersteller für den breiten Markt in den Startlöchern, die Firma hat sich auch schon an den Forschungsarbeiten für die Supersemmeln beteiligt. Nach dem Motto: Warum sollte man aus dem Imagegewinn eines Nährstoffs nicht auch finanziellen Gewinn ziehen?

Doch es lohnt sich, einen uneuphorischen und unvoreingenommenen Blick auf die Ballaststoffe zu werfen. Allein schon, um ihnen das Schicksal der Vitamine zu ersparen, die zum regelrechten Wundermittel gegen alle möglichen Krankheiten hochgejubelt wurden, mit der Konsequenz, dass kaum noch jemand ihre potenziellen Nebenwirkungen sehen wollte.

Doch fangen wir zunächst bei den unbestrittenen Positivwirkungen der Ballaststoffe an: Sie senken den Appetit, verhindern Reizdarm und Verstopfung, schützen vor Diabetes und erhöhten Cholesterinwerten. Oft wird auch behauptet, dass sie vor Darmkrebs schützen. Der Grund: Eine ballaststoffreiche Ernährung beschleunigt zwar den Transport des Nahrungsbreis und verringert dadurch den Kontakt von krebsauslösenden Stoffen mit der Darmschleimhaut. Doch ob dies auch ausreicht, das Krebsrisiko tatsächlich zu senken, ist nicht sicher. In einer Studie des amerikanischen National Center Instituts in Bethesda wurden 2079 Versuchspersonen, bei denen schon einmal Darmpolypen (ein Vorform von Krebs) entfernt worden waren, in zwei Gruppen aufgeteilt: Die eine wurde auf ballaststoffreiche Diät gesetzt, während die andere weiter machte wie bisher, also viel Fleisch und wenig Vollkorn und Gemüse aß. Nach vier Jahren wurden beide Gruppen miteinander verglichen – sie zeigten beide die gleiche Darmkrebsquote. Bösartige Geschwüre entwickeln sich eben nach ganz eigenen Gesetzen, die der Mensch bis heute nicht komplett entschlüsselt hat.

Dafür entfalten Ballaststoffe offenbar Wirkungen weit jenseits des Darms. Ein Forscherteam um Bronwyn Berthon vom Hunter Medical Research Institut im australischen Newcastle befragte 135 schwere Asthmapatienten und 65 gesunde Personen nach ihren Essgewohnheiten. Dabei stellte sich heraus, dass die gesunden Probanden nicht nur weniger Fett, sondern auch durchschnittlich sechs Prozent mehr Ballaststoffe verzehrten. Bei den Asthmakranken zeigte sich außerdem ein dosisabhängiger Zusammenhang: je weniger Ballaststoffe auf ihrem Speiseplan, desto schwächer ihre Lungenfunktionen. Dies spreche dafür, so Berthon, dass es nicht nur um die altbekannte Formel gehe, wonach eine fettreiche und vegetarisch verarmte Kost das Asthmarisiko erhöhe, sondern tatsächlich die Ballaststoffe selbst günstig für die Atemwege seien.

Eine physiologische Erklärung dafür könnte laut Ansicht der Infekt- und Asthmaspezialistin sein, »dass Darmbakterien beim Zersetzen der Ballaststoffe entzündungshemmende Buttersäure freisetzen«. Die Darmflora werde aber auch durch die komplexen Kohlenhydrate so in ihrer Zusammensetzung verändert, dass möglicherweise die Immunabwehr trainiert und dadurch weniger Schleim in den Atemwegen produziert wird. »Da muss man noch weiterforschen«, so Berthon.

Und das gilt auch für die möglichen Auswirkungen auf die Psyche. Denn Adam Smith von der Cardiff University in Wales ermittelte, dass eine vierwöchige Erhöhung der Ballaststoffzufuhr auf 40 Gramm täglich – die Deutsche Gesellschaft für Ernährung empfiehlt 30, und die werden von den meisten Bundesbürgern um zehn Gramm unterschritten! – nicht nur die Müdigkeit der Probanden vertrieb, sondern sie auch bei den gängigen Depressionstests um zehn Prozent niedrigere Werte erreichen ließ. Der physiologische Schlüssel zu diesem Effekt liegt wohl auch in der Darmflora: An der kanadischen McMaster University im kanadischen Hamilton fand man Hinweise darauf, dass sich durch eine Manipulation der Darmbesiedelung der Botenstoffhaushalt im Gehirn verändert. »Dies könnte erklären, warum eine Depression oft zusammen mit einem Reizdarm auftritt«, berichtet Studienleiter Stephen Collins. Und das könnte wiederum erklären, warum Ballaststoffe nicht nur reizdarm-, sondern auch depressionshemmend sind.

Auch Sexualhormone werden durch die Ballaststoffzufuhr beeinflusst. Forscher der englischen Leeds University beobachteten in einer Studie an knapp 35 000 Frauen, dass solche mit einem täglichen Verzehr von 30 Gramm Ballaststoffen nur halb so häufig an Brustkrebsrisiko erkranken wie jene, die weniger als 20 Gramm essen. Dieser Unterschied zeigte sich nur vor den Wechseljahren und spricht dafür, dass die pflanzlichen Faserstoffe hormonaktiv sind und die Östrogene daran hindern, ihren tumortreibenden Einfluss auf die weibliche Brust zu entfalten.

Die männliche Prostata profitiert auch von ballaststoffreicher Ernährung, allerdings weniger wegen ihrer antihormonellen Wirkung, sondern weil einige der Faserstoffe, wie etwa die vor allem in Erdnüssen, Getreide, Bohnen und Kichererbsen vorkommende Phytinsäure, den Tumor daran hindern, seine Blutgefäße ins umliegende Gewebe zu treiben. Dadurch erlahmt sein Stoffwechsel und er kann nicht mehr so schnell wachsen. »Dies könnte auch erklären, warum im asiatischen Raum die Prostatakrebsquote stagniert, während sie in westlichen Industrienationen sprunghaft nach oben geht«, betont die indisch-amerikanische Krebsforscherin Komal Raina. Denn in den meisten asiatischen Staaten verzehre man deutlich mehr Ballaststoffe als im fleischfokussierten Abendland. Interessant: Gerade Phytinsäure hat bisher in der Lebensmittelbranche ein negatives Image, weil sie wichtige Mineralien wie Eisen, Zink und Calcium im Darm an sich kettet und dadurch für den Körper unverwertbar macht. Viele Bäcker arbeiten sogar mit einer besonders aufwendigen Teigführung, um ihre Vollkornbrote von dem Ballaststoff zu befreien.

Neben Lungen, Prostata und Brust profitieren auch die Blutgefäße: Laut einer amerikanischen Studie sinkt mit jeder zusätzlichen Ballaststoffportion von sieben Gramm täglich das Schlaganfallrisiko um sieben Prozent. Vermutlich deshalb, weil durch sie die Cholesterinwerte nach unten gehen. Außerdem werden ihre wasserlöslichen Anteile durch die Darmflora zu kurzkettigen Fettsäuren abgebaut, die den Blutdruck senken.

Gründe genug also, die tägliche Ballaststoffzufuhr hoch zu halten. Allerdings sollten dabei die wasserunlöslichen Varianten gegenüber wasserlöslichen den Vorzug erhalten. Denn die Letzteren werden teilweise von den Darmbakterien zu den bereits erwähnten Fettsäuren zerlegt, was einerseits entspannend für den Blutdruck ist, andererseits aber auch eine stattliche Kalorienzufuhr bedeutet.

Am Deutschen Institut für Ernährungsforschung in Potsdam-Rehbrücke fütterte man Labormäuse zusätzlich zu einer fettreichen Kost entweder mit löslichen oder unlöslichen Ballaststoffen. Am Ende wogen die mit den »Löslichen« gefütterten Tiere 8,2 Gramm mehr. »Würde man diese Gewichtszunahme in Relation zu einem 60 Kilogramm schweren Menschen setzen, so hätte dieser am Ende stattliche 16 Kilogramm mehr auf die Wage gebracht«, erklärt Studienleiter Martin Weickert. Das ist weit mehr als nur eine Bagatelle. Außerdem zeigten die mit löslichem Ballast gefütterten Tiere eine stärkere Neigung zu Diabetes und Fettleber.

Zu den löslichen Ballaststoffen gehören beispielsweise die Pektine, wie man sie in vielen Obst- sowie in einigen Gemüsesorten wie etwa Möhren, Wirsing, Rosenkohl, Bohnen und Brokkoli findet. Auch gekochte Vollkornnudeln enthalten relativ viele lösliche Ballaststoffe. Die unlöslichen Ballaststoffe rekrutieren sich hingegen aus pflanzlichen Gerüst- und Stützsubstanzen: Je länger und intensiver man also an einem vegetarischen Nahrungsmittel kauen muss, desto höher ist sein unlöslicher Ballaststoffanteil. Faserigen Gemüsesorten wie Rettich, Spinat und Salat oder auch Vollkornbrot sollte also bei der Ballaststoffzufuhr mehr Platz eingeräumt werden als dem Obst. Eine Sonderrolle haben die Bohnen, die trotz ihrer Hartsubstanzen relativ viele lösliche Ballaststoffe enthalten – was man auch schon daran spürt, dass sie oft zu Blähungen führen.

Manchmal sitzen die Ballaststoffe aber auch dort, wo man sie überhaupt nicht vermutet. Lebensmittelchemiker des Nationalen Forschungsrats in Madrid ermittelten kürzlich, dass ausgerechnet Kaffee ein recht ergiebiger Lieferant ist. Das Heißgetränk enthält demnach auf 100 Gramm bis zu 1,5 Gramm der unverdaulichen Kohlenhydrate. Spitzenreiter ist die Instant-

Variante, dicht gefolgt vom Espresso, während der Filterkaffee ziemlich weit unten rangiert: Beim Filterdurchlauf bleiben eben einfach viele Ballaststoffe auf der Strecke.

Ballaststoffwerte in 15 ausgwählten Lebensmitteln

Nahrungsmittel (100 g)	Unlösliche Ballaststoffe (in g)	Lösliche Ballaststoffe (in g)	Gesamt- ballaststoffe (in g)
Weizenmehl Typ 405	1,2	2,0	3,2
Weizenvollkornmehl	7,7	2,3	10,0
Mehrkornbrot	5,1	2,9	8,0
Vollkorn-Müsli, Durchschnittswert	11,7	2,6	14,3
Reis, parboiled	0,2	0,4	0,6
Vollkornreis	0,4	0,6	1,0
Vollkornnudeln	0,7	3,7	4,4
Tomaten	0,8	0,5	1,3
Möhren	1,5	1,4	2,9
Linsen	1,8	1,0	2,8
Bohnen, weiße	3,4	4,1	7,5
Bananen	1,4	0,6	2,0
Äpfel	1,1	1,2	2,3
Walnüsse	2,5	2,1	4,6
Mandeln	6,5	3,3	9,8

Quelle: Bundesanstalt für Getreide-, Kartoffel- und Fettforschung, Detmold, abrufbar unter http://www.gmf-info.de/ballaststoffe.pdf

2. Rettet die Bitterstoffe!

Igitt! Während Ballaststoffe lange Zeit das Image des eher Überflüssigen hatten, müssen Bitterstoffe bis heute zusätzlich mit dem Ekelfaktor kämpfen. Um das festzustellen, braucht man nur einem Kind dabei zusehen, wenn es in ein Radieschen beißt: Der Mund verzieht sich und am liebsten würde es den Bissen gleich wieder ausspucken. Eine ganz und gar normale Reaktion, zeigt doch eine Studie des Temple's Center for Obesity and Research in Philadelphia, dass 70 Prozent der Kinder nicht nur empfindlich, sondern ausgesprochen hypersensitiv auf bittere Speisen reagieren.

»Hier kann selbst gutes Zureden kein Einlenken bewirken«, erklärt Adam Drewnowski, der an der University of Washington daran arbeitet, Strategien zur Verbesserung der öffentlichen Gesundheit zu entwickeln. Er weiß, dass bittere Speisen oft sehr gesund sind. Man denke nur an Chicorée, Endiviensalat, Rettich und das eben bereits erwähnte Radieschen oder auch an Grün- und Schwarztee. Drewnowski weiß aber auch, dass gerade Kinder skeptisch gegenüber Bitterem sind. Dieser Geschmack löst in ihrem Gehirn einen Alarm der höchsten Dringlichkeitsstufe aus. »Der Mensch verbindet Bitteres von Hause aus mit Gefahr«, erläutert Drewnowski, »und das hat durchaus seinen Sinn. Denn fast alle giftigen Pflanzen, Schwermetalle, verdorbene Eiweiße und ranzige Fette haben einen unangenehmen Bittergeschmack.« So verdanken unreife Tomaten und Kartoffeln ihren Bittergeschmack den giftigen Substanzen Alpha-Tomatin und Solanin, und auch die Alkaloide des Kaffees sind ebenso bitter wie potenziell giftig, weswegen schwangere Frauen besser nicht mehr als vier Tassen davon trinken sollten, um ihr Kind nicht zu gefährden.

Die Bitterempfindung signalisiert dem Menschen: »Stopp! Hier solltest du besser nicht weiteressen!« Ohne diesen Alarmmechanismus wäre er vermutlich schon längst ausgestorben, denn als Allesfresser war er früher in extremem Maße anfällig für Vergiftungen. Weswegen es auf der Zunge 25 unterschiedliche Rezeptortypen für das Bittere, aber nur einen für das Süße gibt. Zudem reagieren die Bitterrezeptoren schon auf kleinste Bitterstoffmengen, während ihre für das Süße zuständigen Pendants geradezu per Zuckerkeule gereizt werden müssen, bis sie aktiv werden. Der Grund: Der Mensch kann durchaus mal für eine Weile ohne Zucker auskommen – doch eine kurze Unaufmerksamkeit und eine Dosis bitterer Toxine zu viel, und es ist aus. »Das Vermeiden bitterer Gifte hatte für die Evolution absolute Priorität«, so Drewnowski. Bitterstoffe sind gut für uns – doch für die Lebensmittelindustrie sind sie ein absolutes Ärgernis, was sie mit allen Mitteln bekämpft. Denn eine Empfindung, die den Menschen vom Essen und Trinken abhält, ist umsatzschädigend. Die Lebensmittelhersteller tun daher alles, um sie so weit wie möglich auszuschalten.

Kinder mögen in der Regel kein Bier, weil es ihnen zu bitter schmeckt. Hochprozentigere Getränke sorgen auch wegen ihres hohen und – im wahrsten Sinne – ätzenden Alkoholgehaltes für Aversionen, doch das traditionsreiche Hopfengetränk hält vor allem wegen seiner herben Geschmacksnoten die Kinderzungen auf Abstand. Also kreieren die Brauereien seit

1993 spezielle Biere, um das zu ändern und sich schon frühzeitig junge Kunden zu sichern. Offiziell geschieht dies zwar, um die weibliche Kundschaft zu ködern, doch der Glaube daran fällt schwer, insofern Frauen schon seit Jahrhunderten problemlos die trockensten Weine konsumieren. Außerdem zeigen Aufmachung und Werbesprüche, dass es den Herstellern der neuen Trend-Biere vor allem ums Twen- und Teenagerpublikum geht. Denn neben den diversen »Gold-Bieren«, denen man noch die Frauen als Zielgruppe abnehmen könnte, gibt es Produkte wie *Becks Chilled Orange* und *Cab Lemon & Beer* von Krombacher, die sich deutlich an den Jugendslang anlehnen. Von ihnen werden mittlerweile mehr als zwei Millionen Hektoliter in Deutschland verkauft.

Mit Bieren haben diese Produkte freilich nicht mehr viel zu tun. Ihnen werden süße Limonaden, Aromen und Sirupzubereitungen zugesetzt, während umgekehrt die Bitterstoffe des Hopfens heruntergestutzt werden. Womit klar wird, dass die neuen Trend-Biere vor allem eines nicht mehr sind, nämlich bitter. Denn um Jugendliche als Bierkunden zu gewinnen, reicht es nicht, den Flaschen ein bunteres Design zu verpassen – man muss auch ihre Bitterempfindlichkeit berücksichtigen.

Fertiggerichte würden nicht nur vor jugendlichen, sondern auch vor erwachsenen Gaumen kaum Gnade finden, wenn man sie nicht massiv süßen würde. Denn beim Herstellen und Aufwärmen dieser Speisen entstehen große Mengen bitterer Eiweißverbindungen, also steuern die Hersteller mit reichlich Zucker dagegen: Laut Schätzungen der Techniker Krankenkasse befinden sich rund 80 Prozent der jährlich konsumierten 36 Kilogramm Zucker befinden sich in industriell hergestellten Lebensmitteln, von der Salami über den Ketchup bis zur herzhaften Bratensauce.

Eine andere Entbitterungsmethode ist der Einsatz von Adsorbern oder Enzymen, durch die sich der Bitterstoffwert einer Speise bis zur Unmerklichkeit herunterdrücken lässt. Wobei diese Substanzen nicht unbedingt bei der Herstellung des Lebensmittels selbst zum Einsatz kommen müssen, man kann sie auch in die Verpackung einarbeiten. So erklärt der österreichische Fachverband der Lebensmittelindustrie in einer Broschüre, wie man mithilfe »intelligenter Verpackungsmaterialien« Geschmack und Geruch eines Lebensmittels beeinflussen kann. Auf diese Weise ließen sich »unerwünschte Nebengeschmäcker und Gerüche wie etwa das Limonin im Grapefruitsaft und das Naringin im Orangensaft« problemlos entfernen. So mancher Fruchtsaft kann nur deshalb auf Zucker oder Süßstoff verzichten, weil seine Verpackung die Bitterstoffe aus ihm herauszaubert.

Obst und Gemüse werden an ihrem Ursprung, also noch vor ihrer Ernte entbittert. Dazu bedarf es auch nicht unbedingt der Gentechnik, es reicht schon die gute alte Züchtung nach dem Muster: »Was süß ist, darf Nachkommen haben; was bitter ist, muss aussterben.« Das dauert zwar etwas länger als Gentechnik, doch weil man es ja in der Agrarproduktion schon seit Jahrzehnten und zum Teil sogar schon seit Jahrhunderten macht, sind die Zuchterfolge bereits weithin spürbar.

So gehörten Gurken und Tomaten noch in den 1950er-Jahren zu den Gemüsesorten mit ausgeprägtem Bittergeschmack, doch heute ist davon kaum noch etwas übrig. Tomaten haben heute eher den Charakter von Obst als von Gemüse, was sich schon allein an Namen wie Cherry- und Kirschtomaten ablesen lässt. Wer noch etwas bitteres Cucurbitacin der Gurke schmecken will, muss schon in eines ihrer Endstücke beißen. Ansonsten vermittelt der Verzehr einer Gurkenscheibe mittlerweile eher den Eindruck, als würde man auf einem in Zuckerwasser getränkten Waschlappen kauen.

Auch die Kartoffel war in ihren Ursprüngen einmal bitter, doch das ist lange her. Ihren modernen Zuchtformen ist mittlerweile alles Herbe abgewöhnt worden. Was allerdings auch ein massives Problem mit sich brachte. Denn indem man die Bitterstoffe herauszüchtete, eliminierte man genau die Substanzen, die eigentlich zuständig dafür sind, eine Pflanze vor Kälte, Feuchtigkeit und Schädlingen zu schützen. Man kann eben nicht alles haben: eine süße Knolle und einen umfassenden Schutz vor Umwelt- und Fraßschäden. Es sei denn, man greift ins Erbgut der Kartoffelpflanze ein. Auf diese Weise ließen sich auch robuste Kartoffeln ohne Bitterstoffe herstellen. »Bisher haben trotz der weltweit sehr schnell anwachsenden Anbaufläche von transgenen Pflanzen die genetisch veränderten Kartoffeln eine sehr geringe Bedeutung«, berichtet der Agrarexperte Paul Egger von der Schweizer Direktion für Entwicklung und Zusammenarbeit. »Doch das könnte sich in absehbarer Zeit grundlegend ändern.«

Beim Raps hat es sich bereits geändert. Dem Leibniz-Institut für Pflanzenbiochemie (IPB) in Halle ist die Herstellung von transgenen Rapssorten gelungen, in deren Samen die Bitterstoffsynthese um 80 Prozent reduziert ist. Durch das Einschleusen eines Bakteriengens soll der Wert demnächst noch weiter heruntergeschraubt werden. »Wir hoffen, die Bitterstoffsynthese im Samen völlig auszuschalten«, frohlockt Carsten Milkowski vom IPB. Die Weichen stehen also auf Salate, die genauso lieblich schmecken wie das Rapsöl, das über sie gegossen wurde. Doch ist dies wirklich ein erstrebenswertes Ziel?

Für Gesundheitsforscher Drewnowski ist die Antwort auf diese Frage ein klares Nein. »Denn viele Bitterstoffe«, erklärt er,

»besitzen für den menschlichen Organismus einen unschätzbaren gesundheitlichen Wert.« Wie etwa Tannine, Phenole, Glucosinolate und Isoflavone, denen unter anderem eine krebshemmende Wirkung nachgesagt wird. Einige Ernährungsmediziner in den USA raten daher den Verbrauchern beispielsweise dazu, Broccoli mit betont bitterem Geschmack zu bevorzugen. »Doch die Lebensmittelindustrie tut alles, um die Glucosinolate aus dem Broccoli herauszukriegen, damit er nicht mehr so bitter schmeckt«, bedauert Drewnowski. Und Letzteres werde sich durchsetzen, »weil der Geschmack eher die Auswahl der Speisen beeinflusst als das Wissen um ihre gesundheitlichen Vor- und Nachteile«.

Neben dem Krebsschutz entfalten Bitterstoffe offenbar auch einen Schutz gegen Fettleibigkeit. Denn ihre ursprüngliche Nachricht an unseren Körper lautet: »Achtung, Gift!« Und daher bestehen die Bitterstoff-Reflexe im Wesentlichen darin, die Nahrungszufuhr einzustellen oder zumindest herunterzufahren und die bereits verzehrten Speisen möglichst schnell durch den Körper zu schleusen, damit sie mit ihren mutmaßlichen Giften keinen größeren Schaden anrichten können.

Bitterstoffe gelten deshalb als anregend für die Verdauung. Es werden mehr Speichel, Pankreas-Enzyme und Magensäfte ausgeschüttet, und der Säurewert im Magen geht deutlich nach oben. Diese Wirkungen beginnen etwa 20 bis 30 Minuten nach der Aufnahme des Bitterstoffes. Etwas später werden auch die Muskeln des Darms verstärkt aktiv, um den Nahrungsbrei in Richtung After zu transportieren.

Der Würzburger Medizinhistoriker Thomas Richter geht davon aus, »dass unsere Vorfahren bis zu dreimal pro Tag ihre Gedärme entleerten, und zwar meistens nach den Mahlzeiten«. Noch bis zum Ausklang des 19. Jahrhunderts sei regelmäßiger

Stuhlgang den Menschen ausgesprochen wichtig gewesen, weil er für die Ausleitung stand, also für das Entfernen überschüssiger Stoffe, die zu Krankheiten beitragen könnten. »Der Stuhlgang klappte sicherlich auch deshalb besser«, so Richter, »weil man eine ausgewogene Ernährung mit reichlich Bitterstoffen hatte.« Dazu gehörte in manchen Kreisen auch, dass man sich abends mit einem bitteren »Lutertrank« stärkte, der sogar nachts zum Stuhlgang zwang.

Es gibt zwar keinen Bitterstoff, der auf physiologisch direktem Wege schlank macht, doch das Bitterschmecken allein schützt bereits vor überflüssigen Fettpolstern. Laut einer Studie der Rutgers University im amerikanischen Jersey sind Menschen mit sensiblem Bitterempfinden um etwa 20 Prozent dünner als die »Nontaster«, bei denen es nur schwach ausgeprägt ist. Die Ursache dafür liegt, wie Studienleiterin Beverly Tepper erklärt, in den insgesamt eigentümlichen Nahrungsvorlieben der Nontaster: »Sie tendieren zu fetten und süßen Mahlzeiten, weil sie insgesamt starke Geschmacksreize brauchen.« Kinder mit schwach oder gar nicht ausgeprägtem Bitterempfinden verzehren außerdem mehr Voll- anstatt Magermilchprodukte, gießen mehr fettige Saucen auf ihren Salat und schmieren mehr Butter auf ihre Stullen. Dass all diese Faktoren die Kalorienaufnahme nach oben treiben, liegt auf der Hand.

Erschwerend kommt hinzu, dass Nontaster eher zu Zigaretten greifen, weil sie das bittere Nikotin nicht schmecken können. Was für den erwachsenen Nontaster bedeutet, dass er seine Blutgefäße nicht nur mit tierischen Fetten, sondern auch mit dem berüchtigten Tabakgift attackiert. Und im Hinblick auf jugendliche Nontaster bedeutet es, dass sie in besonderem Maße gefährdet sind, nikotinabhängig zu werden: Wer als Teenager einen weiten Bogen um Bitteres macht, greift umso schneller zur Kippe.

Demgegenüber rauchen die sensiblen Bitterschmecker nur selten, und ihnen reichen schon dezentere kulinarische Reize, um befriedigt aus einer Mahlzeit herauszugehen. Sie können sich also auch ein Leben ohne deftige Schweinebraten und würzige Kartoffel-Chips vorstellen, und sie trinken lieber Apfelschorle oder Wasser anstelle von Cola oder Limonaden. Zudem essen sie insgesamt weniger, weil bei ihnen öfter und schneller der Bitteralarm läutet und die Appetitbremse auslöst.

Gründe genug also, das Empfinden für das Bittere wachzuhalten. Und das geht auch in einer Welt, die von der Lebensmittelindustrie gnadenlos auf süß getrimmt wird. Man muss sich allerdings dagegen wehren, nicht restlos von ihren Marktstrategien vereinnahmt zu werden.

So haben sich einige Frucht- und Gemüsesorten trotz der züchterischen Manipulationen eine Bitternote bewahren können, die nicht mehr so kräftig ist, dass sie abschreckt, aber immer noch deutlich genug ist, um das Bitterempfinden zu trainieren. Unter den Äpfeln sind das vor allem die Sorten Boskop, Blauacher, Bohnapfel, Gravensteiner und Melrose, und sogar bestimmte Süßkirschevarianten wie »Bianca« und »Blanke« können herb schmecken. Gelbe Pampelmusen schmecken deutlich herber als ihre rot getönten Pendants, während es bei den Apfelsinen eher umgekehrt ist und die Blutorange den besseren Bittertrainer abgibt.

Beim Gemüse empfiehlt sich insgesamt der Griff zur Biokost, am besten vom entsprechenden Bauern, der seine Waren auf dem Markt verkauft. Denn die enthalten in der Regel mehr Bitterstoffe als ihre Pendants aus konventioneller Herstellung. Der Grund: Bittere Polyphenole und Glucosinolate werden von der Pflanze vor allem deshalb gebildet, um sich vor Schädlingen zu schützen. Wenn jedoch dieser Job, wie es in der konventionellen Produktion üblich ist, von Pestiziden übernommen wird, werden die pflanzeneigenen Schädlingsbekämpfer überflüssig – und ihre Produktion wird schließlich heruntergefahren oder rausgezüchtet. Weil Biogemüse sich selbst schützt – und hier insbesondere die alten Sorten reich an natürlichen Abwehrstoffen sind, also violette Kartoffeln und schwarze Karotten –, schmeckt Biogemüse in der Regel etwas bitterer. Wobei mehr Bitterkeit hier nicht heißen soll, dass der Geschmack schlechter ist.

Am TTZ-Sensoriklabor Bremerhaven ließ man zehn Testpersonen unterschiedliche Lebensmittel aus ökologischer und konventioneller Herstellung verkösten. Dem Ökotomatenmark wurde dabei durchweg ein fruchtiger und »tomatiger« Geschmack bescheinigt, und auch die Bionougatcreme erhielt gute Noten. Besonders erfreulich ist aber, dass auch den Biofruchtjoghurts ein gutes Mundgefühl, ein voller fruchtiger Geschmack und ein angenehmes Aroma attestiert wurden. Denn gerade die Fruchtjoghurts galten bisher als uneinnehmbare Sensorik-Bastion der konventionellen Lebensmittelindustrie, gegen deren geballten Einsatz von Farb- und Geschmacksverstärkern die Biokonkurrenten keine Chance hätten.

Für Schokolade gilt: Je dunkler ihre Farbe, desto höher ihr Kakao- und damit Bitterstoffanteil. Unter den Gewürzen entfalten vor allem Fleischgewürze wie Beifuß, Bockshornklee, Eberraute, Estragon, Korianderblätter, Kurkuma, Majoran, Oregano und Salbei bittere Noten. Selbst Joghurt und Kefir sind eigentlich herb, sofern man ihren Geschmack nicht komplett mit Marmelade, Zucker oder Aromastoffen überdeckt. Wer ein

Glas Joghurt zusammen mit etwas Müsli und ein paar frischen Weintrauben oder Apfelstücken isst, verspürt danach in der Regel keinen sonderlichen Hunger mehr.

Kinder dürften allerdings kaum freiwillig Chicorée-Salat und dunkle Schokolade essen, weswegen man bei ihnen pädagogisch ranmuss, um ihnen den Sinn für das Bittere zu erhalten. Wie das aussehen kann, zeigt eine Studie des Temple's Center for Obesity and Research im amerikanischen Philadelphia. Die amerikanischen Wissenschaftler erfassten zunächst die Bitterempfindlichkeit von 152 Vorschulkindern, indem sie ihnen ein bitteres Getränk zu trinken gaben und deren Reaktionen darauf protokollierten. Als Ergebnis zeigte sich, wie wir bereits oben festgehalten haben, bei 70 Prozent der kleinen Probanden eine sehr stark ausgeprägte Bitterempfindlichkeit, sie zeigten schon bei relativ mäßigen Bittergraden einen deutlichen Ekel.

Anschließend erhielten alle Testkinder sieben Wochen lang – zweimal pro Woche – eine Portion Brokkoli. Das Gemüse wurde entweder pur, mit einem opulenten bzw. fettarmen Salatdressing oder einer Mischung aus beiden kredenzt. Es zeigte sich, dass die Dips bei den bitterempfindlichen Kindern die Brokkoli-Verzehrquote um etwa 80 Prozent ansteigen ließen. »Das Dressing erhöhte also ihre Akzeptanz für das bittere Gemüse erheblich«, erklärt Studienleiterin Jennifer Orlet Fisher. Es sei daher für Eltern eine ernsthafte Option, um ihre Kinder zum Gemüseverzehr zu bewegen. Wobei es gleichgültig ist, welche der drei Dressing-Varianten gereicht wird: Alle drei entfalteten in der Studie eine weitgehend gleiche Überzeugungskraft. »Der Dip muss weder salzig noch fettreich sein«, so Fisher. »Man kann auch Magerjoghurt oder Apfelmus nehmen.«

Nicht zu vergessen schließlich, dass die Mutter mit ihrem Essverhalten in Schwangerschaft und Stillzeit entscheidend zu den Nahrungsvorlieben ihrer Kinder beiträgt, wie man am Monell Chemical Senses Center in Philadelphia festgestellt hat. Der Grund: Viele Geschmacksstoffe gehen in Fruchtwasser und Muttermilch über. Werdende und stillende Mütter sollten also bewusst bittere Speisen in ihren Speiseplan einbauen.

3. Eiweiße: Wie viel Wert hat ein Steak?

Es war der holländische Chemiker Gerrit Mulder, der 1839 erstmals den Begriff »Protein« in einem wissenschaftlichen Text erwähnte: »Es ist ein allgemeiner Stoff im Pflanzenreich, im tierischen Eiweiß von Seide, von Eiern und Blut, im Farbstoff des Blutes anwesend, den wir Protein nennen wollen von προτειος, der Erste.« Eine Formal für diesen Stoff hatte er auch parat, nämlich $C_{40}H_{62}N_{10}O_{12}$. Das sollte sich später als Irrtum herausstellen, insofern Proteine keine einheitliche Zusammensetzung haben und zudem Schwefel enthalten, was man spätestens dann merkt, wenn man mal an einem fauligen Ei geschnuppert hat. Dennoch kann der Begriff vom »Ersten« durchaus stehen bleiben. Denn Proteine geben dem Leben seine Struktur und Form, halten es aber auch in Bewegung.

Struktur und Form: Eine Hautzelle ist eine Hautzelle und eine Blutzelle eine Blutzelle, weil sie von Proteinen dazu geformt werden, ein Drittel unseres gesamten Proteingehaltes wird für den Aufbau von Haut, Bindegewebe und Knochen benötigt, und ohne Proteine würden wir im Fall einer offenen Wunde einfach verbluten.

Bewegung: Muskeln können nur aktiv werden, weil in ihnen Proteinplatten verschoben werden, und ohne Proteine gäbe es keine »molekulare Maschine«, die für den Transport von Sauerstoff und Stoffwechselprodukten sorgen, und dafür, dass chemische Reaktionen angestoßen und Ionen in die Zellen hinein- und hinausgepumpt werden. Man könnte glatt philosophisch werden und sagen: Proteine sind die Causa formalis und die Causa efficiens des Lebens, ohne sie hätte das Leben weder Form noch Wirkung.

Zur Causa formalis passt, dass die Proteine unseren Körper sogar äußerlich Gestalt geben. Und zwar nicht nur dadurch, dass sie Haut, Bindegewebe und Muskeln formen, sondern auch, dass sie uns, wie jetzt australische Forscher herausfanden, vor Übergewicht schützen. Das Forscherteam der University of Sydney überprüfte an 22 schlanken Testpersonen, inwieweit man deren Appetit und Kalorienaufnahme beeinflussen kann, wenn man den Eiweißanteil ihres Speiseplans verändert. Dazu kredenzte man ihnen, jeweils über einen Zeitraum von vier Tagen, drei Speisepläne mit unterschiedlichem Proteingehalt: nämlich 10, 15 und 25 Prozent. Die Mahlzeiten waren so zubereitet, dass man ihnen die unterschiedlichen Werte nicht anmerken, sie also nicht herausschmecken konnte.

Es zeigte sich, dass die Probanden mit dem geringsten Proteinverzehr von 12 Prozent mehr Kalorien zu sich nahmen als die Gruppe mit dem mittleren Eiweißanteil. Im Verhältnis zur obersten Gruppe, der 25-Prozent-Gruppe, gab es allerdings in der Energieaufnahme keine Unterschiede mehr. Was im Fazit bedeutet: Wer zu wenig Proteine konsumiert, erhöht die Kalorienzufuhr und damit das Risiko für Übergewicht. Wer hingegen zu viele Proteine auf seinem Teller hat, den erwarten in dieser Hinsicht weder Vor- noch Nachteile.

»Unsere Studie zeigt, dass Menschen ein starkes Bedürfnis nach Proteinen haben, und wenn das nicht befriedigt wird, führt dies zu einer erhöhten Kalorienaufnahme«, erklärt Studienleiterin Alison Gosby. Stellt sich die Frage nach den Ursachen für dieses Phänomen. Eine Antwort besteht darin, dass proteinarme Mahlzeiten offenbar nicht nachhaltig den Hunger stillen können. So entwickelten die Probanden nach einem Frühstück mit nur 10 Prozent Eiweiß schon ein bis zwei Stunden später erneut einen kräftigen Appetit, zudem griffen sie häufiger zu herzhaften Snacks mit hohem Fettanteil. »Vermutlich haben sie unterschwellig einen herzhaften Geschmack mit einem hohen Proteinwert in Verbindung gebracht«, so Gosby. Ihr Körper versuchte also, seinen Eiweißmangel durch deftige Zwischenmahlzeiten zu bekämpfen – nur dass dort eher die Fette und damit auch hohe Kalorienzahlen dominieren.

Gründe genug also, unserem Körper genug Proteine zuzuführen. Doch was heißt das genau? Die australischen Forscher bringen mit 15 Prozent der Gesamtnahrung eine Quote ins Spiel, die auch von vielen Fachgesellschaften genannt wird. Die Deutsche Gesellschaft nimmt es etwas genauer und spricht von 0,8 Gramm pro Kilogramm Körpergewicht, die wir uns täglich einverleiben sollten. Ein 80 Kilogramm schwerer Mann sollte also auf 64 Gramm Eiweiß kommen. Für Kinder allerdings werden 0,9 und für schwangere Frauen sogar ein komplettes Prozent empfohlen, weil es bei ihnen um Wachstum geht, zu dem die Proteine in besonderem Maße benötigt werden.

So weit, so gut. Das Problem ist jedoch, dass man Proteine nicht über einen Kamm scheren darf. Denn Mulder täuschte sich, wie man heute weiß, als er sie auf eine Formel reduzierte. Tatsächlich handelt es sich bei ihnen um ein komplexes Gebilde aus mehreren Aminosäuren, die sehr unterschiedlich miteinander kombiniert sein können. Der Mensch braucht insgesamt 21 unterschiedliche Aminosäuren für seine Eiweiße.

Doch dabei gibt es, so jedenfalls eine weit verbreitete Theorie in den Ernährungswissenschaften, ein großes Problem. Demnach haben tierische Lebensmittel ein Aminosäuren- und damit ein Proteinprofil, das dem menschlichen recht ähnlich ist. Was logisch klingt, da wir selbst ja auch zu den tierischen Lebewesen gehören. Pflanzliche Lebensmittel hingegen enthalten zwar auch Proteine, doch deren Struktur weicht von der unsrigen ab, sodass wir sie nicht ganz so gut zum Aufbau unserer eigenen Proteine verwenden können. Sie haben dadurch eine, wie Ernährungswissenschaftler sagen, geringere »biologische Wertigkeit«. Was im Endeffekt heißen soll: Um mich mit einer bestimmten Proteinmenge zu versorgen, muss ich von Brot und Gemüse deutlich größere Mengen als vom Fleisch verzehren.

Von der Fleischindustrie und auch von Herstellern von Proteinpräparaten, beispielsweise für Bodybuilder und andere Kraftsportler, wird diese Theorie gerne propagiert, um ein ernährungswissenschaftliches Argument für ihre Produkte zu haben. Wobei man sich auch den Umstand zunutze macht, dass die höhere Wertigkeit des Eiweißprofils in der menschlichen Wahrnehmung gerne so interpretiert wird, dass es dabei um eine generelle »Höherwertigkeit« geht. Und dabei wird auch mit konkreten Zahlen hantiert, die sich aus dem Quotienten von zurückgehaltener Stickstoffmenge und aufgenommener Stickstoffmenge mal 100 ergeben. (Stickstoff bildet neben Schwefel den Hauptbestandteil der Proteine.) Vollei wurde mit dieser Methode auf einer Wertigkeit von 100 eingestuft, an die Rindfleisch und Thunfisch mit jeweils 92 knapp heranreichen, während Bohnen und Mais, trotz ihres hohen Proteingehalts, mit 72 schon ziemlich weit davon entfernt sind. Am besten aber soll es sein, wenn man 6,5 Anteile Kartoffel und 3,5 Anteile

Ei miteinander kombiniert, denn dann kommt man auf eine Biowertigkeit von 136. Allerdings müsste man dazu 600 Gramm Kartoffeln essen, weil die nun einmal, auch wenn sie sich wunderbar mit dem Aminosäureprofil des Eis ergänzen, nur sehr wenig Eiweiß enthalten. Also besser, man nimmt eine Portion Rindfleisch mit Kartoffeln, die immerhin auf 114 in der Wertigkeit kommt. All die Kantinen mit ihren zähen und vermatschten Gulasch-Kartoffel-Klassikern scheinen also zumindest proteinmäßig genau richtig zu liegen, und wer einen Hamburger mit Pommes isst auch.

Der Haken daran: Die Geschichte von der Biowertigkeit wurde kurz nach der vorletzten Jahrtausendwende in die Welt gesetzt und hat seitdem keine wissenschaftliche Rückendeckung mehr erfahren. Ihre Werte entstammen aus Rattenversuchen, und oft nicht einmal das. So geht der Kartoffel-Ei-Rekordwert auf den deutschen Physiologen Ernst Kofranyi zurück, der Ende der 1960er zwar mit Menschen experimentierte und dabei keinen Aufwand scheute, am Ende jedoch feststellen musste, dass die von ihm ermittelten Wertigkeiten sich physiologisch, also durch die Zusammensetzung der Aminosäuren, überhaupt nicht erklären ließen. Er selbst betonte auch immer den mathematischen Charakter der von ihm ermittelten Wertigkeiten. In die Geschichte der Ernährungswissenschaften schaffte es jedoch nur der legendäre 136er-Wert, während die Tatsache, dass ihn sich sein Entdecker überhaupt nicht erklären konnte, bis heute ignoriert wird.

Zudem zeigen Erhebungen, dass Vegetarier keineswegs Spuren eines Eiweißmangels zeigen, obwohl vermutlich nur die wenigsten von ihnen regelmäßig Ei mit 600 Gramm Kartoffeln auf dem Tisch haben. Laut der Verzehrsstudie des Max-Rubner-Instituts aus dem Jahre 2008 verzehren sie immer noch mehr Eiweiß, als eigentlich notwendig wäre. Auch lassen sich mit pflanzlichen Proteinen ähnliche Wirkungen erzielen wie mit tierischen. In einer Studie der University of Tampa/Florida konnte man mit einem simplen Reisprotein sogar den Muskelaufbau von Kraftsportlern unterstützen, es schnitt keinesfalls schlechter ab als das unter Bodybuildern so beliebte Molkeprotein. Die Kraftsportlerszene ist voller Beispiele, wie man als Vegetarier oder sogar als Veganer aufs Siegertreppchen kommen kann. Man denke nur an Patrik Baboumian, der 2011 bei den Strong-Man-Meisterschaften zum stärksten Mann Deutschlands wurde. Oder an Alexander Dargatz, der 2005 zum Bodybuilding-Weltmeister wurde.

Es kommt also dem Körper nicht so sehr darauf an, mit *welchen* Proteinen, sondern *dass* er überhaupt mit ihnen versorgt wird. Denn offenbar ist er – weit mehr, als man bisher dachte – in der Lage, aus den ihm zur Verfügung stehenden Aminosäuren-Komplexen genau diejenigen zu »basteln«, die er konkret braucht. Er benötigt für diese Umbauarbeiten zwar recht viele Energien (bei der Eiweißverdauung gehen ohnehin über 20 Prozent der aufgenommenen Kalorien in die Wärmeproduktion, und bei der Verdauung pflanzlicher Proteine kann dieser Wert durchaus auf 30 ansteigen), doch das ist in den Industriegesellschaften mit ihrem grassierenden Übergewicht und den noch mehr grassierenden Schlankheitsidealen ja nicht gerade unerwünscht.

Der Proteinwert von zwölf ausgewählten Nahrungsmitteln

Nahrungsmittel	Protein in g/100 g
Reis, parboiled	2,4
Roggenbrot	6,2
Bohnen, weiß	21,3
Kichererbsen	19,8
Tofu (Sojaquark)	8,1
Kartoffeln (gekocht und geschält)	1,5
Walnuss	14,4
Milch (3,5 % Fett)	3,3
Harzer Käse	30,0
Frühstücksei	12,4
Seelachs	16,7
Rindfleisch, mager	22,0

Quelle: Heseker, »Nährstoffe in Lebensmitteln«, 2013

4. Fette: reif für die Rehabilitierung

Fett. Allein schon der Begriff klingt wie eine Strafe. Man kann einem Menschen sagen, er sei pummelig. Oder rund. Oder vollschlank. Selbst dick wird er vielleicht noch hinnehmen. Aber fett? Das klingt vernichtend. Als hätte man den Kampf endgültig aufgegeben, sich noch in Form zu halten. Nicht umsonst sprechen einige Sportmediziner noch heute vom Passivgewebe, wenn sie eigentlich das Fettgewebe meinen. Nach dem Muster: Fett hat keinen Sinn, ist eigentlich nur Ballast. Eigentlich hätten sie den Namen Ballaststoffe verdient.

Dementsprechend haben auch die Fette in der Nahrung kein gutes Image. Sie gelten als Hauptauslöser von Übergewicht, weil sie mehr als doppelt so viele Kalorien wie Proteine und Kohlenhydrate enthalten. Und dadurch das Fettgewebe im Menschen anmästen. Wenn von Bluthochdruck, Infarkten und Krebsgeschwüren die Rede ist, fällt ebenfalls ihr Name. Mittlerweile jedoch stehen diese angeblichen Zusammenhänge nicht einmal mehr auf wackeligen Füßen. Denn 2006 konnte der US-Amerikanische, an 50000 Frauen durchgeführte »Women's Health Initiative Dietary Modification Trial« zeigen, dass Frauen mit geringerem Fettverzehr (unter 30 Prozent) keineswegs gesünder waren und ähnliche Gewichtsprobleme und Blutfettwerte hatten wie andere Probandinnen, bei denen der Fettanteil 35 Prozent des Speiseplans ausmachte. Doch diese Ergebnisse fanden nur wenig öffentliche Beachtung, hat die Gesellschaft doch, wie es die Bremer Soziologen Henning Schmidt-Semisch und Friedrich Schorb in ihrem gleichnamigen Buch auf den Punkt bringen, zu einem »Kreuzzug gegen Fette« aufgerufen. Gegen fette Menschen gleichermaßen wie gegen die Fette in der Nahrung, die mittlerweile als Krankheits- und Todesbringer ähnlich verheerend eingeschätzt werden wie Tabak und Zigaretten.

Die Lebensmittelindustrie hat schon länger darauf reagiert und fährt mit ihren fettreduzierten Light-Produkten schon seit mehr als 20 Jahren beste Umsätze ein. Was ja eigentlich dazu hätte führen müssen, dass die massiven Übergewichtsprobleme in den Industrieländern weniger werden. Doch das Gegenteil ist der Fall. So hat in Ländern wie den USA die Zahl der Übergewichtigen drastisch zugelegt, obwohl dort der Fettkonsum ebenso drastisch zurückging. »Ein deutlicher Hinweis darauf«, erklärt Walter Willett von der Harvard School of Public Health im amerikanischen Boston, »dass eine fettreiche Kost nicht der Hauptschuldige für die Gewichtsprobleme unserer Gesellschaft ist.« Und natürlich auch ein deutlicher Hinweis darauf, dass die Verringerung des Fettverzehrs nicht der Königsweg zur Gewichtskontrolle ist.

Bestätigt wird dieser Trend durch eine klinische Studie, die ebenfalls in Boston durchgeführt wurde. Hier wurden 101 Übergewichtige auf Diät gesetzt, teils mit 20, teils mit 35 Prozent Fettanteil. Die Kalorienzahl war in beiden Gruppen gleich. Ergebnis: Der Gewichtsverlust fiel in der fettreich ernährten Gruppe deutlich höher aus, außerdem beendeten hier nur 46 Prozent der Teilnehmer vorzeitig die Diät, im Unterschied zu 80 Prozent in der fettreduzierten Diät. Wer also die Fettzufuhr stark reduzieren musste, verliert schnell die Lust am Essen.

Und der Fettverzicht dämpft wohl nicht nur die Lust am Essen. Denn eine Studie der University of Sheffield zeigt, dass es dabei insgesamt mit der guten Laune abwärtsgeht. Die englischen Wissenschaftler verabreichten zwei Gruppen von Probanden vier Wochen lang jeweils eine fettarme (Anteil: 25 Prozent) und eine fettreiche (Anteil: 41 Prozent) Kost. Mit einem speziellen Fragebogen wurde die Seelenlage vor und nach dem Versuch ermittelt. Es zeigte sich, dass bei den Magerköstlern die Werte für Wut und Feindseligkeit stark nach oben gingen, während die fettreich Ernährten relativ gelassen blieben.

Als Freifahrtschein für den ungehemmten Fettkonsum sollte man solche Studienergebnisse allerdings nicht nehmen. Denn wenn der Fettverzicht, nachdem man lange Zeit viel Fett gegessen hat, zu depressionsartigen Zuständen führte, könnte das schlichtweg auch daran liegen, dass der Körper mit Entzugserscheinungen darauf reagiert, wenn man ihm plötzlich einen Nährstoff wegnimmt, an dessen große Mengen er sich all die Jahre nicht nur gewöhnt hat, sondern der ihn auch glücklich macht. Dann allerdings wären diese großen Mengen das Problem und nicht die Tatsache, dass weniger Fette an sich schlecht für die Psyche sind.

Dies bestätigt eine Studie, die Wissenschaftler der Princeton University an Mäusen durchführten. Jene Tiere, die auf eine hochprozentige Zucker- und Fettdiät (wie sie typisch ist für Fast Food) eingestellt waren, reagierten auf ein drastisches Reduzieren der Kost wie bei einem Drogenentzug: Sie wurden fahrig, zittrig und unkonzentriert. Erklärbar wird dieses Phänomen dadurch, dass hohe Fett- und Zuckeranteile die Ausschüttung von Glückshormonen anregen. Werden dann die Anteile plötzlich reduziert, reagiert der Körper mit Entzugserscheinungen wie Unruhe, Zittern und Angstzuständen.

Die Princeton-Studie gibt zudem Hinweise darauf, dass nicht die Fette allein, sondern ihre Kombinationen mit Zucker das eigentliche Problem sind. Erst zusammen wirken sie auf den Menschen unwiderstehlich und besitzen ein ähnliches Suchtpotenzial wie Nikotin, Alkohol und andere Drogen. Nicht nur, dass unser Gehirn auf beide in großem Maße abfährt (Zucker braucht es für seine Energien und Fette zum Aufbau der Zellmembranen), sie greifen sich auch gegenseitig unter die Arme, wenn einer von ihnen in die Defensive gerät. Die Dortmunder Ernährungswissenschaftlerin Annett Hilbig spricht hier von einer »Fett-Zucker-Schaukel«. So konnte man an Kindern zeigen, dass sich ihr Zuckerkonsum stark erhöhte, wenn man ihre Fettzufuhr drosselte. Und genau dieser Kompensationsmechanismus wird durch das Light-Food der Lebensmittelindustrie noch unterstützt. Denn das enthält zwar weniger Fett, doch dafür umso mehr Zucker, um halbwegs den Geschmack (denn Fett ist ein wichtiger Geschmacksträger!) halten zu können. Für Körpergewicht und Gesundheit ist das freilich keineswegs besser. Denn wenn Zucker über den Bedarf hinaus zugeführt wird, verwandelt ihn die Leber schließlich auch wieder zu Fett. Ganz zu schweigen davon, dass hohe Blutzuckerwerte einen Diabetes provozieren, der seinerseits wieder das Risiko für schwere Herz-Kreislauf-Erkrankungen erhöht. Und wenn auf den hohen Blutzucker die Unterzuckerung folgt, weil der Körper den ganzen Zucker in die Zellen wegschafft, macht sich Heißhunger breit, der wiederum unnachgiebig zur Nahrungsaufnahme drängt. All das klingt nicht gerade nach einem Diät-Effekt.

Es bringt also nichts, den Fettanteil in der Nahrung eingleisig herunterzuschrauben. Außerdem gilt es immer zu berücksichtigen, welche Fette man zuführt. So schützt etwa die mediterrane Diät vor Herzkrankheiten, obwohl sie keineswegs fettarm ist. (In Spanien etwa besteht der Speiseplan sogar zu 40 Prozent aus Fett.) Aber ihre Fette rekrutieren sich vornehmlich aus Fisch- und Pflanzenölen, also aus einfach und mehrfach ungesättigten Fettsäuren, die im Körper weniger als Depotfett denn als Funktionsträger, beispielsweise zur Modulation von Stoffwechsel und Immunsystem, genutzt werden. Fett- und Kalorienbomben wie die Nüsse können dadurch sogar zu einer herzschützenden Abspeckhilfe werden (siehe Kapitel 2.4).

Fette an sich sind also nicht die Hauptschuldigen für Übergewicht und damit einhergehende Krankheiten wie Diabetes und Herzinfarkt. Als Geschmacksträger und Energiereichstem aller Nährstoffe tragen sie zwar schon dazu bei, dass wir in den Industriegesellschaften mehr Kalorien zu uns nehmen, als uns gut tut. Aber in dieser Hinsicht muss man noch viel mehr sein Augenmerk auf einen anderen Nährstoff unserer Nahrung lenken: die Kohlenhydrate.

Der Fettgehalt von zwölf ausgewählten Nahrungsmitteln

Lebensmittel	Fett in g/100 g	Davon einfach oder mehrfach ungesättigte Fettsäuren
Erdbeer-Sahne-Torte	10,2	3,7
Haferflocken	7,0	5,3
Pommes frites (aus der Friteuse)	21,3	18,4
Pommes frites (aus dem Backofen)	9,7	4,7
Haselnuss	61,6	53,8

Lebensmittel	Fett in g/100 g	Davon einfach oder mehrfach ungesättigte Fettsäuren
Nuss-Nougat-Creme	31,3	16,8
Butterkäse (60 % Fett i. Tr.)	34,7	11,4
Frühstücksei	10,3	6,5
Makrele	11,9	7,4
Aal	24,5	14,8
Bockwurst	24,3	12,6
Rinderroulade mit Sauce	11,5	6,1

Quelle: Heseker, »Nährstoffe in Lebensmitteln«, 2013

5. Kann man ohne Kohlenhydrate leben?

Macht zu viel Zucker blöd? Auf diese Idee könnte man kommen, wenn man eine jüngere Studie betrachtet, die von einem Forscherteam der University of South Wales durchgeführt wurde. Die australischen Forscher verköstigten Ratten mit Futter unterschiedlicher Zusammensetzung: Eine Tiergruppe erhielt eine besonders zucker- und fetthaltige Kost, von den Wissenschaftlern »Cafeteria-Futter« genannt. Bereits eine Woche später zeigten diese Tiere deutliche Defizite in Tests, mit denen ihr räumliches Erinnerungsvermögen überprüft wurde. »Außerdem hatten sie Entzündungen im Hippocampus, der bei dieser Hirnleistung eine zentrale Rolle spielt«, erklärt Studienleiterin Margaret Morris. Als Hauptursache sieht sie vor allem den erhöhten Zuckerwert der Cafeteria-Kost. Denn Tiere, denen als Basis eine rattengerechte, gesunde Mischkost verabreicht wurde, schnitten in den Gedächtnistests ähnlich schlecht ab, wenn ihnen als Getränk Zuckerwasser dazu kredenzt wurde. Ein deutlicher Hinweis darauf, dass den Rattenhirnen nicht das Fett, sondern der Zucker zu schaffen machte.

Der Hirnstoffwechsel von Ratten ähnelt dem vom Menschen, man muss auch bei seinem Gehirn negative Effekte von zuckerlastigen Speisen und Getränken vermuten. Doch wie kann das überhaupt sein? Denn wir lernen doch schon in der

Schule, dass unser Gehirn zu den Hauptabnehmern von Zucker gehört, und wir merken dies auch spätestens beim hochkonzentrierten Arbeiten, wenn wir immer wieder Appetit auf Süßes bekommen. Und empfiehlt nicht sogar die Deutsche Gesellschaft für Ernährung (DGE), dass Kohlenhydrate – ein anderes Wort für Zucker – mindestens 50 Prozent unserer täglichen Kalorienzufuhr ausmachen sollten, die aber sowohl von den Männern mit 45 als auch von den Frauen mit 49 Prozent nicht erreicht werden? Wie kann es also sein, dass etwas, das überlebensnotwendig ist, plötzlich zur Verblödung beiträgt?

Die Antwort liegt darin, dass Zuckerverbindungen in der Nahrung auf unterschiedliche Weise vorkommen. Sie können einfach und kurzkettig konstruiert sein oder aber komplex und langkettig. In unsere Zellen gelangt aber mit Glukose nur eine sehr einfache Form, was konkret bedeutet, dass der Körper diverse Verarbeitungsschritte unternehmen muss, um die komplexen Zuckerverbindungen »herunterzubrechen« und für sich nutzen zu können. Was weitaus mehr Zeit und Energien kostet, als es zum Verwerten von Einfachzucker bräuchte. Dies klingt zunächst einmal wie ein Nachteil, ist es aber nicht. Denn in einer von Überfluss geprägten Epoche ist es immer gut, wenn schon beim Verdauen eines Nährstoffs Kalorien verbraucht werden. Außerdem bedeutet das allmähliche Nutzbarmachen der komplexen Kohlenhydrate, dass unser Körper nicht von Zucker überschwemmt wird und dadurch die Systeme, zu denen vor allem die Bauchspeicheldrüse und ihr Insulin gehören und mit denen der Zucker in die Körperzellen gebracht wird, weniger massiv zum Einsatz bringen muss. Beim Verzehr von Einfachzucker werden diese Systeme hingegen sehr stark beansprucht – und das hat Folgen.

So gerät die Bauchspeicheldrüse unter Stress, denn in ihren Langerhans'schen Inseln wird ja das Zuckerabtransporthormon Insulin gebildet. Ein Organ unter Stress ist wiederum anfällig für Erkrankungen wie etwa für Krebs. Susanna Larsson vom Karolinska-Institut in Stockholm untersuchte über acht Jahre lang die Essgewohnheiten und das Entstehen von Bauchspeicheldrüsenkrebs bei fast 80 000 ursprünglich gesunden Menschen. Bei der Auswertung der Daten zeigte sich, dass das Risiko für einen Tumor in der Bauchspeicheldrüse mit der am Tag aufgenommenen Zuckermenge assoziiert war. Wer zweimal am Tag ein süßes Sprudelgetränk zu sich nahm, hatte ein um 90 Prozent höheres Risiko, wer fünfmal am Tag Kaffee mit Zucker trank, steigerte das Risiko um 70 Prozent, und das Naschen süßer Desserts erhöhte das Risiko um 50 Prozent.

Weitere und weitaus häufigere Folge des hohen Zuckerkonsums sind Übergewicht und Fettleber – wenn der Körper keinen Bedarf für kräftige Zuckerschübe hat, wandelt er sie in Depotfett um – sowie die Insulinresistenz. Denn wenn sie pausenlos mit dem Bauchspeicheldrüsenhormon bombardiert werden, stumpfen die Zellen ab. Sie wollen kein Insulin mehr reinlassen und dadurch kursiert der Zucker weiterhin im Blut. Mit der Folge, dass sich mehr Entzündungsherde bilden (Entzündungen holen sich ihre Energie aus schnell verfügbaren Energieträgern), die sich dann besonders in empfindlichen Gewebeteilen wie eben dem Gehirn bemerkbar machen. Am Ende kann die permanente Überzuckerung des Bluts schließlich in die berüchtigte Zuckerkrankheit führen: Diabetes. Und die hat bekanntermaßen andere Erkrankungen in ihrem Gepäck wie etwa Arteriosklerose, Durchblutungsstörungen, Infarkte, Schlaganfälle und einige Tumorarten wie etwa Leberkrebs.

Gründe genug also, den Einfachzucker in unserer Alltags-ernährung zu reduzieren. Doch das ist schwer, denn er ist all-gegenwärtig. So birgt eine 30-Gramm-Portion Ketchup drei, eine Portion Knuspermüsli elfeinhalb und ein Glas Traubensaft sogar 18 Stücke Würfelzucker. In den Hamburgern von McDonalds und Burger King sowie in Leberwurst und Salami finden sich ebenfalls größere Mengen, und dort vermuten es wohl die wenigsten.

Besonders dramatisch ist aber der Zuckergehalt in speziellen Lebensmitteln für Kinder, wie verschiedene Untersuchungen gezeigt haben (siehe Kapitel 4).

Besser also, man weicht auf Produkte aus, die weniger von der Lebensmittelindustrie vermarktet und auch weniger von ihr verarbeitet werden. Denn meistens gilt, dass der Zucker-anteil in diesen Nahrungsmitteln höher ist als in unverarbeite-ter Nahrung. Softdrinks wie Cola und Limonaden, aber auch Biermischgetränke, Sportlerdrinks und Fruchtsäfte sollten kom-plett gestrichen werden, weil sie nicht nur viel Zucker enthal-ten, sondern auch kaum Sättigung erzielen, sodass man trotz angehobenen Blutzuckerspiegels weiterhin hungrig bleibt. Die-ses Argument wird auch nicht dadurch entschärft, dass vielen Softdrinks, Fruchtjoghurts und Süßigkeiten der »Alternativ-zucker« Fructose zugesetzt ist, der nicht über die Insulinachse verstoffwechselt wird. Denn mittlerweile zeigen Studien, dass er in großen Mengen ähnlich schädlich ist wie der Haushalts-zucker – er führt sogar genauso zur Insulinresistenz. Ganz zu schweigen, das Fructose und Glucose beide süß schmecken und dadurch im zuckerabhängigen Gehirn deutliche Signale in Richtung »Davon muss ich unbedingt noch mehr haben« aus-löst. Ganz zu schweigen davon, dass sie dadurch auch das Ver-langen nach gesünderen Nahrungsmitteln reduzieren. In einer

Studie der University of Oregon zeigte sich, dass Kinder deutlich mehr Gemüse essen, wenn man ihnen blankes Wasser anstatt Limonade dazu kredenzt.

Es kann aber auch nicht schaden, nicht nur den Einfachzuckerkonsum, sondern auch die Kohlenhydratzufuhr *insgesamt* herunterzufahren. Dies gilt vor allem dann, wenn bereits deutliche Zeichen für Übergewicht, Insulinresistenz und Fettleber sichtbar sind. Denn auch wenn komplexe Kohlenhydrate das Insulinsystem nur sukzessive mobilisieren, heißt das letzten Endes doch, *dass* sie es mobilisieren. Es trägt also zur Schonung dieses Systems bei, wenn man insgesamt die Kohlenhydrate im Speiseplan herunterfährt.

In einer Studie des UT Southwestern Medical Centers in Dallas verköstigte man 18 Teilnehmer, die an einer nicht durch Alkohol bedingten Fettleber litten, zwei Wochen lang mit einer Kost, die gerade mal 20 Gramm Kohlenhydrate pro Tag enthielt – das entspricht ungefähr dem Kohlenhydratgehalt einer kleinen Banane oder einer halben Tasse Nudeln. Sie verzichteten beispielsweise auf Weißbrot, Reis, Nudeln und natürlich sämtliche Süßigkeiten. Wie bei den übrigen Studienteilnehmern, die den üblichen Kohlenhydratanteil auf dem Teller hatten, war ihre Gesamtkalorienmenge reduziert: Die Frauen nahmen 1200 Kilokalorien am Tag zu sich, die Männer 1500 Kilokalorien.

Im Verlauf der 14-tägigen Studienphase verloren die Teilnehmer beider Gruppen durchschnittlich fünf Kilogramm an Gewicht. Eine Untersuchung ihrer Leber mithilfe von bildgebenden Verfahren offenbarte jedoch, dass die Probanden der kohlenhydratarm verköstigten Gruppe deutlich mehr Leberfett abgebaut hatten.

Man muss auch keine Angst haben, dass eine drastische Reduktion des Kohlenhydratkonsums sofort Schäden hervorruft, insofern ja gerade das Gehirn und auch die Muskeln vom Zucker abhängig sind. Dem Körper stehen auch genug andere Energiequellen zur Verfügung, die er jederzeit mobilisieren kann, wenn es sein muss. Die wissenschaftliche Datenlage kann die 50-Prozent-Regel der DGE keinesfalls bestätigen, es gibt keine Hinweise darauf, dass wir nicht mit 30 Prozent Kohlenhydraten oder noch weniger auskommen würden. Im Gegenteil. So sind Hühner bekanntlich an kohlenhydratreiche Körner gewöhnt, doch als man sie im Versuch auf eine völlig kohlenhydratfreie Diät setzte, entwickelten sie selbst nach mehreren Wochen keinerlei Mangelerscheinung, sie gackerten und flatterten wie eh und je. In Langzeitstudien an Kindern und jungen Erwachsenen zeigten sich ebenfalls keine Probleme, nachdem man sie auf eine stark kohlenhydratreduzierte Kost gesetzt hatte. Auch ist nirgendwo eine eigenständige Erkrankung des Menschen infolge des völligen Verzichts auf Kohlenhydrate dokumentiert. Fazit: Es fällt zwar schwer, sie vom Speisezettel zu streichen, und es ist auch nicht wünschenswert, dass wir das tun – aber prinzipiell könnten wir auch ohne sie auskommen.

Doch das gilt nicht nur für Kohlenhydrate, sondern auch für die noch viel beliebteren Vitamine.

Der Kohlenhydratanteil ausgewählter Nahrungsmittel

Nahrungsmittel	Kohlenhydrate in Gramm
Vollkornbrot	38,7
Weißbrot	48,8
Brötchen (Semmel)	55,9
Reis	77,7

Nahrungsmittel	Kohlenhydrate in Gramm
Nudeln	28,1
Kartoffeln	15,6
Banane	20,0
Erdbeere	5,5
Erbsen	12,3
Karotten	6,8
Smoothie (Orange, Banane, Karotte)	26,2
Coca-Cola	10,9

Quelle: Bundeslebensmittelschlüssel 3.02, auf 100 Gramm Nahrungsmittel

6. Vitamine: überschätzte Allrounder

Kasimir Funk war ein gewissenhafter und vorsichtiger Mensch. Der Chemiker war zwar Anfang des 20. Jahrhunderts an der Erforschung der »zusätzlichen Lebensmittelfaktoren« (»accessory food factors«) beteiligt, und er war es auch, der ihnen mit dem – marketingtechnisch geradezu genialen – Begriff »Vitamine« den Weg zum Weltruhm ebnete. Dennoch scheute Funk die um sich greifende Euphorie, kritisierte er den »Vertrauensexzess« und die »Leichtgläubigkeit«, die seine Kollegen und die Öffentlichkeit den neu entdeckten Stoffen entgegenbrachten. Er warnte davor, »die vielfältigen Produkte auf Basis der Vitamine, die laut Hersteller wahre Wunder bewirken sollen, einfach nur kritiklos anzunehmen«. Doch seine Skepsis blieb, wie später auch viele andere kritische Äußerungen zu den neuen Stoffen, unerhört.

Stattdessen gibt man mittlerweile allein in Deutschland 1,2 Milliarden Euro pro Jahr für Vitaminpräparate aus, weltweit werden 80 000 Tonnen Vitamin C in den Labors der Pharmaindustrie produziert, für solche Mengen braucht man sonst mehr als 160 Millionen Tonnen Zitronen. Und es sind vor allem zwei verkaufsfördernde Theorien, die diesen Markt mehr denn je vorantreiben: erstens die These, wonach unser Körper Vitamine nicht selbst herstellen kann und dadurch auf die Zufuhr von außen angewiesen ist. Und zweitens die »Mangelthese«, wonach die heutigen Nahrungsmittel viel weniger Vitamine als früher enthalten, sodass wir sie uns über Functional Food oder Präparate zufügen müssen. Ein näherer Blick auf diese Behauptungen zeigt jedoch, dass sie größtenteils falsch oder aber zumindest stark übertrieben sind.

Es ist keineswegs so, dass unser Körper kaum Vitamine herstellen kann. Und das darf nicht wirklich verwundern. Denn in einem Punkt haben die Hersteller und Marketingstrategen der Vitaminlobby nämlich recht: dass diese Stoffe unentbehrlich für uns sind. Und bei unentbehrlichen Substanzen wäre es doch ziemlich leichtsinnig, wenn sich der Körper abhängig von ihrer Zufuhr von außen machen würde. Unter diesen Bedingungen wäre der Mensch vermutlich schon längst ausgestorben.

So wird Vitamin B_{12} von unserer Darmflora hergestellt, und deren Zusammensetzung passt sich immer den äußeren Bedürfnissen an. Man muss also auch nicht befürchten, als Vegetarier oder Veganer binnen kurzer Zeit von Vitamin-B_{12}-Mangel und daraus resultierender Blutarmut heimgesucht zu werden, nur weil man wenig oder sogar gar keine tierischen Produkte verzehrt, in denen das Vitamin normalerweise enthalten ist. Denn Studien konnten mittlerweile zeigen, dass permanenter Fleischverzicht zu einer Umstrukturierung der Darmflora führt und unter anderem jene Bakterien in besonderem Maße gedeihen lässt, die an der Vitamin-B_{12}-Produktion beteiligt sind. Außerdem wandern diese Bakterien dann auch vom Dickdarm hinauf in den Krummdarm, wo das Vitamin verdaut werden kann. Ganz zu schweigen davon, dass Vitamin B_{12} zwar immer wieder über die Galle ausgeschieden, daraus aber auch gleich wieder rückverdaut wird. »Dies ist ein Grund dafür«, erklärt Ernährungswissenschaftler Klaus Pietrzik von der Universität Bonn, »dass bei Veganern erst nach jahrelanger, fast Vitamin-B_{12}-freier Ernährung mit einem Mangel zu rechnen ist. Bei Gesunden können bis zu 15 Jahre vergehen.« Das Recyceln der Vitamine wird uns auch noch an anderer Stelle begegnen.

Ein anderes B-Vitamin, nämlich Niacin, ist chemisch eine Weiterentwicklung der Aminosäure L-Tryptophan, und unser Körper ist sehr wohl in der Lage, diesen chemischen Prozess eigenständig zu vollziehen. Was bedeutet, dass auch tryptophanreiche Nahrungsmittel wie Fleisch, Milch und Eier zu unserer Niacinversorgung beitragen. Und insofern in unseren Breiten an diesen Speisen wahrlich kein Mangel herrscht, ist auch kaum mit Niacindefiziten zu rechnen. Die übrigen B-Vitamine Biotin (B_7), Riboflavin (B_2) und Panthotensäure (B_5) werden wiederum von Darmbakterien hergestellt, und zwar von Mitgliedern der Gattung Bacteroidetes. Folsäure und Thiamin (Vitamin B_1) werden hingegen von den Prevotella-Bakterien des Darms produziert. Beiden Stämmen gemeinsam ist, dass sie unter einer fettarmen, dafür aber eiweißreichen Nahrung mit vielen komplexen Kohlenhydraten besonders gut gedeihen. In einem Fleischesserdarm sollte man sie daher eher seltener antreffen, im Vegetarierdarm dafür umso öfter. Die Bacteriodetes reagieren allerdings, wie ein Forscherteam unter Gerhard Rogler vom Universitätsspital Zürich herausgefunden hat, extrem empfindlich darauf, wenn Raucher plötzlich mit ihrem Tabakkonsum aufhören. In diesem Fall könnte es also sinnvoll sein, dem Organismus Vitamin-B-Präparate zuzuführen. Allerdings muss man auch wieder bedenken, dass mit dem Rauchstopp der Bedarf vieler Vitamine deutlich sinkt, weil sie dann nicht mehr in so großem Umfang als Entgifter und Radikalefänger benötigt werden.

Auch für unseren Vitamin-A-Bedarf müssen wir nicht kilo-weise Leber essen, wie man es lange Zeit glaubte. Ein paar Möhren, Aprikosen und Tomaten tun es auch, weil wir deren Carotinoide in das Vitamin verwandeln können. Und das ist auch gut so, weil sie bekanntermaßen deutlich weniger Cho-lesterin und Fette als ein Stück Leber enthalten.

Ein Vitamin, das in letzter Zeit von der Forschung zuneh-mend als Allrounder entdeckt wird, ist Vitamin D. Mittler-weile geben Studien deutliche Hinweise darauf, dass es nicht nur unentbehrlich für den Knochen- und Zahnaufbau ist, son-dern auch in den Immunfunktionen eine zentrale Rolle spielt. Demnach schützt es vor Krebs, Asthma und Bronchialinfek-ten, als Prävention gegenüber Schnupfen scheint es mindestens genauso wichtig zu sein wie das eigentlich dafür berühmte Vitamin C. Forscher des Intermountain Medical Center im US-amerikanischen Salt Lake City fanden in einer Erhebung an fast 28 000 Menschen jenseits der 50 Jahre heraus, dass Vi-tamin-D-Mangel das Risiko für Herzerkrankungen um 45 Pro-zent und für Schlaganfälle sogar um 78 Prozent erhöht. Mög-liche physiologische Erklärung: Das Vitamin stärkt die Arterien und ist an der Blutzuckerkontrolle beteiligt.

Zudem schützt Vitamin D vor Parkinson, weil es die im Ge-hirn kursierenden Fettsäuren vor Oxidationen schützt. Dass es auch den geistigen Verfall eindämmen kann, konnte man an der Tufts-Universität in Boston nachweisen. Dort fand man in einer Untersuchung an tausend Senioren heraus, dass jene mit den niedrigsten Vitamin-D-Werten bei Konzentrations- und Gedächtnistests am schlechtesten abschnitten. Und Studienlei-terin Katherine Tucker betont, dass diese Ergebnisse nicht nur statistischen Wert besitzen: »Wir konnten auch Stoffwechsel-wege im Gehirn nachweisen, an denen das Vitamin beteiligt ist.« Beispielsweise im Hippocampus und Kleinhirn, die an der Produktion neuer Erinnerungen beteiligt sind. Die Messergebnisse in den Gedächtnis- und Konzentrationstests stehen also nicht allein, sie besitzen auch einen soliden physiologischen Hintergrund.

Gründe genug also, auf eine ausreichende Vitamin-D-Versorgung zu achten.

Doch gerade weil das Vitamin so unentbehrlich für uns ist, hat sich im Laufe der menschlichen Evolution ein Kniff etabliert, wie er es in Eigenproduktion herstellen kann. Produktionslabor ist die Haut, die umso fleißiger ihr Vitaminfließband anwirft, je mehr sie von Sonnenlicht bestrahlt wird. Bei hellhäutigen Menschen reicht im Sommer bereits ein Ganzkörpersonnenbad von zehn Minuten, um im Körper mehr als 250 Mikrogramm des Vitamins freizusetzen, also das Fünfzigfache der empfohlenen Tagesration. Diese Sonnenzeit ist ja auch unter UV-Schutz-Aspekten akzeptabel. Eine Überdosierung ist nicht zu befürchten. Denn das selbst gebildete Vitamin braucht zum Transport spezielle Proteine – und deren Kapazität ist begrenzt.

Trotzdem werden viele Mediziner nicht müde, gerade für pflegebedürftige ältere Menschen das Verabreichen von Präparaten und Nahrungsergänzungen mit Vitamin D zu empfehlen. Erstens, weil die Senioren zu selten ans Tageslicht gehen. Zweitens, weil ihr Körper nicht mehr so viel Vitamin D in Eigenregie bilden kann. Und drittens, weil sie sich zu unausgewogen ernähren. Tatsache ist jedoch, dass auch die reduzierte Vitamin-D-Produktion des Seniors immer noch locker für die Deckung des Bedarfs reichen würde, wenn er nur täglich ans Sonnenlicht gehen und in Gestalt etwa von Fisch, Quark und Käse genug davon auf seinem Teller hätte. Die Lösung für das Vitamin-D-Problem im Alter liegt nicht in Pillen, sondern darin, dass man auf seinen Speiseplan und seine täglichen Aufenthalte im Freien achtet. Ihm täglich eine Pille zu verabreichen, ist natürlich viel einfacher. Wobei das keinesfalls ungefährlich ist. Denn das fettlösliche Vitamin kann dann im Körper kulminieren und zu seiner kompletten Verkalkung führen. Besonders hart trifft es dann Niere, Leber und die Blutgefäße, deren Verhärtung schließlich auch zu Bluthochdruck führt. Bereits 25 Mikrogramm täglich – eingenommen über mehrere Wochen – können zu Vergiftungen führen. Mit Präparaten und Nahrungsergänzungen sind diese Mengen schnell überschritten.

Ebenfalls fettlöslich ist Vitamin K, das für den Knochenaufbau und die Blutgerinnung benötigt wird. Und auch diese Substanz wird im Körper – diesmal wieder unter Beteiligung der Darmflora – gebildet. Außerdem kommt sie überall in der Ernährung reichhaltig vor, sodass kein Mangel zu befürchten ist. Bei Neugeborenen wird zwar immer noch eine entsprechende Substitution durchgeführt, weil die Muttermilch nur geringe Mengen des Vitamins enthält und ihre Darmflora für die Eigenproduktion noch nicht genügend ausgebildet ist, doch bei näherer Betrachtung offenbart sich auch das als fragwürdig. Denn es ist sehr unwahrscheinlich, dass sich in der Evolution der Säugetiere eine Muttermilch durchgesetzt hat, die das Kind nicht genug mit Vitaminen versorgen kann. Ein Schaden durch die Vitamin-K-Substitution ist allerdings beim Säugling auch nicht zu befürchten.

Zu Vitamin C ist immer wieder zu hören, das wir es unbedingt täglich in größeren Mengen zu uns nehmen sollten. Denn aufgrund einer Mutation hätten wir bestimmte Enzyme und damit die Fähigkeit verloren, diesen Stoff selbst auszubilden – im Unterschied zum Hund, der das bis heute kann. Und tatsächlich: An den letzten Fakten ist nicht zu rütteln, wir können nur neidisch auf unseren Hund gucken, der sich niemals in seinem Leben mit sauren Vitamin-C-Brausetabletten herumplagen muss. Die Evolution hat uns irgendwann einmal verwehrt, den immunstärkenden Stoff weiter aus eigener Produktion vom Stapel ablaufen zu lassen. Doch das ist nur die halbe Wahrheit. Die andere Hälfte ist die, dass wir Vitamin C zwar nicht bilden, aber durchaus recyceln können.

Wissenschaftler der Université Montpellier in Frankreich stellten unlängst fest, dass unsere roten Blutkörperchen imstande sind, oxidierte Formen des Vitamins wieder zu reaktivieren. Und das betreiben sie nicht etwa als Hobby, sondern in großem Stil. Sie besitzen über 200 000 Transportmoleküle, mit denen sie das recycelte Vitamin zu den Zellen befördern. Dies erklärt, warum der Mensch das Vitamin lediglich im Milligrammbereich zu sich nehmen muss, während beispielsweise eine Ziege in ihrer Leber 8 bis 10 Gramm pro Tag selbst davon produziert. »Der menschliche Körper hat anscheinend aus der Not eine Tugend gemacht und ein hocheffektives Vitamin-C-Recycling-System entwickelt«, erklärt Reiner Hartenstein vom Berufsverband Deutscher Internisten (BDI). Anstelle verbrauchtes Vitamin C immer wieder neu zu bilden, würde einfach das verbrauchte wieder zu neuem Leben erweckt.

Dieses Recyceln findet im Körper mit den unterschiedlichsten Vitaminen statt. Wir haben es schon bei den Vitaminen B_{12} und C ausgiebig besprochen, und auch Vitamin E wird im Organismus permanent irgendwelchen Wiederaufbereitungsprozessen zugeführt. Er braucht dazu nur genug Vitamin C, aber das kann er ja auch wieder recyceln, und dazu braucht er dann noch nicht einmal ein Vitamin. Das klingt schon fast nach einem Perpetuum mobile. Und wenn das nicht zur Verfügung steht, wandelt der Körper andere Stoffe wie etwa die Carotinoide einfach in Vitamine um, oder aber er lässt seine Darmflora für sich arbeiten. Wir sehen also allerorten: Die Evolution hat diverse Sicherungen eingebaut, um uns vor Vitaminmangel zu schützen. Sie bilden ein ausgeklügeltes System, das den Homo sapiens unversehrt über viele Jahrtausende gebracht und es nicht nötig hat, sich mit entsprechenden Präparaten oder Nahrungsergänzungen helfen zu lassen. Erst recht nicht in den Wohlstandsländern, die eher vom Überfluss als vom Mangel an Vitaminen bedroht sind.

Und damit sind wir bei der weiteren Hauptthese, die von den Herstellern von Vitaminpräparaten und vitaminisierten Nahrungsmitteln verbreitet wird, nämlich der Mär vom grassierenden Vitaminmangel. Demnach würden das heutige Obst und Gemüse deutlich weniger Vitamine enthalten als früher. Erstens, weil die von der Agrarindustrie aufgepumpten Früchtchen heute vor allem Wasser statt wertvolle Biostoffe enthalten würden. Und zweitens, weil beim Transport zum Supermarkt und dann dort beim Lagern viele Stoffe zerstört würden. Objektive Wissenschaftler sehen solche Thesen jedoch mit großer Skepsis.

Zu ihnen gehört etwa der deutsche Biochemiker Claus Leitzmann, der mit seinen Forschungen und Büchern zu Themen wie Vegetarismus, Vollwertkost und »bioaktiven Substanzen in Lebensmitteln« Meilensteine gesetzt hat, was die Erforschung der gesundheitlichen Effekte von Nahrungsmitteln angeht. Sein Kommentar zur Vitaminmangelthese: »Ich bin immer wieder erschrocken, dass so etwas verbreitet wird.« Denn von einer pauschalen Nährstoffverarmung der Nahrung könne man keinesfalls sprechen, im Hinblick auf Hygiene und Schadstoffbelastung sehe es heute sogar besser aus als früher. Zwar sei bei den Mineralstoffen ein Rückgang von 10 bis 15 Prozent gefunden worden, »doch das kann auch an den inzwischen so exakten Analysemethoden liegen«. Mit den meisten Nahrungsergänzungsmitteln würde in Europa und in den USA lediglich »ein teurer Urin« produziert. Denn dort, im Urin, endet der größte Teil der überflüssigen Extraportionen an Vitaminen.

Auch Helmut Heseker, Professor für Ernährungswissenschaften an der Universität Paderborn, kann der These vom Vitalstoffuntergang unserer Nahrungsmittel nichts abgewinnen. Zu ihrer Überprüfung führte er neben einer umfangreichen Literaturrecherche eine bundesweite Expertenbefragung an 65 Forschungsinstituten durch. Nirgends fand er einen stichhaltigen Anhaltspunkt dafür, dass die Intensivnutzung unserer Böden zu einer Nährstoffverarmung geführt hätte. Im Gegenteil. Dadurch, dass beim konventionellen Ackerbau massenweise Dünger zugesetzt wird, gehen die Nährstoffwerte in den Nutzpflanzen mitunter sogar steil in die Höhe. Wie etwa der Carotin- und Thiamingehalt, der durch die konventionelle Stickstoffdüngung kräftig zulegen konnte. Mit anderen Worten: Gerade die rabiate Düngung unserer Zeit führt eher zu einer Nährstoffanreicherung als zu einer Nährstoffverknappung in unseren Nahrungsmitteln. Was ja bei näherem Hinsehen auch logisch ist. Denn der Dünger wird ja deshalb auf die Äcker geschüttet, um den Ertrag zu steigern und nicht, um ihn zu senken.

Hinzu kommt, dass die Böden regelmäßig mit Kalk angereichert werden, um den pH-Wert, also den Säuregrad, in den Griff zu bekommen. »Auch hierdurch wird«, so Heseker, »einer möglichen Verschiebung der Nährstoffverfügbarkeit entgegengewirkt.« Obst und Gemüse aus Treibhäusern ist ebenfalls insgesamt nicht ärmer an Nährstoffen als seine frei lebenden Pendants. Hin und wieder werden zwar Defizite an Carotinen und Vitamin C beobachtet, weil diese Stoffe in Abhängigkeit von der Sonnenbestrahlung gebildet werden. »Doch andererseits ist der Verzehr einer Tomate oder eines Salatkopfes mit verringertem Carotin- oder Vitamin-C-Gehalt immer noch besser«, so Heseker, »als wenn man monatelang auf dieses Gemüse verzichten müsste.«

Und noch eines darf laut Heseker nicht vergessen werden. Dass nämlich in den letzten Jahren der Vitamingehalt in tierischen Lebensmitteln stark zugenommen hat. Weil das Mastvieh nämlich mit vitaminisiertem Futter gemästet wird. Und weil die Tierprodukte im Verarbeitungsprozess noch eine Reihe von Vitaminen zugeführt bekommen. Man denke nur an die Vitaminbäder für Wurst und Fleisch, um sie länger haltbar und optisch attraktiver zu machen.

Die Geschichte vom dramatischen Vitaminverlust unserer Nahrung ist also genauso wenig aufrechtzuerhalten wie die Mär von der Unfähigkeit unseres Körpers, selbst etwas für seine Vitaminbilanz zu tun. Sie bieten beide kaum eine Rechtfertigung für den teuren Griff zu Vitaminpillen und anderen Nahrungsergänzungen. Denn unsere Nahrung hat nicht das Problem des »Zuwenig«, sondern das Problem des »Zuviel«.

Was nicht nur bei Vitaminen, Kalorien und Kohlenhydraten, sondern auch beim Kochsalz offensichtlich wird.

7. Kochsalz: weißes Gold oder weißes Gift?

NaCl, Natriumchlorid, Speisesalz – nicht nur Pflanzenfresser wie Ziegen, Schafe, Rentiere und Kühe lieben es, auch der Mensch steht darauf. Allein in Deutschland liegt der Verbrauch pro Kopf und Tag zwischen acht und zwölf Gramm, in den USA soll die Quote noch deutlich höher sein. Nach Ansicht vieler Wissenschaftler ist das deutlich zu viel. Zwar ist unbestritten, dass wir Salz zum täglichen Leben brauchen, weil es den Wasserhaushalt steuert und Muskeln und Nerven ohne die sogenannte Natrium-Kalium-Pumpe nicht funktionieren würden. Der Körper eines Erwachsenen enthält etwa 150 bis 300 Gramm Natriumchlorid und benötigt täglich ein bis drei Gramm zum Ausgleich des Verlusts durch Schweiß und Ausscheidungen. Doch das ist eben nur ein Bruchteil dessen, was wir tatsächlich jeden Tag zu uns nehmen. Wir sind also salzmäßig deutlich überdosiert – und dafür zahlen wir, wie kürzlich Wissenschaftler auf einer Fachtagung der American Heart Association in New Orleans eindrucksvoll dokumentierten, einen hohen Preis.

Ein Forscherteam unter Dariush Mozaffarian von der Harvard School of Public Health analysierte 147 Studien, in denen die Kochsalzaufnahme zusammen mit dem Gesundheitszustand und den Todesursachen von Menschen in den 30 größten Ländern der Welt ermittelt wurden. Zusätzlich überprüften sie die Ergebnisse von 107 klinischen Studien zum Zusammenhang von Salzkonsum und Blutdruck. Fazit: Weltweit sind jährlich 2,3 Millionen Todesfälle auf exzessiven Salzkonsum zurückzuführen. Und zwar direkt! Denn indirekte Zusammenhänge – dass beispielsweise Menschen mit starkem Salzkonsum auch oft übergewichtig sind, weil sie mehr deftige und süße Speisen auf ihrem Teller haben – wurden aus den Berechnungen ausgeklammert.

42 Prozent der Todesfälle werden durch Herzinfarkte und 41 Prozent durch Schlaganfälle verursacht. Eine Million der »Salzopfer« sterben bereits vor dem 69. Lebensjahr, und in fast zwei Dritteln der Fälle handelt es sich dabei um Männer, die traditionell besonders häufig zu würzigen Speisen greifen.

»Nationale und globale Gesundheitsprogramme, beispielsweise zur Kochsalz-Reduktion, könnten potenziell Millionen von Menschenleben retten«, betont Mozaffarian. Der Epidemiologe gibt allerdings auch zu bedenken, dass immer noch nicht klar sei, ob auch gesunde Menschen davon profitieren, besonders salzarm zu essen. »Gesichert scheint bisher nur, dass zu viel Salz sich bei knapp der Hälfte der Bluthochdruck-Patienten negativ auswirkt«, so Mozaffarian.

Für eine pauschale Empfehlung zum reduzierten Salzkonsum, wie sie oft von Ärzten ausgesprochen wird, reichen also auch die neuen Daten nicht aus. Doch Bluthochdruckpatienten sollten nur noch selten zum Salzstreuer und vor allem seltener zu industriell verarbeiteten Nahrungsmitteln greifen, weil die in der Regel besonders stark gesalzen sind. »Hierzu zählen neben vielen Fertiggerichten auch Brot, Fleisch- und Wurstwaren sowie Käse«, warnt Gisela Olias vom Deutschen Institut für Ernährungsforschung in Potsdam. Was natürlich bei vielen Blutdruckpatienten schon die Frage aufkommen lässt, was sie dann überhaupt noch essen dürfen.

Außerdem scheint eine salzarme Diät nicht der Königsweg der Bluthochdrucktherapie zu sein. Prinzipiell führt zwar eine hohe Kochsalzaufnahme zum Zurückhalten und zur Bindung von Wasser in Blut und Gewebe, sodass immer mehr Blut durch immer engere Röhren durchgepumpt werden muss, doch ob umgekehrt eine Salzreduktion zwangsläufig Hypertonie lindern kann, ist damit noch lange nicht gesagt. Denn diese Methode aktiviert, wie Forscher der Universität Kopenhagen herausfanden, das sogenannte Renin-Aldosteron-System im Körper. Dieses System spielt eine entscheidende Rolle in der Steuerung des Blutdrucks: Wird es aktiviert, gehen die Blutdruckwerte nach oben. Der Organismus reagiert also auf salzarme Kost mit einer Gegenreaktion, die den Blutdruck ansteigen lässt – und dieser Effekt wiegt die Verbesserung des Blutflusses unter Umständen komplett auf.

Viele salzarme Diäten warten daher vergeblich auf Erfolge im Kampf gegen die Hypertonie. Einige Mediziner empfehlen bereits, sie nur noch bei »salzsensitiven« Patienten anzuwenden, deren Herz-Kreislauf-System besonders empfindlich auf Salz reagiert. Ein Verdacht darauf besteht, wenn im Urin mehr als 220 Millimol Salz festgestellt werden. Jenen Patienten, die bereits regelmäßig blutdrucksenkende Medikamente einnehmen, dürfte eine reduzierte Kochsalzzufuhr ebenfalls helfen: Denn die Arzneimittel können dann besser ihre Wirksamkeit entfalten.

Insgesamt kann es jedoch auch nicht schaden, den Salzkonsum auch dann schon unter Kontrolle (unter 5 Gramm täglich) zu halten, wenn man noch nicht krank ist. Denn erstens schadet das nicht. Und zweitens werden nur die wenigsten ohne konkreten Verdachtsmoment den Salzgehalt in ihrem Urin messen lassen, sodass auch kaum jemand wirklich weiß, ob er zu den salz- oder nicht salzsensitiven Menschen gehört. Am besten beginnt man mit der Salzkontrolle so früh wie möglich, denn nach Jahren exzessiven Salzkonsums wieder davon loszukommen, ist kein Kinderspiel. Forscher der University of Iowa konnten bei Ratten ernsthafte Entzugserscheinungen auslösen, indem sie den Salzgehalt ihrer Nahrung reduzierten. »Die Symptome waren durchaus mit dem Entzug eines Drogensüchtigen zu vergleichen«, erklärt Studienleiter Kim Johnson, und er geht davon aus, dass man dergleichen auch beim Menschen beobachten könnte. Was konkret bedeutet, dass schon im Kindesalter auf einen sparsamen Salzkonsum geachtet werden sollte. Etwa dergestalt, dass Mütter ihr Kind so lange wie möglich stillen und es seine erste Beikost ohne Salz bekommt. Und später sollte es frühzeitig lernen, dass man Fernsehgucken auch ohne Kartoffelchips durchstehen kann.

Salzmogeleien auf Lebensmittelverpackungen

Nicht der Salzstreuer, sondern verarbeitete Lebensmittel sind Hauptquelle des Kochsalzkonsums in Deutschland. Und das gilt nicht nur für Fleisch- und Wurstwaren, sondern auch für Süßigkeiten. Dies sollte man beim Einkauf berücksichtigen. Das Problem dabei ist jedoch: Auf den Verpackungen von Lebensmitteln müssen erst ab Ende 2016 die genauen Grammangaben für Speisesalz aufgeführt sein. Bis dahin beschränken sich viele Hersteller darauf, nur den Natriumwert aufzulisten. Denn der klingt weniger dramatisch, weil er nur einen Teil des tatsächlich enthaltenen Kochsalzes enthält, das sich bekanntlich aus Natrium und Chlorid zusammensetzt. Wer aus reinen Natriumwerten auf den Kochsalzgehalt schließen will, muss sie mit dem Faktor 2,54 multiplizieren. Die Weltgesundheitsorganisation (WHO) empfiehlt, nicht mehr als fünf Gramm Speisesalz täglich zu verzehren.

KAPITEL 6

Die Wahrheit zu Diäten, Fasten und Veganern

Es gehört zu den Prinzipien einer konsumorientierten Gesellschaft, dass sie immer wieder Bedürfnisse schafft, die wir vorher noch gar nicht kannten. So konnte man sich vor 20 Jahren nicht vorstellen, dass heutige Jugendliche, sofern man sie vor die Wahl stellen würde, auf eine einsame Insel eher ihr Smartphone als ihren aktuellen Partner mitnehmen würden. So jedenfalls das Ergebnis aktueller Umfragen. Was deutlich macht, dass das Bedürfnis nach einem Sexual- oder Liebespartner zwar uralt ist, aber jederzeit durch ein anderes, neues Bedürfnis in die zweite Reihe gedrängt werden kann. Das menschliche Gehirn ist eben offen für alles, es kann aus praktisch allem seinen Spaß und seine Befriedigung ziehen.

So wird auch verständlich, warum heutige Menschen Lust daran finden können, sich einer harten Diät zu unterziehen. Für unsere Ahnen vor 5000 Jahren war das noch unvorstellbar. Aber sie lebten auch noch nicht im Überfluss, ihr Fokus war darauf ausgerichtet, irgendwie an irgendetwas zu essen zu kommen. Das ist heute anders. Wir können uns – zumindest in unseren Breiten – aus einem Angebot von vielen Tausend Nahrungsmitteln bedienen, und es gibt nicht wenige Menschen, die das tun und dafür mit Übergewicht, Diabetes und anderen Zivilisationserkrankungen bestraft werden. Umgekehrt leben wir aber auch in einer pluralistischen Gesellschaft, die dem einzelnen Mitglied zugesteht, sich zu verweigern. Das heißt: Wir können auch darauf verzichten, uns vollzustopfen und uns stattdessen im Verzicht üben. Beispielsweise im Verzicht auf Kalorien oder auch auf tierische Produkte. Doch können wir dann auch darauf hoffen, dafür mit einem gesünderen Leben belohnt zu werden?

1. Vom Überfluss zum Überdruss

Das Bedürfnis nach Essen und Trinken ist uralt. Ohne sie wären wir schon längst ausgestorben, und wir werden sie uns nicht abgewöhnen. Was für die Lebensmittelindustrie sicherlich die gute Nachricht ist. Die schlechte aber ist, dass unser Körper deutlich signalisiert, wenn er genug gegessen und getrunken hat. Und wenn dann noch die Einwohnerzahlen stagnieren, wie es in Deutschland und anderen Industrieländern der Fall ist, bedeutet dies, dass die Lebensmittelhersteller nur noch auf zweierlei Arten steigende Umsätze generieren können: entweder Produkte teurer machen (doch dabei zieht der Verbraucher nicht mit) oder in jeden einzelnen Konsumenten mehr Essen und Trinken hineinzwängen, als ihm gut tut. Das gelingt mit Werbung, Farbstoffen und Geschmacksverstärkern, die die Produkte unwiderstehlich erscheinen lassen. Oder mit der XXL-Strategie, große Portionen als besonderes Schnäppchen zu tarnen. So kann man bei Burger King einen fast 1000 Kilokalorien (das entspricht bereits der Hälfte der empfohlenen Tagesration) schweren »Big King XXL« für weniger als fünf Euro vertilgen.

Die Kehrseite der Medaille ist, dass es die Menschen natürlich immer dicker werden lässt. Das Übergewicht grassiert! Und das ist einerseits ungesund, wobei nicht klar ist, ab welcher Kilomarke die Grenze überschritten ist. Und zweitens widerspricht es dem herkömmlichen Schlankheitsideal, was die Menschen noch unglücklicher macht als die Tatsache, dass ihre Fettleibigkeit möglicherweise gesundheitsschädlich ist. Aber es gehört zum Wesen einer Konsumgesellschaft, dass sie immer wieder neue Bedürfnisse schafft. Und dazu gehört, dass sie Lösungen für Probleme anbietet, die sie selbst geschaffen hat. Die Antwort darauf ist ein mittlerweile milliardenschwerer Markt an Diätprodukten. Das heißt: Der mit Kartoffelchips und XXL-Hamburgern gemästete Kunde bekommt gleich noch die Gegenmittel für seine angemästeten Fettpolster offeriert.

Wie etwa Light-Käse, Weight-Watchers-Kekse und ein Diät-Buch des Pizza-Herstellers Dr. Oetker. Allein die deutschen Apotheken generieren mit Abspeckprodukten einen Umsatz von über 120 Millionen Euro pro Jahr, wobei mit über 55 Millionen ausgerechnet die Fertig- und Austauschmahlzeiten den größten Posten ausmachen, die man vom Begriff eher in einem Supermarkt als im Sortiment eines Apothekers vermutet. *Almased*, dessen Werbespot mit hechelndem Mops und wogenden Brüsten schon fast zum deutschen Kulturgut geworden ist, verkauft etwa acht Millionen Dosen pro Jahr. Der Gesamtumsatz mit Diätprodukten liegt hierzulande bei knapp unter fünf Milliarden Euro, wovon ein Großteil auch in die Kassen von Lebensmittelunternehmen fließt, die an der Überfütterung der Menschen beteiligt sind. Unilever zum Beispiel lässt den Konsumenten erst einmal mit Speiseeis *(Langnese)* und Fertigsaucen *(Knorr)* kräftig Kalorien anfuttern, um ihn dann wieder mit Produktlinien wie *Du darfst* und *Becel* tatkräftig beim Abspecken zu unterstützen. Die Heinrich Kühlmann GmbH aus Rietberg hat einerseits »Niedrig-Points-Produkte« von Weight Watchers, andererseits aber auch Fleisch- und Eiersalate von Mövenpick im Sortiment.

Die Zahl der verlorenen Kilogramm dürfte freilich weit unter den Milliardenumsätzen liegen, die beim Geschäft mit dem Abnehmen erzielt werden. Laut einer Studie der Techniker Krankenkasse enden sechs von zehn Diäten im Jo-Jo-Effekt, das heißt, es sind nach dem Abspeckversuch schließlich sogar mehr Kilos drauf als vorher. Wir werden noch sehen, woran das hauptsächlich liegt: Es liegt weniger an den Diäten selbst als an der Einstellung, die man dazu hat.

In jedem Fall hat das häufige Scheitern der Diätbemühungen mit dazu geführt, dass das Interesse daran aktuell stagniert. Auf hohem Niveau zwar, aber es nimmt eben nicht mehr zu. Laut Statistischem Bundesamt pendelt die Zahl der Bundesbürger mit Interesse an Diäten und Diätprodukten seit einigen Jahren im Korridor von 4,3 bis 4,5 Millionen. Dafür hat aber das Interesse am vegetarischen und vor allem veganen Ernährungsstil massiv zugenommen.

In einer 2013 veröffentlichten Repräsentativbefragung haben Agrarwissenschaftler der Universitäten Hohenheim und Göttingen untersucht, wie hoch der Anteil der Vegetarier und der Wenig-Fleischesser (Flexitarier) in Deutschland heute ist. Demnach liegt der Vegetarier-Anteil in der deutschen Bevölkerung (alle Personen über 18 Jahren) bei 3,7 Prozent; damit hat sich ihre Quote binnen sieben Jahren verdoppelt, was einen deutlichen Trend nach oben belegt. Die Quote der Veganer liegt bei 0,5 Prozent, was sich zwar niedrig anhört, aber auch mehr als das Doppelte der Werte vor sieben Jahren ist. Laut Schätzungen des Vegetarierbundes soll von 2012 auf 2014 die Zahl der deutschen Veganer sogar von 600 000 auf 900 000 angewachsen sein, was dann einem Anteil von einem runden Prozent entspräche. Bei Angaben von Lobby-Verbänden muss man natürlich immer skeptisch sein, doch das Interesse an veganer und vegetarischer Kost gehört jedenfalls nicht mehr zu den Randerscheinungen unserer Gesellschaft.

Dafür sprechen auch die Zahlen zu den Flexitariern, also denjenigen Menschen, die bewusst möglichst wenig, nur ganz selten oder nur bestimmte Qualitäten von Fleisch essen. Er liegt laut Studie der Hohenheimer und Göttinger Wissenschaftler bei 11,6 Prozent. Fast jeder zehnte Befragte will seinen Fleischkonsum in Zukunft verringern. Dazu hat man zwar keine Vergleichswerte aus früheren Jahren, doch es ist kaum vorstellbar, dass im letzten Jahrtausend mehr als jeder Zehnte freiwillig seinen Fleischkonsum eingeschränkt hätte.

Es gibt also einen deutlichen Trend zu vegetarischen Lebensformen, und der wird, wie Studienleiter Achim Spiller vermutet, »auch in Zukunft anhalten, weil dahinter meinungsprägende Trendgruppen unter den Verbrauchern stehen«. Zu diesen Gruppen gehören beispielsweise Schauspieler wie Christoph Maria Herbst, Daryl Hannah, Liv Tyler und Natalie Portman sowie Musiker wie Agnetha von ABBA, Barry White, Bryan Adams, Leona Lewis und Sinead O'Connor, die sich allesamt öffentlich zur veganen Lebensform bekannt haben.

Solch ein Trend bietet natürlich auch Chancen zum Geldverdienen, und die werden mittlerweile zunehmend genutzt. Es gibt immer mehr vegane Läden, die nicht nur alle erdenklichen Nahrungsmittel von der Grünkern-Lasagne bis zum Tofu-Burger anbieten, sondern auch lederfreie Mode und sogar veganes Sexspielzeug. (Die Sado-Maso-Peitschen werden beispielsweise aus alten Fahrradreifen hergestellt.) Wer sich nicht komplett auf die neue wachsende Kundschaft umstellen möchte, rüstet auf: In unzähligen Cafés kann man heiße Getränke mittlerweile auch mit Sojamilch bestellen, manchmal gegen Aufpreis, immer öfter aber auch als Teil vom normalen Service am

Kunden. Vegane oder wenigstens vegetarische Gerichte stehen mittlerweile sogar auf den Speisekarten von traditionsreichen Brauhäusern, in denen man sonst Eisbein und Haxe bekommt.

Die Nachfrage steigt stetig, und der Markt stellt sich darauf ein. »Die Zielgruppe wird für Unternehmen immer wichtiger«, erklärt Sebastian Zösch, Geschäftsführer des Vegetarierbunds. »Wir werden zunehmend von Wirtschaftsvertretern angesprochen, die um Unterstützung und Beratung bitten.« Nach einer Studie im Auftrag der Veganen Gesellschaft Deutschland wurden 2012 mit veganen Alternativprodukten 232 Millionen Euro Umsatz erzielt. Das entspricht im Vergleich zum Jahr davor einem Wachstum von etwa 19 Prozent.

Der Vegan-Trend verspricht also fette Renditen. Was natürlich nicht zum Selbstverständnis vieler Veganer passt, die sich auch als Konsumkritiker verstehen. Es heißt aber auch nicht, dass diese Lebensform damit automatisch diskreditiert ist. Doch es lohnt sich jetzt noch mehr, einen kritischen Blick darauf zu werfen wie auf andere Diäten auch. Denn wenn viel Geld und finanzielle Begehrlichkeiten im Spiel sind, bleibt nicht selten die Wahrheit auf der Strecke.

2. Rund und trotzdem gesund

Es gab Zeiten, als füllige Leiber noch Zeichen des Wohlstandes und dementsprechend hoch angesehen waren. Doch das ist vorbei. Heute gelten sie als dramatisches Gesundheitsrisiko, weithin herrscht Alarmstimmung: In Großbritannien warnen Lebensmittelampeln vor heimtückischen Kalorien, in Deutschland werden Kindergartenkids zur Gewichtskontrolle angehalten und die AOK verkündete noch vor Kurzem: »Übergewicht abzubauen lohnt sich – jedes Pfund weniger auf der Waage verbessert die Gesundheit.«

Dabei ist wissenschaftlich keineswegs geklärt, ab wann ein hoher Fettanteil des Körpers gesundheitsschädlich ist. Unbestritten ist, dass ein Mensch mit 100 Kilogramm auf 170 Zentimeter Körpergröße seinen Gelenken und Blutgefäßen zu viel zumutet, ein erhöhtes Krebsrisiko hat und wahrscheinlich auch sein Zucker- und Fettstoffwechsel aus dem Ruder läuft. Doch ob das für 80 Kilogramm auf 170 Zentimeter gilt, was nach den üblichen Richtlinien ebenfalls im Übergewichtssektor liegt, ist keinesfalls sicher. Im Gegenteil: Unser Körperfett ist keineswegs das Böse an und für sich, es hat durchaus seinen physiologischen Sinn. Dick-Sein kann auch gesund sein.

Schon ein Blick auf die Statistiken, in denen das Körpergewicht in Korrelation zum Sterberisiko gesetzt wird, gibt zu denken. Denn die repräsentieren ihre Daten in J- oder U-Form.

Was konkret bedeutet: Bei extremem Unter- und Übergewicht sterben viele Menschen relativ früh, doch dazwischen gibt es eine breite Delle, in der die Menschen ziemlich lange leben – und diese Delle reicht weit in die höheren Gewichtsdimensionen hinein. So erbrachte eine US-Studie, in der mehr als 80 000 Menschen erfasst wurden, dass Männer mit einem BMI von 25 bis 30 am längsten leben – und dieser Bereich wird gemeinhin dem Übergewicht zugeordnet. Studienleiter Michael Freedman vom National Cancer Institute in Bethesda kommt daher zu dem Schluss: »Der Zusammenhang von BMI und Sterberisiko ist offenbar komplizierter, als weithin angenommen wird.«

Wie wichtig es sein kann, etwas Fett auf den Rippen zu haben, zeigt schon ein Blick auf das genaue Gegenteil, nämlich auf das sogenannte Berardinelli-Seip-Syndrom. Menschen mit dieser Krankheit können keine Fettreserven ansammeln. Das gibt ihnen einerseits harte, maskuline Konturen, vor allem im Gesicht, andererseits treibt es auch ihre Blutfettwerte nach oben: Denn wenn Depots fehlen, die das Fett aufnehmen könnten, muss es im Blut bleiben.

In der Folge produziert die Bauchspeicheldrüse immer mehr Insulin, das andere Zellen davon »überzeugen« soll, Fette aufzunehmen. Es passiert jedoch das Gegenteil: dass nämlich die Zellen insgesamt auf das Stoffwechselhormon abstumpfen und dadurch weder Fett noch Zucker zu sich hereinlassen. Es drohen also genau die Komplikationen, die man sonst vom Übergewicht her kennt. Und in der Tat konnten Roger Unger und Philipp Scherer von der University of Texas nachweisen, dass der totale Fettverlust genauso zu metabolischem Syndrom und Diabetes führt wie die Überfettung. Patienten mit dem Berardinelli-Seip-Syndrom müssen daher, obwohl schlank, ein

Leben lang strengste Diät halten. Und auch das nützt nur bedingt: Sie bleiben unfruchtbar und ihre Lebenserwartung ist deutlich verkürzt.

Zudem sind Fettzellen weit mehr als bloße Tanks, die überschüssige Fette aus dem Blut ziehen. »Sie fungieren auch als direktes Steuerinstrument des Stoffwechsels«, erklärt Mitchel Lazar vom Diabetes-Zentrum der University of Pennsylvania. In ihnen sitzen Rezeptoren, die insgesamt bei der Insulin-Empfindlichkeit des Organismus eine Rolle spielen. Fehlen sie, reagieren die Körperzellen immer schwächer auf das Stoffwechselhormon, sodass quasi der Schlüssel fehlt, um Fette und Zucker aus dem Blut in die Zellen zu transportieren. Auch dieser Vorgang führt am Ende zu Diabetes.

Neben dem Stoffwechsel wird auch der Hormonhaushalt direkt von den Fettzellen beeinflusst: Sie verwandeln männliche Androgene in weibliches Östrogen. Dies ist besonders für Frauen in und nach den Wechseljahren von Nutzen, deren Hormonproduktion in den Eierstöcken nachlässt oder bereits beendet ist. »Die Hormontherapie steht erst seit 50 Jahren zur Verfügung«, so die amerikanische Ernährungsexpertin Debra Waterhouse, »doch die Fettzellen haben die Fähigkeit zur Östrogenproduktion schon immer.« Weiblicher Speck wirkt also wie ein natürlicher Östrogenschub und schützt dadurch vor Wechseljahresbeschwerden und Knochenschwund. Und nicht nur das. Die Mailänder Gynäkologin Alessandra Graziottin fand in einer Studie heraus, dass ein mäßiges Übergewicht von fünf Kilogramm den über 50-jährigen Frauen die Freude am Sex bewahrt. Denn ihre Fettdepots sorgen nicht nur für weibliche Rundungen, sondern erhalten aufgrund ihrer Östrogenproduktion auch die Libido und Feuchtigkeit in der Vagina.

Dass Fettdepots zum Glück beitragen können, belegt auch eine Studie an über 9000 US-Amerikanern, die vom Group Health Institute in Seattle durchgeführt wurde. Hier zeigte sich nämlich, dass adipöse Menschen mit einem BMI über 30 nicht so oft Probleme mit Suchtmitteln haben. »Sie greifen zu 22 Prozent seltener zu Tabak, Alkohol und anderen Drogen«, so Studienleiter Gregory Simon. Mögliche Erklärung: Das Belohnungszentrum wird schon durch die opulenten Mahlzeiten und das Fettgewebe genug aktiviert, sodass keine stärkeren Reize mehr gebraucht werden. Zwar leiden adipöse Menschen öfter an Depressionen und Ängsten – doch das hängt wesentlich von den gesellschaftlichen Rahmenbedingungen ab. Die psychische Morbidität ist dort besonders hoch, so Simon, »wo Übergewicht relativ wenig verbreitet und stark verpönt ist«. Wie etwa in bildungs- und einkommensstarken Schichten. Wenn jedoch die gesellschaftliche Ächtung ausbleibt, haben Dicke relativ gute Chancen auf ein glückliches und drogenfreies Leben.

Krebs- und Aids-Patienten leben länger, wenn sie über genügend Fettreserven verfügen. Sie stehen dann Belastungen, wie sie von Krankheitsschüben oder einer Chemotherapie ausgehen, besser durch. Zudem spielen Fettdepots eine wichtige Rolle im Immunsystem. Denn sie produzieren Leptin, das nicht nur den Appetit steuert, sondern auch die T-Helfer-Zellen des Immunsystems dirigiert.

Selbst Patienten mit Herzschwäche oder nach einem Herzinfarkt profitieren vom Fettdepot, und das ist umso erstaunlicher, insofern Übergewicht traditionell als Risikofaktor für Herzerkrankungen gilt. In einer Studie des Klinikums Ludwigshafen präsentierten sich sogar Herzinsuffizienz-Patienten mit besonders starkem Übergewicht (BMI über 35) als Überlebenskünstler: Im Zeitraum von drei Jahren starben von ihnen nur

16 Prozent gegenüber 46 Prozent bei den normalgewichtigen (BMI zwischen 20 und 25) Patienten. Zu ähnlichen Ergebnissen kam auch der Kardiologe Gregg Fonarow von der University of California in einer Studie an knapp 109 000 hospitalisierten Herzinsuffienz-Patienten. Fettdepots schützen also das kranke Herz. Vermutlich durch ihr abgesondertes Östrogen, das bekanntermaßen als Blutgefäßschutz arbeitet. Und dadurch, dass sie dem Patienten im Krankenhaus eine bessere Widerstandskraft verleihen. Fonarow warnt jedoch: »Es ist immer noch günstiger als Normalgewichtiger gar nicht erst an einer Herzinsuffizienz zu erkranken, als diese als Übergewichtiger länger zu überleben.«

Wie überhaupt vor einem übermäßigen Mästen der Fettzellen gewarnt werden muss. Denn in diesem Fall sterben sie ab und entlassen dabei ihren problematischen Inhalt – wie etwa gesättigte Fettsäuren – in die Blutbahn. »Wenn Fettzellen bersten, verhalten sie sich wie ein lecker Öltanker«, erklärt Diabetesforscher Gökhan Hotamisligil von der Harvard School of Public Health in Boston. »Ihre giftige Fracht entlädt sich ungehindert in die Umgebung.« Und das führt am Ende zu Stoffwechselentgleisungen, Diabetes und Herzinfarkt.

Zudem hängt die Wirkung der Fettdepots wesentlich von ihrer Position ab. Am Bauch sind sie besonders gefährlich, weil sie dort eher gesättigte Fettsäuren und entzündungsfördernde Substanzen in den Organismus abgeben. Ein Forscherteam um Karine Sahakyan von der Mayo Clinic in Rochester, USA, untersuchte die Sterbequoten und Todesursachen von knapp 13 000 US-Amerikanern über einen Zeitraum von 14,3 Jahren. Am Ende waren fast 2600 Probanden gestorben, darunter 1138 an einer Herz-Kreislauf-Krankheit. Das höchste Todesrisiko hatten aber nicht die Dicken, sondern die normalgewichtigen

Studienteilnehmer mit einem hohen Verhältnis von Taille zu Hüfte. »Die Gesamtsterblichkeit und die Herz-Kreislauf-Sterblichkeit in der Gruppe mit normalem BMI und hohem Taille-Hüft-Verhältnis war sogar höher als bei Fettleibigen«, betont Sahakyan.

Die Polster an Oberschenkeln, Gesäß und Oberarmen behalten hingegen ihre Fettsäuren eher für sich und produzieren außerdem noch Hormone, die vor Diabetes schützen. Warum die Evolution das so eingerichtet hat, ist nach wie vor rätselhaft. Doch als Resümee bleibt, dass besonders der »Birnen-Typ« vom Dick-Sein profitiert. Dem »Apfel-Typ« mit ausgeprägtem Bauch droht hingegen der Infarkt.

BMI: Wenn Brad Pitt plötzlich dick wird

Der BMI wird berechnet, indem man das Körpergewicht (in Kilogramm) durch das Quadrat der Körpergröße (in Metern) teilt. Als gesundheitlich unbedenklich gilt ein BMI von 18,5 bis 25, ab 25 spricht man von übergewichtig, ab 30 von adipös und unbedingt diät- und behandlungsbedürftig. Immer mehr Experten fordern jedoch einen Abschied vom BMI, der Mitte des 19. Jahrhunderts erfunden wurde, als Junk-Food und Diabetikerschwemme noch in weiter Ferne waren.

Schon sein Erfinder, der belgische Mathematiker Adolphe Quetelet, merkte skeptisch an, dass man möglicherweise die Zweier-Potenz durch eine 2,5er-Potenz ersetzen sollte. Aber 1,80 hoch 2,5 können die meisten weder ausrechnen noch unfallfrei im Taschenrechner eintippen, sodass man bei der alten Formel blieb. Und die bringt eher tendenziöse als objektive Resultate hervor, wie Mathematiker Nick Trefethen von der Oxford University herausgefunden hat, sie lasse »große Menschen dicker und umgekehrt kleine Menschen schlanker erscheinen, als sie wirklich sind«. Wer größer als 1,80 Meter sei, müsse generell eher damit rechnen, als übergewichtig eingestuft zu werden. Was die »Dicken-Statistik« für Deutschland in neuem Licht erscheinen lässt, wonach 60 Prozent der Männer aber nur 43 Prozent der Frauen übergewichtig seien – denn Erstere überschreiten ja auch viel öfter die 1,80-Meter-Marke.

Ein weiterer Nachteil des BMI besteht darin, dass er nicht den konkreten Fettanteil des Körpers einbezieht. Dadurch können athletische Typen wie Matt Damon und Brad Pitt als übergewichtig eingestuft werden, obwohl sie topfit und austrainiert sind. Der Grund: Ihr Körper besitzt viel Muskelmasse – und die wiegt aufgrund ihrer höheren Dichte deutlich mehr als Fett.

3. Diäten: je härter, desto besser

Im vorherigen Kapitel wurde deutlich, dass Dick-Sein nicht automatisch mit Krank-Sein einhergehen muss. Nichtsdestoweniger kann eine Diät sinnvoll sein, wenn sich bereits konkrete Anzeichen für ein gesundheitliches Problem ergeben. Wenn also beispielsweise schon die Knie schmerzen, das Treppensteigen schwer fällt oder sich bereits Auffälligkeiten im Blutzucker- und Insulinspiegel zeigen. Doch welche Diät ist dann wirklich sinnvoll?

Eine endgültige Antwort kann es dazu nicht geben. Allein in Deutschland kursieren über 500 unterschiedliche Diäten, die laut Statistischem Bundesamt bei über vier Millionen Bundesbürgern auf großes Interesse stoßen. Experten sind sich ziemlich uneinig, welche Diät wirklich hilft, den Zeiger der Waage dauerhaft versöhnlich zu stimmen. Aber in einem Punkt ist man sich relativ einig: dass man nämlich keine Crash-Diät machen, sondern stattdessen langsam und mit Bedacht sein Abspeckprojekt angehen sollte. So rät etwa die Deutsche Gesellschaft für Ernährung (DGE), immer wieder etwas Bewegung in den Alltag und dafür etwas weniger Kalorien auf den Teller zu streuen, sich realistische Ziele zu setzen und pro Monat nur ein bis zwei Kilogramm abzunehmen. Doch die aktuelle Studienlage zeigt in die umgekehrte Richtung. Demnach haben gerade harte Diäten die besten Aussichten auf Erfolg.

Ein internationales Forscherteam analysierte für das *New England Journal of Medicine* die wissenschaftliche Datenlage zu den herkömmlichen Diätregeln, und dabei stellte sich gerade die Langsam-und-bedächtig-Vorgehensweise als hartnäckiger, aber wissenschaftlich unbewiesener Mythos heraus. So gehört zu dieser Strategie der Ratschlag, dass man kleine Gewohnheiten ändern, beispielsweise häufiger die Treppe anstatt den Fahrstuhl benutzen sollte. Doch dieser Tipp geht auf eine über 50 Jahre alte Regel zurück, wonach man pro – beim Essen eingesparten oder durch Bewegung aufgewendeten – 3500 Kcal etwa 0,45 Gramm Gewicht verliert, und diese Formel basiert wiederum, wie Studienleiterin Krista Casazza betont, »auf Kurzzeitexperimenten mit Männern, die auf lediglich 800 Kcal pro Tag gesetzt wurden«. Solche Befunde könne man nicht auf längere Zeiträume und weniger harte Senkungen der Energiezufuhr übertragen, so die amerikanische Ernährungsmedizinerin. Hier gelte vielmehr: »Minimaler Aufwand bringt auch nur minimale Effekte.«

Was nicht heißen soll, dass kleine Änderungen nichts bringen. Aber es müssen eben viele sein. Neben dem Treppensteigen sollte man also auch das Radfahren anstelle des Autofahrens einführen sowie mittags auf den süßen Nachtisch und abends auf die Chips vor dem Fernseher verzichten.

Ähnlich hartnäckig wie das Konzept der kleinen Schritte hält sich die These, wonach der Diätwillige sich keine utopischen Ziele setzen sollte, dass also der 110-Kilo-Mann nicht darauf hoffen sollte, binnen eines halben Jahres auf 90 Kilogramm abgespeckt zu haben. Das klinge zwar vernünftig, weil es vor Frustrationen schützt, berichtet Casazza, »doch die empirische Datenlage zeigt, dass man mit ambitionierten Diätzielen besser abnehmen kann«.

Bestätigt wird diese Einschätzung durch eine aktuelle Studie unter Emely de Vet von der Utrecht University. Die holländischen Psychologen erfassten hier per Fragebogen die Erwartungen und Diätanstrengungen von 447 übergewichtigen Männern und Frauen. Dabei setzten sich über 60 Prozent der Probanden für das erste Diätjahr einen Zielwert, der über den fünf bis zehn Kilo Gewichtsverlust lag, die normalerweise von Ernährungsberatern empfohlen werden. Diese ehrgeizigen Teilnehmer stellten sich aber auch in ihren Abspeckbemühungen als besonders diszipliniert heraus. Was zwar nicht zwangsläufig dazu führte, dass sie ihre hohen Ziele auch tatsächlich erreichten. Aber Disziplin bietet in jedem Fall beste Voraussetzungen dafür, ein Diätprogramm wirklich durchzuziehen.

Umgekehrt führen lasche Diätziele oft genau zum Gegenteil. Denn wer sich vornimmt, im ersten Jahr nur fünf von seinen 100 Kilogramm zu verlieren, wird in bestimmten Situationen wie einer Einladung zum Essen oder auch einer verführerischen Auslage beim Bäcker eher gnädig mit sich sein, nach dem Motto: »Ist ja nicht so schlimm, die paar Kilo werde ich schon noch irgendwie schaffen.« Doch am Ende, nach wiederholten Nachlässigkeiten, wird er höchstwahrscheinlich nur die Feststellung machen, dass der Zeiger auf der Waage immer noch an der gleichen Stelle verharrt.

Dieses enttäuschende Ergebnis droht auch, wenn sich in den ersten Wochen einer Diät nur moderate Gewichtsverluste zeigen. Dabei gilt dieser »Slow-Weight-Loss-Effect« eigentlich als Voraussetzung dafür, dass eine Gewichtsreduktion stabil bleibt und sich nicht sofort wieder zugunsten des berüchtigten Jo-Jo-Effekts zurückbildet. Der Gedanke dahinter: Körper und Hirn sollen Zeit bekommen, sich an die Gewichtsreduktion zu gewöhnen, denn dann steuern sie weniger, beispielsweise mit

Heißhungerattacken und einer Verlangsamung des Stoffwechsels, dagegen. Auch das klingt logisch – ist aber wohl, wie Lisa Nackers und ihr Forscherteam von der University of Florida ermittelten, ebenfalls ein Trugschluss.

Die amerikanischen Wissenschaftler analysierten das Datenmaterial von 262 übergewichtigen Frauen, die an der sogenannten TOUR-Studie zur Behandlung von Fettleibigkeit in ländlichen Gebieten (Treatment of Obesity in Underserved Rural settings) teilnahmen. In diesem Programm wurden die Frauen intensiv dabei unterstützt, weniger zu essen und sich mehr zu bewegen – mit dem durchaus ambitionierten Ziel, pro Woche 0,45 Kilogramm abzuspecken. Es zeigte sich, dass jene Probandinnen, die im ersten Monat mehr als 0,68 kg pro Woche verloren hatten, nach anderthalb Jahren fünfmal häufiger das Ziel von zehn Prozent Gewichtsverlust erreichten als ihre Diätkolleginnen, die anfangs weniger als 0,23 kg wöchentlich abgenommen hatten. Für Nackers steht daher fest, dass anfänglich zügiges Abnehmen »zu einem größeren Gewichtsverlust und insgesamt zu einem langfristigen Erfolg bei der Gewichtskontrolle führt«.

Besser also, die Kilos purzeln direkt von Anfang an munter drauflos, denn dann kommen sie auch nicht so schnell wieder. Die Ursache dafür ist vor allem psychologischer Natur: je größer die Anfangserfolge, desto höher die Motivation für die Zukunft. Wer schon bald nach dem Diätstart sieht, wie sich der Waagenzeiger versöhnlich nach links verschiebt, wertet dies als positiven Fingerzeig für ein Fortsetzen der Abspeckmühen, während ein langsamer Gewichtsverlust eher den Zweifel nährt. Das Gehirn liebt es eben, wenn es Effekte sieht.

Insgesamt zeigen die Studien der jüngeren Zeit, dass der langfristige Erfolg einer Diät weniger vom Tellerinhalt abhängt als von der Einstellung desjenigen, der ihn leert. Es kommt weniger darauf an, wie komplex die Kohlenhydrate und hoch die Eiweiß- und Fettanteile der Nahrung sind als darauf, wie ambitioniert, motiviert und diszipliniert man sein Abspeckprogramm vorantreibt. Die psychischen Theorien und Erfolgsmodelle, erklärt Emely de Vet, »gelten auch für eine Diät«. Wer abnehmen will, muss eben dabei wie für viele andere Bereiche des Lebens bedenken: Es ist nicht zuletzt der Wille, der die Berge versetzt.

Warum man unbedingt den Jo-Jo-Effekt vermeiden sollte

Man kann darüber streiten, ab welchem Grad Übergewicht schädlich ist. Unstrittig ist aber, dass starke Gewichtsschwankungen, wie sie etwa beim berüchtigten Jo-Jo-Effekt in Folge von Diäten auftauchen, dem Organismus massive Probleme bestreiten können.

So rechneten amerikanische Forscher aus, dass jeder Gewichtsschlenker eine Zunahme des Gallensteinrisikos um 30 bis 40 Prozent bedeutet. Der Grund: Durch das Auf und Ab der Speckpolster verschiebt sich insgesamt die Fettzusammensetzung zugunsten von Cholesterin und gesättigten Fettsäuren. »Und dies gilt nach bisherigem Kenntnisstand als großer Risikofaktor für Gallensteine«, erklärt Studienleiter Chang-Jyi Tsai von der University of Kentucky. Denn die Galle wird umso zähflüssiger, je mehr sie aus Cholesterin und gesättigten Fetten besteht.

Auch das Immunsystem leidet unter Jo-Jo-Effekten und ständig wiederkehrenden Diäten. Ein Forscherteam des Fred Hutchinson Cancer Research Centers in Seattle untersuchte 114 gesunde übergewichtige Frauen im Hinblick auf die Aktivität ihrer natürlichen Killerzellen – sie können erkrankte Zellen, also auch Tumorzellen erkennen und töten – und ihre Diätgewohnheiten in den letzten 20 Jahren. Das Ergebnis war eindeutig: Die Frauen mit den meisten Diäten hatten die Killerzellen mit der geringsten Aggressivität, ihr Immunsystem war löchrig wie ein Schweizer Käse. Laut Studienleiterin Cornelia Ulrich, die auch als Professorin am Deutschen Krebsforschungszentrum arbeitet, gebe es daher kaum noch Zweifel daran, »dass Jo-Jo-Diäten die Immunfunktionen stören«. Ausgelöst wird dies wohl auch durch hormonelle Veränderungen, denn jede Kalorienreduktion und jede anschließende Gewichtszunahme bedeutet nichts anderes als Stress, der sich hormonell bemerkbar macht. In jedem Fall aber wiegen Diäten offenbar zu schwer, als dass man mit ihnen experimentieren und sie locker unter der Prämisse »Mal schauen, was passiert« starten sollte.

4. Wo sind all die Schlacken hin?
Was Heilfasten wirklich bringt

Frühling ist traditionell Fastenzeit. Zu keiner anderen Jahreszeit entschließen sich so viele Menschen zu einer Diät. Nicht nur, weil man damit dem Winterspeck zu Leibe rücken und sich auf die nahende Bikini-Saison vorbereiten will. Sondern auch, um den Körper von sogenannten Schlacken zu reinigen, die sonst den Organismus belasten und allerlei Krankheiten anbahnen könnten. Eine Generalreinigung für den Körper also, so etwas Ähnliches wie der Ölwechsel beim Auto. Und weil der den Karossen bekanntlich gut tut, erwarten die Fastenden in der Regel auch, dass es ihnen danach besser geht. Doch sie sollten nicht zu optimistisch sein.

So fehlen nämlich wissenschaftliche Belege für die Existenz von irgendwelchen Schlacken, bei denen es sich laut Heilfastenanhängern mal um die »Abbaustufen der Neutralfette«, mal um »Zwischenprodukte eines unvollständigen Eiweißstoffwechsels« handeln soll. Tatsächlich jedoch scheidet der Körper ständig unverwertbare Stoffwechselprodukte über Haut, Niere, Darm oder Lunge aus. Könnte er das nicht, wäre der Mensch im Laufe der Evolution schon längst ausgestorben.

Man muss und kann also gar keine Schlacken per Fastenkur entfernen. Im Gegenteil. Wer sein Fettgewebe radikal herunterhungert, riskiert sogar eine Giftdröhnung. Ein kanadisches Forscherteam entdeckte nämlich in einer Untersuchung an extrem

Fettleibigen, die sich einer Magenverkleinerung unterzogen und damit innerhalb eines Jahres rund 45 Prozent ihres Körpergewichts verloren hatten, deutlich erhöhte Schadstoffwerte im Blut. »Die chlororganischen Verbindungen nahmen um 388 Prozent zu«, berichtet Studienleiter Normand Teasdale von der Laval University in Québec. Bei Patienten, die sich lediglich einer kalorienreduzierten Diät unterzogen hatten, fielen sowohl Gewichtsverlust als auch Schadstoffbelastung mäßiger aus. Doch auch bei ihnen waren die Giftwerte noch um 20 bis 50 Prozent erhöht, je nachdem, wie viel Gewicht sie verloren hatten.

An der Kyungpook National University in Südkorea untersuchte man langfristig die Gift- und Gewichtsdaten von 1099 Probanden und entdeckte, dass mit jeder Diät die Blutwerte an DDT, Dioxin und den als Weichmacher bekannten Polychlorierten Biphenylen deutlich anstiegen. Und zwar umso mehr, je übergewichtiger die Menschen und je näher die Diäten an die extrem niedrigen Kalorienwerte des Heilfastens kamen.

Der potenzielle Vergiftungscharakter von Fastenkuren erklärt sich daraus, dass die Fettdepots im Körper evolutionär nicht nur als Kältepuffer und Reserven für nahrungsärmere Zeiten gedacht sind, sondern auch als Zwischenlager für fettlösliche Gifte. Denn die Leber und die anderen Entgiftungsorgane sind – gerade dann, wenn ihr Besitzer oft mit Umweltgiften in Kontakt ist oder viel Alkohol trinkt – oft so überfordert, dass sie die Problemsubstanzen unverstoffwechselt im Fettdepot abspeichern müssen. Eine Art »Fettquarantäne« für Umweltgifte also. Doch diese Quarantäne wird löchrig, wenn der Körper aufgrund einer Diät auf die Speckpolster zurückgreifen muss – und dann gelangen die Gifte ins Blut und von dort aus zu anderen Organen. Ob sie dort auch Schaden anrichten können, ist fraglich. So gelten zwar DDT und andere Chlorchemikalien als potenzielle Krebsauslöser und die Weichmacher-Biphenyle als Substanzen mit hormonähnlicher Wirkung, doch in den beim Fasten frei werdenden Dosierungen und in den wenigen Wochen der Kur können sie wohl kaum etwas anrichten. Was bleibt, ist die Erkenntnis, dass eine DDT-Dröhnung infolge des Fastens wohl nicht gerade das ist, was man sich unter dem Entschlacken vorstellt.

Man sollte Fastenkuren aber auch nicht, wie es Magen-Darm-Spezialist Joachim Mössner vom Universitätsklinikum Leipzig tut, als »mittelalterlichen Hokuspokus« abkanzeln. Denn sie können, sofern man sie nicht als Nulldiät durchführt und dadurch aggressiv das Fettgewebe attackiert, in der Tat positive Effekte haben.

Bernhard Uehleke von der Naturheilkunde-Abteilung der Berliner Charité empfiehlt, es weniger als Entsorgungsmethode zu sehen, »sondern als ein Naturheilverfahren, bei dem es um Reizsetzung, Reaktionen und eine Umstimmung des Körpers geht«. So könne es bei entzündlichen Erkrankungen wie Neurodermitis und Rheuma hilfreich sein: »Der Körper schaltet dann auf Bewältigungsstrategien um, die weniger zu schmerzhaften Entzündungen führen.« Beispielsweise dadurch, dass durch den Fleischverzicht keine Arachidonsäure mehr geliefert wird, die als chemische Basis für Entzündungsreaktionen dienen könnte. »Fetthaltige Ablagerungen und Gewebe werden ebenfalls abgebaut«, so Uehleke, und das könne man dann schon als eine Art Entschlackung interpretieren.

Für seine Doktorarbeit an der Universität Jena ließ Sebastian Schmidt 36 Arthrose-Patienten ein 15-tägiges Heilfasten vornehmen: Es führte zu deutlichen Symptomlinderungen, die eingeschränkten Gelenkfunktionen besserten sich und die Schmerzen gingen zurück. »Niemand kann allerdings lebenslang fasten, um die Gelenkveränderungen zu stoppen«, erklärt Studienbetreuerin Christine Uhlemann. Allerdings könne eine Fastenkur auch längerfristig wirken, insofern viele Patienten danach ihr Ernährungsverhalten umstellen und vor allem die Fleischzufuhr reduzieren.

Dass dafür gute Chancen bestehen, belegt eine Studie der Universität Malawi. Denn dort fand man heraus, dass Fasten den Geschmackssinn schärft. »Vor allem unser Geschmackssinn auf Süßes und Salziges«, erklärt Studienleiter und Physiologe Yurly Zverev, »reagiert danach sensibler als vorher.« Schokolade und Kuchen sowie Räucherschinken und deftige Mettwurst werden dadurch nicht mehr in dem gleichen Umfang konsumiert wie vorher. Oder anders ausgedrückt: Wo man sich früher noch einen Nachschlag gegönnt hat, winkt man nun ab. Dadurch könnte Heilfasten also doch einen gewissen Abspeckeffekt haben.

Dass es einen nachhaltigen Effekt auf das Immunsystem hat, konnte man an der Klinik Blankenstein in Hattingen nachweisen. Dort führte eine dreiwöchige Fastenkur bei den Probanden zu einem Anstieg von Immunglobulinen im Darm, und dieser Effekt war teilweise noch drei Monate nach der Kur zu beobachten. Immunglobuline gehören zu den Speerspitzen im Kampf gegen Viren und andere ungebetene Eindringlinge: Heilfasten führt also zu einer verbesserten Immunleistung des Darms. Wozu auch gehört, dass sich in den Verdauungswegen mehr Nutz- als Schadbakterien ausbreiten. Diese mikrobiologische Stabilisierung schützt vor allergischen Reaktionen. Denn die Nutzbakterien des Darms puffern Histamine, also jene Botenstoffe des Immunsystems, deren Überproduktion zu allergischen Reaktionen wie Augentränen, Heuschnupfen, Nesselfieber und Asthma führen kann.

Die »Ärztegesellschaft Heilfasten und Ernährung« streicht neben den körperlichen auch die pädagogischen Effekte des Heilfastens heraus, weil es dem Menschen »neue Erfahrungen der körperlichen und seelisch-geistigen Wahrnehmung« verschaffe. Zu denen gehört beispielsweise die Erkenntnis, dass man auch gegen vermeintlich übermächtige Kräfte wie den Hunger etwas ausrichten kann. So etwas kann sich übrigens durchaus auf den Kampf gegen politische Übermacht übertragen. Nicht umsonst war der asketische Mahatma Gandhi (die verfeindeten Briten beschimpften ihn als »professionellen Hungerleider«) einer der größten Freiheitskämpfer der Geschichte. Ganz zu schweigen davon, dass der Verzicht beim Fasten gerade in heutiger Zeit einen Hauch von Freiheit bietet: Denn wer verzichten kann, belegt damit, dass er auch ohne die Güter der Konsumgesellschaft klarkommt.

Trotzdem sollte man die Wirkungen des Heilfastens nicht überschätzen. Wenn von »durchschlagenden Heilerfolgen« bei Schuppenflechte und Diabetes die Rede ist, bleibt Skepsis angebracht. Und wenn behauptet wird, dass »Krebsgeschwülste absterben«, indem man 42 Tage lang nur Gemüsesaft und Tee trinkt, wird es gefährlich. »Diese Behauptung ist durch nichts bewiesen«, warnt die Deutsche Krebsgesellschaft. Wer solche Ratschläge befolge, müsse vielmehr mit einer Mangelernährung »und damit mit einer zusätzlichen Schwächung des Immunsystems« rechnen.

Zudem geben seriöse Befürworter des Fastens zu, dass es Krankheiten gibt, in denen der Nahrungsverzicht absolut nicht angezeigt ist. Dazu gehören Magersucht und andere Suchterkrankungen sowie fortgeschrittene Herz-, Leber- und Nierenerkrankungen. Schwangere und Stillende sollten ebenfalls von einer Fastenkur absehen, um nicht die Nährstoffversorgung des Nachwuchses zu gefährden. Problematisch ist auch, wenn gleichzeitig zum Fasten die Antibabypille genommen wird – denn die wirkt unter Nahrungsentzug nur noch relativ unzuverlässig. Besser, man legt zeitgleich zum Fasten eine Pillenpause ein.

Bernd Uehleke betont zudem, dass Heilfasten bei kranken Menschen am besten in Kombination mit anderen Naturheilverfahren zum Einsatz kommen sollte. In der Naturheilkunde-Abteilung der Charité wird es beispielsweise mit Kneipp'schen Güssen und Anwendungen aus der Heilpflanzenkunde kombiniert. Außerdem sollten längere Fastenkuren (länger als eine Woche) nicht ohne fachliche Anleitung durchgeführt werden. Immer wieder werden Menschen in Krankenhäuser eingeliefert, die bei ihren privaten Fastenkuren kollabierten. Wer therapeutisch fasten will, sollte sich ambulant oder sogar stationär an eine entsprechende Klinik wenden. Wobei zu bedenken ist, dass ein Tag Hungern in einer Klinik bis zu 150 Euro kosten kann – und die gesetzlichen Krankenkassen zahlen den Aufenthalt nur in Ausnahmefällen.

Fasten: So geht's

Vor dem eigentlichen »Hungern« wird der Körper in der Regel erst einmal in drei Übergangstagen mit kalorienreduzierter Kost vorbereitet. In den meisten Fastenkuren ist es außerdem üblich, die Darmreinigung mit abführenden Salzen oder Darmspülungen zu unterstützen. Zum Fasten selbst existieren unterschiedliche Verfahrensweisen.

Das Buchinger-Fasten setzt die Patienten auf Tee mit Honig und Zitronensaft, zum Mittag gibt es Gemüsebrühe. Beim Saftfasten kommen lediglich Obst- und Gemüsesäfte zum Einsatz, beim modifizierten Fasten gibt es noch ein Glas Buttermilch oder ein Eiweißkonzentrat, damit dem Körper während des Fastens nicht zu viele Proteine verloren gehen.

Eine Fastenkur an einer entsprechenden Klinik dauert in der Regel drei Wochen. Übrigens: Der normalgewichtige Mensch überlebt ohne Nahrung etwa 60 Tage, und bei den meisten Heilfastenkuren gibt es eine Mindestration von 400 Kilokalorien täglich. Es besteht also noch nicht einmal theoretisch ein Risiko des Verhungerns.

5. Veganer leben gesund – trotz Nährstoffmangel!

In Deutschland leben mindestens eine Millionen Erwachsene ohne Fleisch auf dem Teller, knapp jeder Zehnte von ihnen ist sogar vegan. Der Streit darüber jedoch, ob diese Kostform wirklich gesünder ist, ebbt keineswegs ab.

Ernährungswissenschaftler Duo Li von der Zheijang University im chinesischen Hangzhou hat in einer jüngeren Übersichtsarbeit nur für den Vegetarismus, der tierische No-Meat-Produkte wie Milch und Eier zulässt, einen Schutzeffekt für Herz und Kreislauf finden können. Nicht aber für die rein vegane Ernährung, die auf tierische Nahrungsmittel komplett verzichtet. Für die Anhänger dieser Kostform ermittelte Li sogar ein erhöhtes Risiko für Herz-Kreislauf-Erkrankungen, weil ihr Blut zu viel Homocystein und dafür zu wenig gefäßschützendes HDL-Cholesterin aufweist. Außerdem gebe es in ihren Adern eine stärkere Neigung zu Blutgerinnseln. »Ausgehend von unseren Studienergebnissen kann ich keinem Menschen empfehlen, sich vegan zu ernähren«, warnt Li. Es sei denn, dass sie sich per Nahrungssupplemente mit Biostoffen versorgen würden, von denen ein Veganer zu wenig zu sich nimmt. Dazu gehören vor allem Eisen, Zink, Vitamin B_{12} und Omega-3-Fettsäuren, wie man sie sonst in Fisch findet.

Eine Studie, die zu denken gibt, aber Veganer auch nicht zur Panik veranlassen sollte. Denn David Jenkins von der University of Toronto betont, dass man von bestimmten Auffälligkeiten im Blutbild nicht zwangsläufig auf ein erhöhtes Krankheitsrisiko schließen kann. Denn Veganer bräuchten beispielsweise gar nicht so viel HDL-Cholesterin wie andere Menschen. Denn der Sinn dieses Stoffs besteht darin, das schädliche LDL-Cholesterin von den Gefäßwänden zu kratzen. »Doch in den Blutgefäßen von Veganern, die keine tierischen Fette zu sich nehmen, kursiert ja gar nicht so viel LDL, das beseitigt werden müsste«, so der US-amerikanische Ernährungswissenschaftler.

Dass ein Nährstoffmangel bei Veganern nicht automatisch zu Krankheiten führen muss, konnte Ernährungswissenschaftler Ibrahim Elmadfa von der Universität Wien belegen. Sein Forscherteam untersuchte die Gesundheit und Nährstoffversorgung von 233 Männern und Frauen. Von ihnen waren 54 strenge Veganer, und die verzehrten wohl zu wenig Vitamin B_{12}, Kalzium und Vitamin D, doch sie zeigten keineswegs eine verstärkte Neigung für entsprechende Mangelerkrankungen wie etwa Osteoporose. Die Erklärung: Der Organismus schaltet seine Nährstoffverwertung und seinen Stoffwechsel um, wenn er merkt, dass etwas fehlt. Außerdem wird die Eigenproduktion einiger potenzieller Mangelsubstanzen hochgefahren, wie etwa von Vitamin D und B_{12} (siehe Kap. 5.6). Diese Kompensation verhindert das Schlimmste, auch wenn sie allein wohl nicht ausreicht, um Defizite langfristig zu verhindern.

Luigi Fontana von der Washington-Universität in St. Louis konnte sogar bei strengen Rohkost-Veganern keinen Vitamin-D-Mangel finden. Sie hatten zwar im Durchschnitt leichtere Knochen als andere Menschen, doch dies kann man getrost als ganz normale Anpassungserscheinung interpretieren, insofern vegan lebende Menschen weniger Fettdepots haben und dadurch weniger Kilos und Belastungen auf ihr Skelett einwirken.

Die Marker des Knochenstoffwechsels (C-Telopeptid des Typ-I-Kollagens, knochenspezifische Phosphatase, Leptin) zeigten sich bei ihnen als völlig normal, und die Vitamin-D-Werte im Blut waren sogar höher als in der Vergleichsgruppe. Fontana vermutet, dass Rohkost-Veganer, die sich bekanntermaßen intensiv mit den Grundlagen ihrer Diät beschäftigen, häufiger im Freien aufhalten und dadurch die körpereigene Vitamin-D-Produktion anregen.

Wie man überhaupt betonen muss, dass Vegetarier wie auch Veganer potenzielle Mangelprobleme dadurch abfedern, dass sie einen Lebensstil führen, der den Bedarf an gesundheitsfördernden Substanzen herunterschraubt. So bescheinigt ihnen Elmadfa, dass sie sich im Durchschnitt mehr bewegen und weniger Alkohol trinken als andere Menschen, »und Raucher findet man unter ihnen ohnehin nur äußerst selten«. Dadurch fällt ihr Bedarf an antioxidativen Vitaminen und Mineralien viel niedriger aus. Auch stehen weniger Kalziumräuber wie Cola-Getränke und Schmelzkäse auf dem Speiseplan eines Vegetariers, er konsumiert weniger Antibiotika und stärkt dadurch seine Darmbakterien, die diese Fürsorge mit der fleißigen Produktion von B-Vitaminen belohnen.

Was natürlich letzten Endes bedeutet: Vegetarier essen nicht nur anders, sie leben auch anders als die Mehrheit der Fleischesser. Ihr überdurchschnittlicher Gesundheitszustand – sie leiden vor allem seltener an Herz-Kreislauf-Erkrankungen, Übergewicht und Stoffwechselstörungen – könnte also weniger mit ihrem Speiseplan als insgesamt mit ihrem Lebensstil zu tun haben. Doch für den Alltag ist das letzten Endes bedeutungslos. Streng genommen wäre es sogar ein methodischer Fehler, *nur* die Wirkung eines fleischlosen Speisezettels zu untersuchen, unter Ausschluss aller anderen Faktoren, die eine vegetarische

Lebensweise mit sich bringt. Denn der Mensch lebt ja nicht im Labor, in dem man bei Bedarf bestimmte Umweltfaktoren ein- und ausschalten kann.

Dass hingegen insgesamt die vegetarische Lebensweise gesund ist, kann kaum noch bestritten werden. Man muss dabei allerdings nicht unbedingt so kategorisch vorgehen, wie es von vegetarischen Interessenverbänden oft gefordert wird. Ein Forscherteam des Deutschen Krebsforschungszentrums begleitete 21 Jahre lang mit medizinischen Erhebungen das Leben von 1904 Vegetariern, die sich zusammensetzten aus strengen Veganern, Ovo-Lakto-Vegetariern und »moderaten« Vegetariern, die gelegentlich (also *nicht* täglich) Fisch oder Fleisch verzehrten. Ihre Gesundheitsdaten verglich man mit den entsprechenden Werten der Durchschnittsbevölkerung.

Zum Ende der Studie waren 28 Prozent der Probanden verstorben, was deutlich unter der Sterblichkeit in der Allgemeinbevölkerung lag. Die Sterbequoten zeigten jedoch keine Abhängigkeit von der Strenge des Vegetarismus: Seine moderaten Vertreter schnitten ähnlich gut ab wie die Veganer, die allerdings tendenziell ein geringeres Risiko zeigten, an einer Herzerkrankung zu sterben. »Ein Befund, der sich durchaus mit der Fleischabstinenz erklären lässt«, wie Studienleitern Jenny Chang-Claude betont, »er steht im Einklang mit der These, dass tierische Fette und cholesterinreiche Kost Erkrankungen des Herzkranzgefäße begünstigen.«

Allen drei Vegetarier-Gruppen war laut Chang-Claude gemeinsam, »dass sie sich aufgrund ihres insgesamt sehr gesundheitsbewussten Lebensstils deutlich von der Allgemeinbevölkerung unterschieden«. Was konkret heißt: Nicht nur strenge, sondern auch gemäßigte Vegetarier haben ein ausgeprägtes Bewusstsein für das, was gesund und schädlich für sie ist, und sie wissen auch, wie sie dieses Wissen in die Tat umzusetzen können. Und das ist wohl letztendlich ausschlaggebend für ihren überdurchschnittlichen Gesundheitszustand.

Vielen Vegetariern ist ohnehin nicht so wichtig, ob ihr Speiseplan besonders gesund ist. Die Psychologinnen Kristin Mitte und Nicole Kämpfe von der Universität Jena befragten 115 Vegetarier, warum sie eigentlich auf Fleisch verzichten würden. Das Ergebnis: 17 Prozent tun dies aus moralischen Gründen, sechs Prozent aus emotionalen Gründen – und nur etwa fünf Prozent sind gesundheitlich motiviert. 72 Prozent der Befragten nannten mehrere dieser Gründe für ihren Fleischverzicht, und sie machten dabei keineswegs einen missionarischen oder starrköpfigen Eindruck. Was die beiden Forscherinnen zu dem Resümee brachte, dass »Vegetarier keine anderen Menschen sind als Omnivoren«.

Mit Rat zur Tat

Veganer nehmen meist genügend Mineralstoffe und Spurenelemente auf. Wenn sie abwechslungsreich essen, also viel Gemüse und Obst, Vollkorn, Hülsenfrüchte und pflanzliche Fette, ist die Versorgung kein Problem. Das dreiwertige Eisen aus Getreide wird jedoch nicht gut so resorbiert wie das zweiwertige aus Fleisch. Das lässt sich durch den Verzehr von Vitamin C verbessern: Eisenreiche Lebensmittel wie Haferflocken, Amaranth, Quinoa, Hülsenfrüchte, Nüsse und Samen isst man darum am besten mit Gemüse oder Obst.

Getreide und Hülsenfrüchte sind außerdem reich an Zink. Durch die Zubereitung, z. B. durch das Einweichen von Hülsenfrüchten in Wasser über Nacht oder das mehrmalige Gehenlassen von Sauerteig verbessert sich ihre Verfügbarkeit.

Kalzium steckt bekanntlich vor allem in Milchprodukten. Veganer können ihren Bedarf durch den Verzehr von Grünkohl, Spinat, Fenchel, Mangold und Salat sowie durch getrocknete Feigen, Sesammus, Mandeln, Haselnüsse sowie Sojafleisch und Kichererbsen decken. Empfehlenswert ist außerdem die Verwendung von kalziumhaltigen Mineralwässern (mindestens 150 mg/l).

Für genügend Jod ist Meersalz und jodiertes Speisesalz empfehlenswert.

Vegane Lebensmittel haben keine ganz so gute Eiweißqualität wie tierische Produkte. Der geringe Gehalt des Eiweißbaustoffs Lysin im Getreide kann durch Kombination von Sojaprodukten und Hülsenfrüchten sowie Sesam und Sonnenblumenkernen erhöht werden.

Wichtige Omega-3-Fettsäuren wie EPA (Eicosapentaensäure) und DHA (Docosahexaensäure) sind vor allem in Meeresfisch enthalten. Jedoch kann der Körper sie auch in geringen Mengen aus Alpha-Linolensäure selbst bilden. Und die wiederum ist in pflanzlichen Ölen wie Leinöl, Raps- und Sojaöl, aber auch in Walnüssen und Leinsamen enthalten. Sogenannte Mikroalgenöle enthalten zudem DHA und sind für schwangere und stillende Veganerinnen, die einen erhöhten Bedarf haben, wichtig.

Experten empfehlen Veganern, die komplett und langfristig auf tierische Lebensmittel verzichten, die Einnahme von Vitamin-B_{12}-Präparaten. Sie sollten gezielt und nicht nach dem Gießkannenprinzip genommen werden. Beim Arzt kann man einen Bluttest durchführen lassen, um den tatsächlichen B_{12}-Status zu ermitteln. Denn das Vitamin wird gespeichert und auch von Darmbakterien produziert. Eine weitere Möglichkeit sind mit B_{12} angereicherte Lebensmittel. Die Anreicherung ist für Bioprodukte nicht erlaubt, sodass auf konventionelle Produkte zurückgegriffen werden muss.

Auch Vitamin D ist kaum in pflanzlichen Produkten vorhanden. Aber den größten Teil der Versorgung übernimmt ohnehin das Sonnenlicht, das die körpereigene Produktion des Vitamins anregt. Wer im Winter ein, zwei Wochen in der Sonne des Südens verbringen kann, ist mit Sicherheit ausreichend versorgt. Wer allerdings zu Hause bleibt, sollte den Vitamin-D-Status vom Hausarzt checken lassen. Für den Fall der Fälle gibt es für Veganer rein pflanzliche Vitaminpräparate aus Speisepilzen, Hefen und Flechten.

Zurück zum echten Geschmack!

978-3-453-60268-7

Die Werbung für industrielle Kindernahrung verspricht praktische, leckere, schnelle Mahlzeiten. Mit fatalen Folgen: Künstliche Aromen, Zusatzstoffe und Fett führen bei vielen Kindern zu Übergewicht, Allergien und Essstörungen. Annette Sabersky und Jörg Zittlau klären auf, was von den rund 1500 Produkten speziell für Kinder zu halten ist, und zeigen, wie man Kinder ganz einfach zurück zum Geschmack führt, wie Eltern gute Lebensmittel erkennen, wo man sie einkaufen sollte und wie man sie zubereitet.

Wirkt Spucke gegen Mückenstiche?

978-3-453-60338-7

Klar: Bei einem Schnupfen inhalieren wir Kamille.
Aber nützt das überhaupt was? Kaum jemand weiß, was unser
medizinisches Alltagswissen wirklich taugt. In der beliebten
SPIEGEL-ONLINE-Rubrik »Mythos oder Medizin« analysieren
die beiden Wissenschaftsjournalistinnen Irene Berres und
Julia Merlot, welche klassischen und mitunter auch exotischen
Hausmittel tatsächlich helfen – und auf was wir getrost
verzichten können.